論語集解 下

魏・何晏（集解）

渡邉義浩 訳

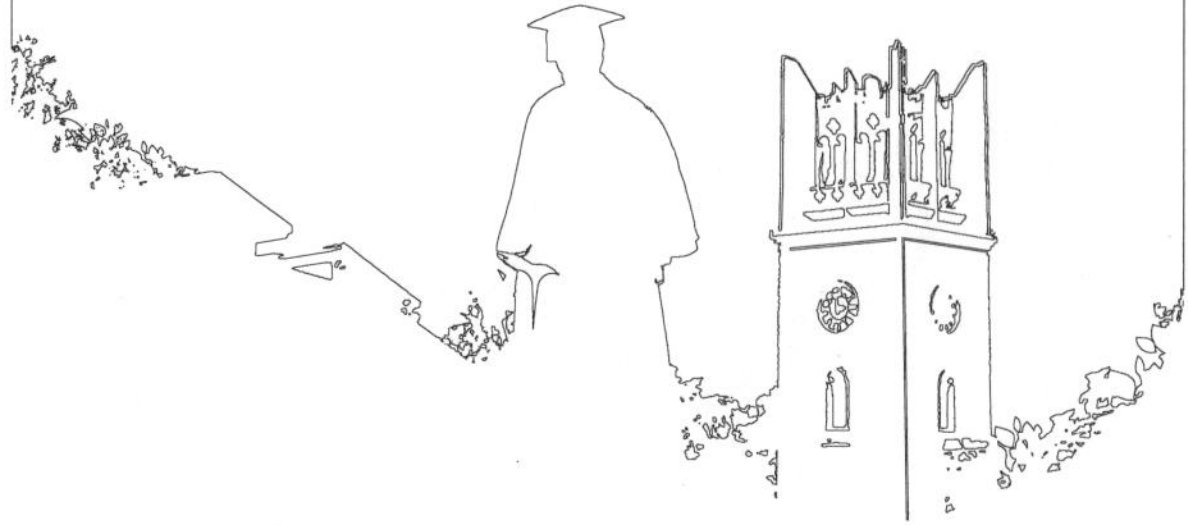

早稲田文庫

目 次

先進第十一 …… 7
顔淵第十二 …… 50
子路第十三 …… 85
憲問第十四 …… 120
衛霊公第十五 …… 180
季氏第十六 …… 218
陽貨第十七 …… 247
微子第十八 …… 284
子張第十九 …… 307
尭曰第二十 …… 334
論語序 …… 347
解題　何晏と『論語集解』 …… 355

【上巻目次】

はじめに

学而第一
為政第二
八佾第三
里仁第四
公冶長第五
雍也第六
述而第七
泰伯第八
子罕第九
郷党第十

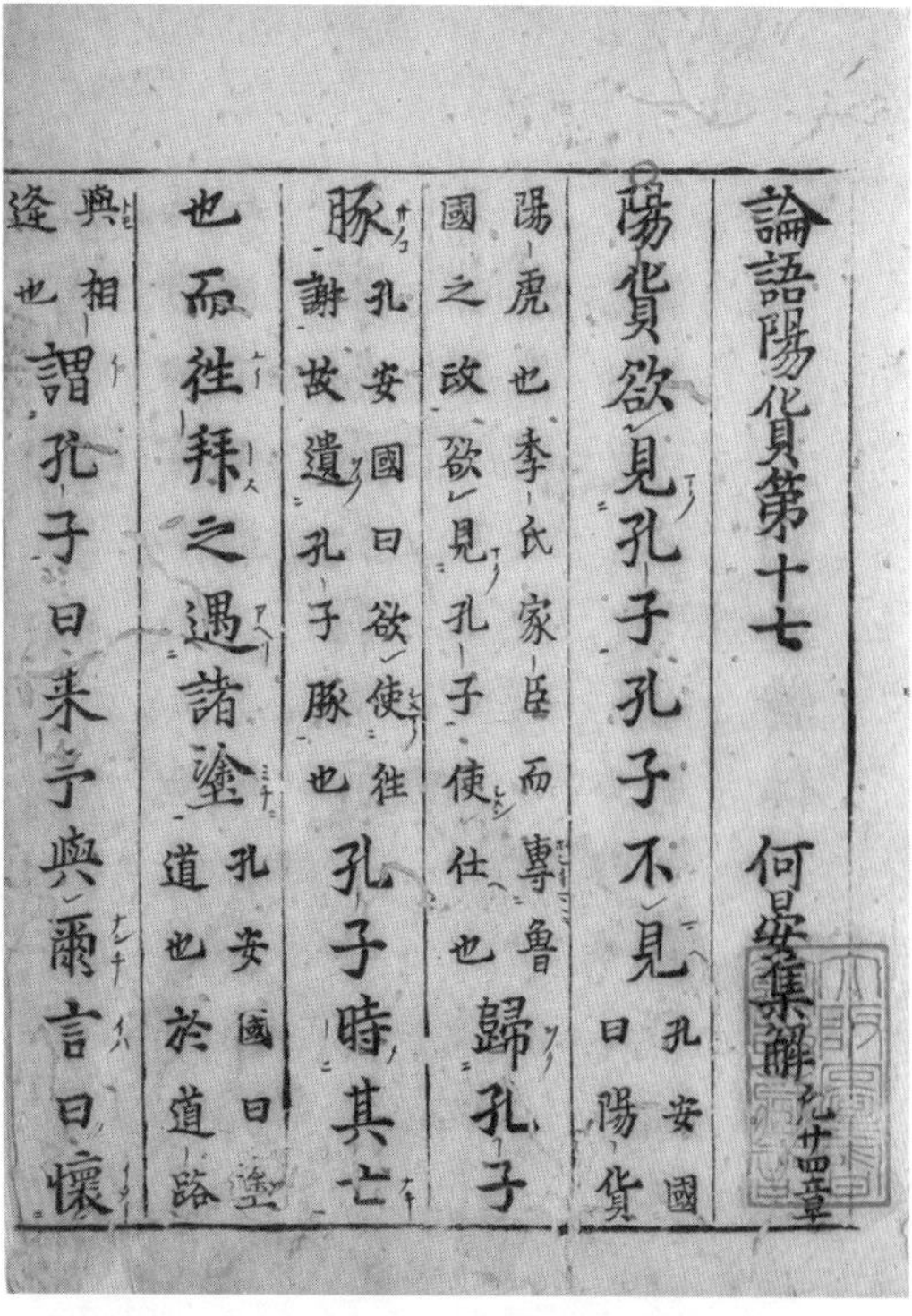
論語陽貨第十七　何晏集解　凡廿四章
陽貨欲見孔子孔子不見　孔安國曰陽貨陽虎也季氏家臣而専魯國之政欲見孔子使仕也　歸孔子豚　孔安國曰欲使往謝故遺孔子豚也　孔子時其亡也而往拜之遇諸塗　孔安國曰塗道也於道路與相逢也　謂孔子曰來予與爾言曰懐

正平本『論語』巻四　陽貨篇（大阪府立中之島図書館蔵）
正和本とならぶ、日本を代表する『論語』の古本である正平本には、訓点が付され、古来の読み方を今日に伝える。

先進《せんしん》第十一　廿四章　何晏集解

01子曰、先進於礼楽、野人也。後進於礼楽、君子也[一]。如用之、則吾従先進[二]。

子曰く、「先進の礼楽に於《お》けるは、野人(1)なり。後進の礼楽に於けるは、君子(2)なり[一]。如《も》し之《これ》を用ふれば、則ち吾は先進に従はん」と[二]。

孔子《こうし》が言った、「先輩の士たちは礼楽《れいがく》について、（質朴な）野人《やじん》である。後輩の士たちは礼楽について、（時にかなった）君子《くんし》である。もし礼楽を用いるとしたら、わたしは（風俗を純粋素朴に戻したいので）先輩の士たちに従おう」と。

[集解]

[一] 先進《せんしん》・後進《こうしん》とは、士の先と後の人々を言う。礼楽は、世に従って損益する。（だから）後進は（後進が則る）礼楽と共に（今の）時代における妥当性を備えている。これは君子である。先進は昔の趣《おもむき》がある。これは（今から見れば）野人である。

[二] 包咸《ほうかん》は、「（孔子は）風俗を移し変え、それを純粋素朴に戻そうとした。先進は今なお昔の趣に近い。それで（孔子は）かれらに従うのである」と解釈する。

（訳注）1野人は、質朴《しつぼく》であることの呼び名（皇侃《おうがん》『論語義疏《ろんごぎそ》』）。2君子は、時にかなったことの呼び名（皇侃『論語義疏』）。『論語』で用いられる君子については、高橋均「論語にみえ

る「君子」について」（『漢文学会会報』二八、一九六九年）を参照。

〔参校〕皇侃『論語義疏』は、先進を「五帝《ごてい》より以前」、後進を「三王《さんおう》より以降」とし、邢昺《けいへい》『論語注疏《ろんごちゅうそ》』は、先進を襄公《じょうこう》・昭公《しょうこう》の世（孔子の前半生）、後進を定公《ていこう》・哀公《あいこう》の世（孔子の後半生）とみなす。朱熹《しゅき》『論語集注《ろんごしっちゅう》』は、野人は郊外の民、君子は賢明な士大夫とする。そして、「先進の礼楽に於けるは、野人なり。後進の礼楽に於けるは、君子なり」とは時人の言葉を引用しているとし、先進の礼楽こそ文質《ぶんしつ》（文飾と素朴）が適切だったが、周《しゅう》の末は文が勝っており、孔子はそれをたしなめていると説明する。

02子曰、従我於陳・蔡者、皆不及門者也[一]。徳行、顔淵・閔子騫・冉伯牛・仲弓。言語、宰我・子貢。政事、冉有・季路。文学、子游・子夏。

子曰く、「我に陳・蔡[1]に従ふ者は、皆 門に及ばざる者なり」と[二]。徳行[2]には、顔淵[3]・閔子騫[4]・冉伯牛[5]・仲弓[6]。言語[7]には、宰我[8]・子貢[9]。政事[10]には、冉有[11]・季路[12]。文学[13]には、子游[14]・子夏[15]なり。

孔子が言った、「わたしに陳《ちん》と蔡《さい》（の厄）の際に従った者たちは、みな仕官の門に至れなかった者である」と。徳行では、顔淵《がんえん》と閔子騫《びんしけん》と冉伯牛《ぜんはくぎゅう》と仲弓《ちゅうきゅう》。言語では、宰我《さいが》と子貢《しこう》。政事では、冉有《ぜんゆう》と季路《きろ》。文学では、子游《しゆう》と子夏《しか》である。

［集解］

［一］鄭玄《じょうげん》は、「言いたいことは弟子の中でわたしに従って陳と蔡の間で苦しんだ者は、みな仕官の門に至れず、その居場所を失っているということである」と解釈する。

（訳注）1陳・蔡は、国名。陳は、現在の河南省周口市淮陽区、蔡は、現在の河南省駐馬店市上蔡県に位置する。『史記《しき》』孔子世家《こうしせいか》によれば、楚《そ》の昭王《しょうおう》に招聘された孔子が楚を目指すと、楚に服従していた陳と蔡の大夫たちは脅威を感じ、孔子一行を包囲させた。食糧が尽きて数日経ったところで、孔子は子貢《しこう》を楚に派遣し、その説得によって昭王の軍が孔子を迎えに来たことで難を逃れたという。2徳行は、すべての行いの中の最も立派なもの（皇侃『論語義疏』所引范寧《はんねい》注）。3顔淵《がんえん》は、弟子。姓を顔、名を回《かい》、字を子淵《しえん》といい、孔子より三十歳年少。魯の人（『史記』仲尼弟子列伝《ちゅうじていしれつでん》）。門下で唯一学問を好む者であるとして孔子に期待された。貧しい中でも学問と修養を怠《おこた》らず、常に謙虚であった。4閔子騫《びんしけん》は、弟子。姓を閔、名を損《そん》、字を子騫という。孔子より十五歳年少（『史記』仲尼弟子列伝）。寡黙であったが、発言すれば的確であった。孝行で知られる。5冉伯牛《ぜんはくぎゅう》は、弟子。姓を冉、名を耕《こう》、字を伯牛という（『史記』仲尼弟子列伝）。『孔子家語《こうしけご》』七十二弟子解《ななじゅうにていしかい》及び鄭玄《じょうげん》『弟子目録《ていしもくろく》』では魯

の人とする。かれの死に際して、孔子は手を取って嘆いた。6仲弓《ちゅうきゅう》は、弟子。姓は冉《ぜん》、名は雍《よう》、字は仲弓という（『史記』仲尼弟子列伝）。伯牛の宗族で、不肖の父親から生まれたが、徳行により名高かった（『孔子家語《こうしけご》』七十二弟子解）。のち季氏《きし》の宰《さい》となった。7言語は、賓客と主人が相対する際の言葉をいう（皇侃『論語義疏』所引范寧注）。8宰我《さいが》は、弟子。姓を宰、名を予《よ》、字を子我《しが》という（『史記』仲尼弟子列伝）。『孔子家語』七十二弟子解では、魯《ろ》の人とする。弁舌に優れたが、『論語』中では孔子に叱責される記事が多い。9子貢《しこう》は、弟子。姓を端木《たんぼく》、名を賜《し》、字を子貢といい、孔子より三十一歳年少。衛《えい》の人。能弁で、商才があった（『史記』巻六十七）。その聡明さを周囲からも賞賛されるが、しばしば多弁と人物批評の癖を孔子にたしなめられる。10政事は、国を治める政治を言う（皇侃『論語義疏』所引范寧注）。11冉有《ぜんゆう》は、弟子。姓を冉、名を求《きゅう》、字を子有《しゆう》といい、孔子より二十九歳年少（『史記』仲尼弟子列伝）。『孔子家語』七十二弟子解では、仲弓の宗族といい、鄭玄《じょうげん》『弟子目録《ていしもくろく》』では魯の人という。多才で政治を得意とした。控えめな性格で、季氏の宰であったが、その悪行を諫められない場合も多かった。12季路《きろ》は、弟子。姓を仲《ちゅう》、名を由《ゆう》、字を子路《しろ》あるいは季路といい、孔子より九歳年少。魯の卞《べん》の人。季氏の宰、衛《えい》の蒲《ほ》の大夫。衛の大夫である孔悝《こうかい》の邑宰《ゆうさい》となったが、孔悝の邑の内乱に巻き込まれ殺された（『史記』仲尼弟子列伝）。果断で、向こう見ずであった。13文学は、先王の典籍文献に通じていることをいう（皇侃『論語義疏』所引范寧注）。14子游《しゆう》は、弟子。姓を言《げん》、名を偃《えん》、字を子游といい、呉《ご》の人。孔子より四十五歳年少。武城《ぶじょう》の宰となり、善政を敷いた（『史記』仲尼弟子列伝）。『孔子家語』七十二弟子解では、魯の人とし、孔子より三十五歳年少とする。公正さを好んだ。15子夏《しか》は、弟子。姓を卜《ぼく》、名を商《しょう》、字を子夏といい、孔子より四十四歳年少。孔子の死後、西河《せいが》で弟子を取り、魏《ぎ》の文侯《ぶんこう》の師となった（『史記』仲尼弟子列伝）。『孔子家語』七十二弟子解では、衛《えい》の人とする。学問を好み、様々な経書《けいしょ》が子夏やその弟子の手によると考えられてきた。莒父《きょほ》の宰となった。

〔参校〕皇侃『論語義疏』、邢昺『論語注疏』および朱熹『論語集注』は、この章の「徳行」以下を別の章とする。朱熹『論語集注』は、曾参《そうしん》などの不在を陳蔡の厄に同行しなかったためとする。また、「門に及ばざるなり」を、現在は孔子の門下にいないという意味であるとする。この章の「徳行・言語・政事・文学」を「四科《しか》」、この章の弟子十人を「十哲《じってつ》」と呼び、唐の開元八（七二〇）年から孔子廟で孔子に従祀されている（『通典』礼十三 孔子祠）。

03子曰、回也、非助我者也。於吾言無所不説［一］。

子曰く、「回や、我を助くる者に非ざるなり。吾が言に於《お》いて説かざる所無し」と〔二〕。
孔子が言った、「回《かい》は、わたし（を啓発し深めるのに）に益ある存在ではない。わたしの言葉で理解しないことが無い（ためである）」と。

［集解］

［二］孔安国《こうあんこく》(1)は、「助は、益のようなものである。言いたいことは顔回は言葉を聞けばすぐに理解するため、自分を啓発しさらに深めることは無い」と解釈する。

〔訳注〕1孔安国は、孔子の十一世孫。武帝《ぶてい》の博士。魯《ろ》の共王《きょうおう》が孔子の旧宅を壊し、壁中から古文の虞《ぐ》・夏《か》・商《しょう》・周《しゅう》の『尚書《しょうしょ》』および『論語』・『孝経《こうきょう》』を得て、すべて孔氏に返したため、詔《みことのり》を受けて『書伝《しょでん》』・『古文孝経伝《こぶんこうきょうでん》』・『論語訓解《ろんごくんかい》』をつくった（邢昺《けいへい》『論語注疏《ろんごちゅうそ》』）。

〔参校〕邢昺『論語注疏』と朱熹『論語集注』は、八佾《はちいつ》篇第八章に、詩に関する質問を繰り返す子夏《しか》に対して、孔子が「予を起こす者」である、と述べていることと比較する。朱熹『論語集注』は、「説」を「悦」（よろこぶ）とし、孔子は、ほかの弟子のように、孔子の言葉を疑って質問してくることのない顔回を「遺憾に思っているようであるが、その実深くこれを喜んでいる」と解釈する。

04子曰、孝哉、閔子騫。人不間於其父母兄弟之言[一]。

子曰く、「孝なるかな、閔子騫。人 其の父母兄弟を間《そし》るの言あらず」と[一]。

孔子が言った、「孝であるな、閔子騫《びんしけん》は。人々にはかれの父母兄弟を非難する言葉すらない」と。

[集解]

[一] 陳群《ちんぐん》(1)は、「言いたいことは閔子騫の人となりは、上は父母に仕え、下は兄弟（の上下関係）に従順で、行動は善を尽くしているということである。それ故に人々は（かれの父母兄弟についてすら）非難の発言がないのである」と解釈する。

（訳注）1陳群は、陳羣《ちんぐん》。字を長文といい、潁川《えいせん》郡許《きょ》県の人である。曹操《そうそう》に辟召《へきしょう》されて、司空西《しくうせい》曹属《そうぞく》となり、文帝《ぶんてい》が即位すると尚書僕射《しょうしょぼくや》となり、明帝《めいてい》のもと司空《しくう》となった（邢昺『論語注疏』）。曹操の覇権を補佐した荀彧《じゅんいく》の娘婿で、九品中正制度《きゅうひんちゅうせいせいど》を献策した。渡邉義浩「「寛」治から「猛」政へ」（『東方学』一〇二、二〇〇一年、『三国政権の構造と「名士」』汲古書院、二〇〇四年に所収）を参照。

〔参校〕『藝文類集《げいもんるいじゅう》』人部四 孝に引く『説苑《ぜいえん》』の逸文には、次のような孝行の逸話を載せる。

「閔子騫《びんしけん》は、二人兄弟であった。母が死ぬと、閔子騫の父は、ふたたび妻を娶って、さらに二人の子ができた。閔子騫が、父の御者をしていると、轡《くつわ》を手放した。父が閔子騫の手を持つと、衣はひどく薄かった。父は帰宅して後妻の子を呼びつけた。その手を持つと、衣はとても厚く暖かかったため、すぐに妻に、「わたしがお前を娶ったのは、我が子のためである。今お前は私を騙《だま》した。出ていきなさい」と言った。閔子騫が、「母があれば一人の子が衣を薄くするだけ、母が去れば四人の子が寒い思いをするのです」と言うと、父は黙り込んだ。それで、「孝なるかな、閔子騫」と言うのである。一言でその母は帰り、二言で三人の子は暖かくなった」という記事が見える。類似の記事は、『韓詩外伝《かんしがいでん》』の逸文にも見える。朱熹『論語集注』は、父母兄弟が、かれの孝行を褒める言葉について、人々は異論を唱えなかった、と解する胡寅《こいん》の注を引く。荻生徂徠《おぎゅうそらい》『論語徴《ろんごちょう》』、劉宝楠《りゅうほうなん》『論語正義《ろんごせいぎ》』は、孔子が「子騫」と字《あざな》を呼ぶのは、時人の賞賛の言葉を引用しているからであるとする。

05南容三復白圭［一］。孔子以其兄之子妻之。

南容(1) 三たび白圭(2)を復す［一］。孔子 其の兄の子を以て之に妻《めあ》はす。

南容《なんよう》は三たび白圭《はくけい》の詩を反復し（て言葉を慎むよう心がけ）た。孔子は自分の兄の子をかれに嫁がせた。

［集解］

［一］孔安国《こうあんこく》は、「『詩経』（大雅《たいが》抑《よく》）に、「白圭が欠けたなら、まだ（元通りにするため）磨くことができる。この言葉が欠けたなら、収拾がつかない」とある。南容が詩を読んでいてこの箇所に至り、三たびこの詩を反復したのは、かれの心が言葉を慎んでいたからである」と解釈する。

（訳注）1南容は、弟子。姓を南宮《なんきゅう》、名を括《かつ》、字を子容《しよう》という（『史記』仲尼弟子列伝）。『孔子家《こうしけ》語《ご》』七十二弟子解では、名を韜《とう》といい、魯《ろ》の人とする。『礼記《らいき》』檀弓《だんぐう》篇上の鄭玄《じょうげん》注は、孟孫氏の当主孟僖子《もうきし》の子である南宮敬叔《なんきゅうけいしゅく》と同一人物とする。南宮敬叔は、孔子が周《しゅう》へ行き、老《ろう》子《し》に礼を学んだ際に、その旅の支援を魯君に願った人物である（『史記』孔子世家）。公冶《こうや》長《ちょう》篇第二章にも、孔子がかれに兄の子を嫁がせる記事が見える。2白圭は、上部は尖り下部は四角形の白い玉製の礼器で、諸侯の封建の印《しるし》。ここでは、『詩経』大雅　抑に、「白圭の玷《か》けたるは、尚ほ磨く可きなり。斯の言の玷けたるは、為《をさ》む可からざるなり」とある詩をいう。

06季康子問、弟子孰為好学。孔子対曰、有顔回者、好学。不遷怒、不弐過。不幸短命死矣。今也則亡。未聞好学者也。

季康子[1]問ふ、「弟子 孰《たれ》か学を好むと為す」と。孔子対《こた》へて曰く、「顔回なる者有り、学を好めり。怒りを遷さず、過ちを弐《ふたた》びせず。[2]不幸 短命にして死せり。今や則ち亡《な》し。未だ学を好む者を聞かざるなり」と。

季康子《きこうし》が（孔子に）尋ねた、「（あなたの）弟子の中でだれが学問を好むのですか」と。孔子が答えた、「顔回《がんかい》という者がおり、学問を好みました。怒りを（理から）移さず、過ちを繰り返しません。（しかし）不幸にも年若くして死にました。（それなので）今ではおりません。学問を好む者（がいること）を聞いておりません」と。

[集解] なし

（訳注）1季康子《きこうし》は、魯《ろ》の大夫《たいふ》、三桓《さんかん》の一である季孫《きそん》氏の第七代。姓は姫《き》、氏は季孫、名は肥《ひ》、諡は康。季桓子《きかんし》の子。冉有《ぜんゆう》・子貢《しこう》・子路《しろ》など孔子の門下を多く用いた。家宰《かさい》とした冉有には、戦についての助言を求めることもあった（『春秋左氏伝《しゅんじゅうさしでん》』哀公《あいこう》 伝十一年）。2「怒りを遷さず、過ちを弐《ふたた》びせず」は、雍也篇第三章に、「普通の人は情に任《まか》せて、喜怒が理に違《たが》っている。顔淵は道に任せて、怒りは分を過ぎない。遷とは、移という意味である。（顔淵は）怒ってもその理のとおりであり、移り変わることがない。過ちを弐びせずとは、良くないことが

あればもう二度と行わないことである」と集解がある。

〔参校〕皇侃『論語義疏』は、幸とは生きるべきではないのに生きること、不幸とは死ぬべきではないのに死ぬことである、とする。雍也篇第十九章を参照。

07顔淵死。顔路請子之車〔一〕。子曰、才不才亦各言其子也。鯉死、有棺而無槨。吾不可徒行以為之槨。以吾従大夫之後、吾以不可徒行也〔二〕。

顔淵 死す。顔路(1) 子の車を請ふ〔一〕。子曰く、「才も不才も亦た各〻其の子と言ふなり。鯉(2)の死せるや、棺有りて槨(3)無し。吾 徒行して以て之が槨を為《つく》る可からず。吾 大夫の後《しりへ》に従ふを以て、吾 徒行す可からざるを以てなり」と〔二〕。

顔淵《がんえん》が死んだ。（顔回の父の）顔路《がんろ》は孔子の車を（埋葬時の槨《かく》を買うお金に当てるため）いただけるようお願いした。孔子が言った、「天才でも不才でもやはりそれぞれ我が子と言うものである。（不才の我が子）鯉《り》の死んだときには、棺《かん》はあったが槨はなかった。わたしは（車を売り）徒歩で出歩きそれにより子の槨を作ることはできなかった。わたしは大夫《たいふ》のはしくれに連なっているので、わたしは徒歩で出歩くことができなかったのである」と。

［集解］

［一］孔安国は、「顔路は、顔淵の父である。家が貧しく、それで孔子の車をいただき、それを売って（その金で）槨《かく》を作ろうと思った」と解釈する。

［二］孔安国は、「鯉《り》は、孔子の子、伯魚《はくぎょ》である。孔子は当時大夫《たいふ》であった。それゆえわたしは大夫のはしくれに連なっていたから、徒歩で行くことはできなかったと言った。これは謙遜の言葉である」と解釈する。

（訳注）1顔路は、弟子。姓を顔、名を無繇《ぶゆう》、字を路といい、顔回の父（『史記』仲尼弟子列伝）。『孔子家語』七十二弟子解では、名を由《ゆう》、字を季路《きろ》といい、孔子の初期からの弟子で、孔子より六歳年少であるとする。2鯉《り》は、孔子の子。字は伯魚。孔子が十九歳でかれを生んだ際、魯の昭公《しょうこう》が鯉《こい》を孔子に賜ったことから、それを光栄に思った孔子が鯉と名付けた。五十歳で、孔子より先に死んだ（『孔子家語』本姓解《ほんせいかい》）。皇侃『論語義疏』・邢昺『論語注疏』ともに、不才であったとする。3槨《かく》は、棺を納める外ばこ。

〔参校〕邢昺『論語注疏』は、孔安国注の「時に大夫為《た》り」について、『史記』孔子世家によれば、定公《ていこう》十四年（孔子五十六歳）には司寇《しこう》になったが、それ以後は大夫の位にはなかった。伯魚《はくぎょ》の死は、孔子が七十歳前後の事件であり、時期が合わない。杜預《どよ》は「大夫であったが去った。

それで後と言う」と述べている。だが、王肅《おうしゅく》が『孔子家語』注で、こうした事実関係について、「この書物は遥か昔のもので、年数に錯誤があり、まだ詳しく理解することはできない」とするように、あるいは虚構の言葉であるかもしれない。なお、『春秋公羊伝』隠公三年には、「喪事は求むること無し、賻《ふ》を求むるは礼に非ず」とある。賻は喪主を助けるために布帛財貨《ふはくざいか》を送ること。顔路から求めることは礼に悖《もと》る。

08顔淵死。子曰、噫〔一〕、天喪予、天喪予〔二〕。

顔淵死す。子曰く、「噫《ああ》〔一〕、天 予《われ》を喪《ほろ》ぼせり、天 予を喪ぼせり」と〔二〕。

顔淵が死んだ。孔子が言った、「ああ、天はわたしを滅ぼした、天はわたしを滅ぼした」と。

［集解］

〔一〕包咸《ほうかん》は、「噫《ああ》は、いたみ悲しむ声である」と言った。

〔二〕天がわたしを滅ぼしたとは、（顔淵が死んだことは、天が）自分を滅ぼすようなものであることをいう。これを二回言っているのは、このことを悼《いた》み悲しむことが甚だしいからである。

〔参校〕皇侃『論語義疏』は、雨が降るのに雲が必要なように、聖人《せいじん》が世に出るには必ず賢人《けんじん》の補佐が必要であり、顔淵という補佐を失ったことで孔子の道もまた滅びた、と解する。朱熹『論語集注』は、顔淵による道の伝達が無くなったことを悼《いた》んでいるとする。

09顔淵死。子哭之慟[一]。従者曰、子慟矣。子曰、有慟乎[二]。非夫人之為慟而誰為慟。

顔淵死す。子 之を哭して慟す(1)[一]。従者曰く、「子 慟せり」と。子曰く、「慟すること有るか[二]。夫《か》の人の為に慟するに非ずして、誰《たれ》が為に慟せん」と。

顔淵が死んだ。孔子はこれを哀哭《あいこく》して号泣した。従者が言った、「先生は号泣されておりました」と。孔子が言った、「号泣していたか。あの人（顔淵）のために号泣するのでなければ誰のためにするというのか」と。

［集解］

［一］馬融《ばゆう》(2)は、「慟《どう》は、哀しみ方の（礼として）度を越したものである」と解釈する。

［二］孔安国は、「自分で自分の悲哀が度を越していることを分からなかったのである」と解釈する。

（訳注）1哭《こく》は、涙を流し大声を上げること。人の死を弔うための礼。2馬融は、字を季長《きちょう》とい

い、扶風茂陵《ふふうもりょう》の人。後漢の順帝《じゅんてい》のとき、南郡太守《なんぐんたいしゅ》に至った。『孝経《こうきょう》』・『論語』・『詩経《しきょう》』・『周《しゅう》易《えき》』・『尚書《しょうしょ》』・「三礼《さんらい》」に注をつけた（邢昺『論語注疏』）。鄭玄《じょうげん》の師。

〔参校〕皇侃『論語義疏』は、孔子が顔淵の家に行って哭した際の話であるとし、「従者」はそれに随った弟子と解釈する。

10顔淵死。門人欲厚葬之。子曰、不可[一]。門人厚葬之。子曰、回也、視予猶父也。予不得視猶子也。非我也、夫二三子也[二]。

顔淵死す。門人　之を厚葬[1]せんと欲す。子曰く、「不可なり」と[一]。門人　之を厚葬す。子曰く、「回や、予を視ること猶ほ父のごとくせり。予　視ること猶ほ子のごとくするを得ざるなり。我に非ざるなり、夫《か》の二三子なり」と[二]。

顔淵が死んだ。門人はかれを厚葬《こうそう》しようとした。孔子が言った、「いけない」と。（しかし）門人は顔淵を厚葬した。孔子が言った、「回は、わたしをまるで父のように見ていた。わたしは我が子を見るように（正しい葬礼《そうれい》を）できなかった。（悪いのは）わたしではない、あの門人たちなのだ」と。

〔集解〕

〔一〕礼は、貧富それぞれに適当な程度がある。顔淵の家は貧しく、それでも門人はかれを厚葬しようとした。それゆえ許可しなかったのである。

〔二〕馬融は、「言いたいことは顔回にはもともと父（顔路）がおり、父の意思では門人がかれを厚葬することを受け入れたいと思っていたため、わたしは止めることができなかったということである。かれらの厚葬を非難し、それでこのように言ったのである」と解釈する。

（訳注）1厚葬は、手厚い葬儀のこと。ここでは、顔淵の家の貧しさに見合わぬ過剰に備わった葬儀をさす。

〔参校〕皇侃『論語義疏』・邢昺『論語注疏』は、「門人」を「顔淵の門弟」といい、また皇侃『論語義疏』は、「一云」として「孔子の門人」であるとの説を載せる。荻生徂徠『論語徴』は、本文を「我を非とせんかな、二三子や」と読み、「二三子」すなわち他国にいる門人たちが、止められなかった自分を咎《とが》めるはずであると解釈する。

11季路問事鬼神。子曰、未能事人、焉能事鬼。曰、敢問事死。曰、未知生、焉知死〔一〕。

季路 鬼神(1)に事《つか》ふるを問ふ。子曰く、「未だ人に事ふる能はず、焉《いづく》んぞ能く鬼に事へん」と。曰く、「敢て死に事ふるを問ふ」と。曰く、「未だ生を知らず、焉んぞ死を知らん」と［二］。

季路《きろ》が鬼神《きしん》に仕えることを尋ねた。孔子が言った、「まだ人に仕えられていないのに、どうして鬼《き》に仕えられよう」と。（季路が）言った、「あえて死に仕えることをお尋ねします」と。（孔子が）言った、「まだ生を知らないのに、どうして死を知ることができよう」と。

［集解］

［二］陳群《ちんぐん》は、「鬼神と死の事は明らかにすることが難しく、これを語っても益が無い。それゆえ答えないのである」と解釈している。

（訳注）1鬼神は、死者の霊魂《れいこん》。邢昺『論語注疏』は、天（の霊魂）を神《しん》といい、人（の霊魂）を鬼《き》というとするが、ここでは取らない。

〔参校〕皇侃『論語義疏』は、「人に事ふる能はず」「未だ生を知らず」をどちらも孔子ではなく子路のことであるとする。朱熹『論語集注』は、鬼神と死については知らねばならない問題であり、子路の問いは切実であるとしたうえで、幽明《ゆうめい》（あの世とこの世）と終始《しゅうし》（生まれることと死ぬこと）は表裏一体で、理は同じであるが、それを学ぶには順序があり、段階を飛ばしてはいけない、と述べている。

12閔子騫侍側、誾誾如也。子路、行行如也。冉子・子貢、侃侃如也。子楽[一]。曰、若由也、不得其死然[二]。

閔子騫 側に侍《はべ》り、誾誾[1]如[2]たり。子路、行行如たり。冉子・子貢、侃侃[3]如たり。子 楽しむ[一]。曰く、「由の若きは、其の死に然[4]を得ず」と[二]。

閔子騫《びんしけん》は（孔子の）側に侍り、中正な様子であった。子路《しろ》は、勇猛な様子であった。冉子《ぜんし》と子貢《しこう》は、和《なご》やかな様子であった。孔子は楽しんだ。（孔子が）言った、「由《ゆう》（子路）のようでは、天寿によって死ぬことはできないな」と。

[集解]

[一] 鄭玄は、「それぞれが自分の性のままにふるまっているのを楽しんでいる。行行は、勇猛な様子である」と解釈する。

[二] 孔安国は、「天寿によって死ぬことができない」と解釈する。

（訳注）1誾誾《ぎんぎん》は、中正なさまである（郷党篇第一章孔安国注）。2如《じょ》は、そのふるまいがこのようであることを言う（邢昺『論語注疏』）。3侃侃《かんかん》は、和やかで楽しいさまである（郷党篇第

一章孔安国注）。4然《ぜん》は、焉《えん》のようなものである。言いたいことは子路は勇ましいため、必ず寿命によって終焉を迎えられない、ということである（邢昺『論語注疏』）。

〔参校〕この孔子の言葉通り、子路は仕えていた衛で、反乱に巻き込まれて死んだことが、『春秋左氏伝』哀公 伝十五年に見える。

13魯人為長府。閔子騫曰、仍旧貫、如之何。何必改作［一］。子曰、夫人不言、言必有中［二］。

魯人 長府を爲《つく》る。閔子騫曰く、「旧貫に仍《よ》らば、之を如何《いかん》。何ぞ必ずしも改め作らん」と［一］。子曰く、「夫《か》の人は言はず、言へば必ず中《あ》たる有り」と［二］。

魯人《ろひと》が長府《ちょうふ》（という名の蔵）を作った。閔子騫《びんしけん》は言った、「もとのままで、よいでしょう。どうして新しく作る必要がありますか」と。孔子が言った、「あの人は（あまり）ものを言わないが、言えば必ず的確である」と。

［集解］

［一］鄭玄《じょうげん》は、「長府は、蔵の名である。財貨を蓄えるものを府と呼ぶ。仍《じょう》は、因である。貫《かん》は、事である。以前の事情に従えば、よいのである。どうしてかえってまたまた新

しく作ろうか」と解釈する。

〔二〕王粛《おうしゅく》は(1)、「言えば必ず的確であるとは、かれが民を煩《わずら》わせてさらに新しく作ることを望まないのを褒めたのである」と解釈する。

（訳注）1王粛は、字を子邕《しょう》といい、東海蘭陵《とうかいらんりょう》の人である。曹魏《そうぎ》の衛将軍《えいしょうぐん》・太常《たいじょう》となった（邢昺『論語注疏』）。鄭玄説に基づく曹魏の明帝《めいてい》の天の祭祀改革に反対する中で、王粛の経学が形成されたことについては、渡邉義浩「王粛の祭天思想」（『中国文化―研究と教育』六六、二〇〇八年、『西晋「儒教国家」と貴族制』汲古書院、二〇一〇年に所収）を参照。

〔参校〕皇侃『論語義疏』・邢昺『論語注疏』・朱熹『論語集注』は、「中《あ》たる」とは「理に中たる」であるとする。

14子曰、由之鼓瑟、奚為於丘之門〔一〕。門人不敬子路。子曰、由也、升堂矣。未入於室也〔二〕。

子曰く、「由の瑟(1)を鼓するは、奚《なん》為《す》れぞ丘の門に於てせん」と〔一〕。門人 子路を敬せず。子曰く、「由や、堂(2)に升れり。未だ室(3)に入らざるなり」と〔二〕。

孔子が言った、「由（子路）の瑟《ひつ》の演奏は、なぜ丘《わたし》の門下でするのだろう」と。門人は子路を敬わなくなった。孔子が言った、「由は、堂《どう》には上っている。まだ室《しつ》に入っていないだけである」と。

［集解］
［一］馬融は、「言いたいことは子路の瑟の演奏は、雅《が》や頌《しょう》(4)には適していないということである」と解釈する。
［二］馬融は、「わたしの堂には上っている。まだ室に入っていないだけである。門人は理解せず、孔子の言葉は子路を賎しんでいると思った。それでまたこれを解説したのである」と。

（訳注）1瑟《ひつ》は、大琴。長さは八尺一寸（約一八二cm）、幅は一尺八寸（約四一cm）、二十七絃（『爾雅《じが》』釈楽 郭璞《かくはく》注）。2堂は、屋根の下を窓と戸で隔てたうちの外側（皇侃『論語義疏』）。南にある門を入り北上すると、まず中庭があり、その先にある左右の階段を上った場所。3室は、屋根の下を窓と戸で隔てたうちの、内側（皇侃『論語義疏』）。堂の北に位置した部屋。4雅《が》・頌《しょう》は、それぞれ『詩経』毛伝 大序に見える六義のうち、内容上の分類のひとつ。雅は宮廷の歌、頌は祖先祭祀の歌。

〔参校〕皇侃『論語義疏』は、「行行」たる子路の剛直な性が、その演奏にも表れていたため、孔子はそれを抑えようとして言ったと解する。皇侃『論語義疏』も、邢昺『論語注疏』も、「室に入」っている者は、顔淵であるとする。朱熹『論語集注』は、子路の瑟について、『孔子家語』辯楽解《べんがくかい》（とするが、実際には『説苑《ぜいえん》』脩文《しゅうぶん》）を引用して、「北鄙《ほくひ》殺伐の声」（北方の辺鄙な地方の殺伐とした音楽）であったために批判したとする。

15子貢問曰、師与商也、孰賢乎。子曰、師也過、商也不及［一］。曰、然則師愈与。子曰、過猶不及也［二］。

子貢 問ひて曰く、「師(1)と商と、孰《いづ》れか賢れる」と。子曰く、「師や過ぎたり、商や及ばず」と［一］。曰く、「然《しか》らば則ち師 愈《まさ》れるか」と。子曰く、「過ぎたるは猶ほ及ばざるがごときなり」と［二］。

子貢が尋ねて言った、「師《し》（子張《しちょう》）と商《しょう》（子夏《しか》）と、どちらが勝《まさ》っていますか」と。孔子が言った、「師は過ぎている、商は及んでいない」と。（子貢が）言った、「それでは師が勝っているのでしょうか」と。孔子が言った、「過ぎていることは及ばないことのようなものである」と。

［集解］

〔一〕孔安国は、「どちらも中庸を得ていないことを言っている」と解釈する。
〔二〕愈《ゆう》は、勝るのようなものである。
（訳注）1師は、弟子。姓を顓孫《せんそん》、名を師、字を子張といい、孔子より四十八歳年少（『史記』仲尼弟子列伝）。『孔子家語』七十二弟子解は陳《ちん》の人とし、立派な容貌と資質があったが、仁義に務めることはしなかったため、同門はかれを友にはしたが敬することはなかったという。
〔参校〕朱熹『論語集注』は、「子張《しちょう》は才能が豊かで気持ちが広く、ことさら難事を行うのを好む」のに対し、「子夏《しか》は篤く信じ謹み守りるが、範囲は狭い」とし、それぞれ行き過ぎ、及ばなさがあると述べている。

16季氏富於周公〔一〕。而求也、為之聚斂而附益之〔二〕。子曰、非吾徒也。小子鳴鼓而攻之可也〔三〕。

季氏(1) 周公(2)より冨む〔一〕。而るに求や、之が為に聚斂《しゅうれん》して之に附益す〔二〕。子曰く、「吾が徒に非ざるなり。小子 鼓を鳴らして之を攻めて可なり」と〔三〕。

（諸侯である魯の臣下にすぎない）季氏《きし》は（天子の宰である）周公《しゅうこう》よりも富んでいた。それなのに冉求《ぜんきゅう》は、季氏のために重税を取り立て季氏の富につけ増した。孔子が言った、「わたしの門徒《もんと》ではない。門人諸君は鼓《こ》を鳴らしてかれを責めてよい」と。

［集解］

［一］孔安国は、「周公は、天子の宰、卿士《けいし》である」と解釈する。

［二］孔安国は、「冉求は季氏の家宰《かさい》であり、季氏のために賦税《ふぜい》を厳しく取り立てたのである」と解釈する。

［三］鄭玄は、「小子は、門人である。鼓を鳴らすとは、冉求の罪を喧伝《けんでん》してこれを責めることをいう」と解釈する。

〔訳注〕1季氏《きし》は、魯の大夫である季孫氏のこと。魯の桓公《かんこう》の後裔である三桓《さんかん》の一つ。季武子《きぶし》・季平子《きへいし》・季桓子《きかんし》と暴慢で僭越《せんえつ》な当主が続いていた。2周公《しゅうこう》は、周の天子の卿《けい》。皇侃『論語義疏』によれば、公《こう》は爵位《しゃくい》。

〔参校〕八佾《はちいつ》篇第六章でも、孔子は冉求が季氏の非礼を止められなかったことを非難している。朱熹『論語集注』は、「周公」を周公旦《しゅうこうたん》のこととする。

17柴也、愚［一］。参也、魯［二］。師也、僻［三］。由也、喭［四］。子曰、回也、其庶乎。屢空。賜不受命而貨殖焉、億則屢中［五］。

柴(1)や、愚なり[一]。参(2)や、魯なり[二]。師や、僻《へき》なり[三]。由や、喭《がん》なり[四]。子曰く、「回や、其れ庶《ちか》からんか。屢《しば》〻空し。賜は命を受けずして貨殖し、億《おも》へば則ち屢〻中《あ》たる」と[五]。

柴《さい》（高柴《こうさい》）は、愚直である。参《しん》（曾参《そうしん》）は、魯鈍である。師《し》（子張《しちょう》）は、よこしまである。由《ゆう》（子路《しろ》）は、不作法である。孔子が言った、「回《かい》（顔回《がんかい》）は、（聖道に）近いであろう。しばしば貧窮している。賜《し》（子貢《しこう》）は（わたしの）命を受け入れずに稼いで、（ものごとの是非を）憶測すればしばしば的中する」と。

[集解]

[一]（柴は）弟子の高柴《こうさい》であり、字は子羔《しこう》である。愚は、愚直の愚である。

[二]孔安国は、「魯は、鈍である。曾子《そうし》は遅鈍である」と解釈する。

[三]馬融は、「子張《しちょう》の才能は人より優れるが、欠点はよこしまで過ちを取り繕《つくろ》うところにある」と解釈する。

[四]鄭玄は、「子路の行動は、礼に適《かな》ったふるまいに欠けることに陥っている」と解釈する。

[五]言いたいことは回《かい》（顔回《がんかい》）は聖道に近く(3)、しばしば貧窮するが、しかし楽しみは

その中にある。賜《し》（子貢《しこう》）は（孔子の）言いつけを受け入れず、ただ財貨を増やし、（物事の）是非《ぜひ》を憶測しているだけということである。思うに顔回を褒めたのは、賜を励ますためであろう。一説に、「屢《る》は、毎のようなものである。空は、虚中《きょちゅう》のようなものである。（孔子が）聖人の善によって、弟子たちの近い者に教えて、それでも（かれらが）道を知るに至らないのは、各自が内面にこれらの害を持つからである。その近い者たちの中で、いつも虚中(4)であるのは、ただ顔回だけである。道を想うことが深遠であればこそである。虚心でなければ、道を知ることはできない。子貢は（愚、魯《ろ》、僻《へき》、喭《がん》といったほかの）弟子たちのような欠点が無く、それでも同様に道を知らないのは、理を極めていないのに幸運によって的中したり(5)、天命でない(6)のにたまたま富んだりしたからである。（この二つも、弟子たちの害と）同様に虚心《きょしん》になれない理由である」と言う。

（訳注）1柴《さい》は、弟子。姓を高、名を柴、字を子羔《しこう》といい、孔子より三十歳年少。身長が五尺（約一一三cm）に満たなかったという（『史記』仲尼弟子列伝）。『孔子家語』七十二弟子解では斉《せい》の人とし、孔子より四十歳の年少とする。2参《しん》は、弟子。姓を曾《そう》、名を参《しん》、字を子輿《しょ》といい、南武城《みなみぶじょう》の人で、孔子より四十六歳年少。『孝経《こうきょう》』の作者とされる（『史記』仲尼弟子

列伝）。3「回　聖道に庶幾し」は、『周易《しゅうえき》』繋辞下伝《けいじかでん》に、「子曰く、「顔氏の子は、其れ殆ど庶幾《ちか》からんか。不善有れば、未だ嘗て知らざるにあらず。之を知れば、未だ嘗て復た行はざるなり」と」とあることに基づく。邢昺『論語注疏』はここを「回　幾微の聖道を求め慕ふ」と解釈しており、この場合本文の読み方は、「回　幾の聖道を庶《した》ふ」となる。4虚中は、邢昺『論語注疏』によれば、その心中を虚しくすること。5幸にして中《あ》たるについて、『春秋左氏伝』定公　伝十五年に、子貢の予言が的中したことについて、孔子が、「賜は不幸にも言えば的中する。これが賜を多言にさせる理由である」と述べたことが見える。6天命でないとするのは、富は天命に従って爵祿を得るべきだからである（邢昺『論語注疏』）。

〔参校〕皇侃『論語義疏』は、王弼《おうひつ》の説を引用し、「庶」を「幾《き》をねがう」とした上で、それゆえに殖財の仕事をおろそかにするため、しばしば貧窮する、と説明する。朱熹『論語集注』は、「子曰く」以下を別の章とする。「其れ庶《ちか》からんか。屢〻空し」については、集解の最初の解釈と同様、道に近く、貧窮することとし、貧困に安んじることができたと解釈する。

18子張問善人之道。子曰、不践迹、亦不入於室〔一〕。

子張　善人の道を問ふ。子曰く、「迹に践《したが》はざるも、亦た室に入らず」と〔二〕。

子張が善人の道を尋ねた。孔子が言った、「以前の事績を踏襲するだけではないが、また（聖人の）室には入っていない」と。

［集解］

［一］孔安国は、「践は、循（従う）である。言いたいことは善人は単に以前の事績に従うだけではなく、また多少なりとも業績を創出する。しかしまた聖人の奥室には入れないということである」と解釈する。

〔参校〕朱熹『論語集注』は、「迹を践《ふ》まず」と読み、道に従って轍《わだち》の跡をたどることはできていないが、悪を行うことはない、と解釈する。

19子曰、論篤是与、君子者乎、色荘者乎［一］。

子曰く、「論篤 是れかな、君子なる者かな、色荘なる者かな」と［一］。

孔子が言った、「（善人とみなすべきなのは、口に選んだ言葉のない）論篤《ろんとく》であろうね、（身に卑しい行動のない）君子であろうね、（小人を遠ざける）色荘《しきそう》であろうね」と。

［集解］

［一］論篤というものは、口に選んだ言葉が無い(1)ことを言うのである。君子というもの

は、身に卑しい行動がないことを言うのである。色荘というものは、憎みはしないが厳しく接し、そうして小人を遠ざける者である。(2) 言いたいことはこの三者は、すべて善人である者と考えてよいということである。

（訳注）1『孝経《こうきょう》』卿大夫章《けいたいふしょう》に、「口に択言《たくげん》無し」とあることに基づく。2『周易《しゅうえき》』遯卦《とんか》象伝《しょうでん》に、「君子 以て小人を遠ざけ、悪《にく》まずして厳し」とあることに基づく。

〔参校〕朱熹『論語集注』は、「論篤に是れ与《くみ》せば、君子なる者か、色荘なる者か」と読んで、「言論が篤実であることを理由にその人を評価しても、君子であるか、うわべがよいだけの人なのかはわからない」と解釈する。

20子路問、聞斯行諸〔一〕。子曰、有父兄在。如之何其聞斯行之也〔二〕。冉有問、聞斯行諸。子曰、聞斯行之。公西華曰、由也問聞斯行諸。子曰、有父兄在。求也問聞斯行諸。子曰、聞斯行之。赤也惑、敢問〔三〕。子曰、求也退、故進之。由也兼人、故退之〔四〕。

子路問ふ、「聞かば斯《ここ》に諸《これ》を行はんか」と〔一〕。子曰く、「父兄の在《いま》す有り。如何《いかん》ぞ其れ聞かば斯に之《これ》を行はん」と〔二〕。冉有問ふ、「聞かば斯に諸を行はんか」と。子曰く、「聞かば斯に之を行へ」と。公西華(1)曰く、「由や問ふ、「聞かば斯に諸を行はんか」と。

子曰く、「父兄の在す有り」と。求や問ふ、「聞かば斯に諸を行はんか」と。子曰く、「聞かば斯に之を行へ」と。赤や惑ふ、敢て問ふ」と〔三〕。子曰く、「求や退く、故に之を進む。由や人を兼ぬ、故に之を退く」と〔四〕。

子路《しろ》が尋ねた、「(窮乏を救うべきことを)聞いたならばそれを行いましょうか」と。孔子が言った、「父兄がいらっしゃる。どうして聞いたならばそれを行えようか」と。冉有《ぜんゆう》が尋ねた、「(窮乏を救うべきことを)聞いたならばそれを行いましょうか」と。孔子が言った、「聞いたならばそれを行え」と。公西華《こうせいか》が言った、「由《ゆう》(子路)が、「聞いたならばそれを行いましょうか」と尋ねました。先生は仰いました、「父兄がいらっしゃる」と。求《きゅう》(冉有)が、「聞いたならばそれを行いましょうか」と尋ねました。先生は仰いました、「聞いたならばそれを行え」と。赤《わたし》は惑っております、あえてお伺いいたします」と。孔子が言った、「求は控えめである、だからかれを奨励した。由は人に勝《まさ》ろうとする、だからかれを抑止した」と。

［集解］

〔一〕包咸は、「(聞いたのは)窮乏を救う(べきであるか)ということである」と解釈する。

［二］孔安国は、「父兄に申し上げるべきである。自分で勝手にしてはいけないのである」と解釈する。
［三］孔安国は、「質問は同じで答えが異なることに惑ったのである」と解釈する。
［四］鄭玄は、「言いたいことは冉有の性は控えめで、子路の勢いは人より勝ることにある。それぞれその人の欠点によって正すのである」と解釈する。
（訳注）1公西華は、弟子。姓を公西、名を赤《せき》、字を子華《しか》という。孔子より四十二歳年少である（『史記』仲尼弟子列伝）。鄭玄注と『孔子家語』七十二弟子解では、魯《ろ》の人とする。

21子畏於匡。顔淵後［一］。子曰、吾以汝爲死矣。曰、子在。回何敢死［二］。

子 匡に畏る。（1）顔淵 後《おく》る［一］。子曰く、「吾 汝を以て死せりと為す」と。曰く、「子 在《いま》す。回 何ぞ敢て死せん」と［二］。

孔子は匡《きょう》で難にあった。顔淵が遅れてきた。孔子が言った、「わたしはお前が死んだのかと思った」と。（顔淵が）言った、「先生がご無事なのです。回《わたし》は（決して命を懸け匡人に立ち向かいませんので）どうして死にましょう」と。

［集解］

［一］孔安国は、「言いたいことは孔子と互いに見失い、それで後方にいたということである」と解釈する。

［二］包咸は、「言いたいことは先生が無事であり、もはや命を懸ける場面がないということである」と解釈する。

（訳注）1匡に畏るは、孔子の一行が衛《えい》から陳《ちん》に向かう途中、匡人によって包囲されたこと。子《し》罕《かん》篇第五章の包咸《ほうかん》注によれば、かつて匡で暴虐を働いた陽虎《ようこ》と、孔子の容貌が似ており、連れていた御者も同じであったことから、誤って包囲されたという。『史記』孔子世家にもこの時のことが見える。

22季子然問、仲由・冉求可謂大臣与［一］。子曰、吾以子為異之問。曾由与求之問［二］。所謂大臣者、以道事君、不可則止。今由与求也、可謂具臣矣［三］。曰、然則従之者与［四］。子曰、弑父与君、亦不従也［五］。

季子然(1)問ふ、「仲由・冉求は大臣と謂ふ可きか」と［一］。子曰く、「吾 子を以て異を之《こ》れ問ふと爲す。曾《すなは》ち由と求とを之れ問へり［二］。所謂 大臣なる者は、道を以て君に事へ、不可なれば則ち止む。今 由と求とは、具臣《ぐしん》と謂ふ可し」と［三］。曰く、「然《しか》らば則ち之に従ふ者か」と[四]。子曰く、「父と君とを弑《しい》するは、亦た従はざるなり」と[五]。

季《き》子《し》然《ぜん》が尋ねた、「(わたしが臣下にした)仲由《ちゅうゆう》(子路)と冉求《ぜんきゅう》は大臣と言ってよいでしょうか」と。孔子が言った、「わたしは貴方が別なことを尋ねると思っていました。それなのに由と求とをお尋ねになりました。いわゆる大臣というものは、道によって君にお仕えし、聞きいれられねば辞職します。いま由と求とは、具臣(数合わせの臣下)と言うべきです」と。(季子然が)言った、「そうであれば主君(の望み)に従う者でしょうか」と。孔子が言った、「父と君とを弑殺《しいさつ》する(ような大逆な)ことには、従いはしません」と。

[集解]

[一] 孔安国は、「季子然は、季氏の子弟である。この二人を臣下とできたことを自慢に思い、それでこのことを尋ねたのである」と解釈する。

[二] 孔安国は、「あなたは別なことを尋ねるとばかり思っていたのに、それなのにこの二人について尋ねた。どうして大臣とするに足りましょうか」と解釈する。

[三] 孔安国は、「臣下の数に入れるだけと言うのである」と解釈する。

［四］孔安国は、「臣下にした場合、二人とも主君の望みに従うはずであるのかを尋ねた」と解釈する。

［五］孔安国は、「二人はその主君に従いはするが、（弑殺のような）大逆を行うことには関与しないのである」と解釈する。

（訳注）1季子然《きしぜん》は、魯の三桓の一つである季孫氏の子弟。詳細は不明である。子路と冉求が季氏の家臣としてその非道を止められなかったことを孔子が叱責する記事が、季氏篇第一章に見え、この季氏と同一人物か。

23子路使子羔為費宰。子曰、賊夫人之子［一］。子路曰、有民人焉、有社稷焉。何必読書、然後為学［二］。子曰、是故悪夫佞者［三］。

子路 子羔をして費の宰 爲《たらし》(1)む。子曰く、「夫《か》の人の子を賊《そこ》なふ」と［一］。子路曰く、「民人有り、社稷有り(2)。何ぞ必ずしも書を読みて、然る後に学と為さん」と［二］。子曰く、「是の故に夫の佞者を悪《にく》む」と［三］。

子路が子羔《しこう》を費《ひ》の宰《さい》とならせた。孔子が言った、「（学問が成熟していないのに政事をさせるのは）あの若者をだめにする」と。子路が言った、「民がおり、社稷に（神が）おり（実地で学べ）ます。どうして必ずしも書物を読んで、そののちに学問とするのでしょう」と。孔子が言った、「これだからあの口達者（の子路）を憎むのだ」と。

［集解］

［一］包咸は、「子羔の学問はまだ習熟しておらず、それでも政事をさせるのは、人をだめにする行いである」と解釈する。

［二］孔安国は、「言いたいことは民を治め神に仕え、そこで学習することも、また学問ということである」と解釈する。

［三］孔安国は、「子路が口の達者さにより応じて、自分の非を通して行き詰まることを知らないのを憎んだのである」と。

（訳注）1邢昺『論語注疏』によれば、子路は季氏の臣下であったため、季氏の采邑であった費に子羔を推挙した、とする。2社稷《しゃしょく》は、国ごとに設けられたやしろ。また、そこで祀られる神《しん》。社は土地の神、稷は穀物の神（『白虎通』巻二 社稷篇）。

24子路・曾皙［一］・冉有・公西華侍坐。子曰、以吾一日長乎爾、無吾以也［二］。居則曰、不吾知也［一三］。如或知爾、則何以哉［一四］。子路卒爾而対曰［一五］、千乗之国、摂乎大国間、加之以師旅、因之以饑饉［一六］。由也為之、比及三年、可使有勇、且知方也［一七］。夫子哂之［一八］。求、爾何如。対曰、方六七十、如五六十［一九］。求也為之、比及三年、可使足民也。如其礼楽、以俟君子［一一〇］。赤、爾何如。対曰、非曰能之也、願学焉。宗廟之事、如会・同、端・章甫、願為小相焉［一一一］。點、爾何如。鼓瑟希［一一二］。鏗爾舎瑟而作、対曰、異乎三子者之撰［一一三］。子曰、何傷乎。亦各言其志也［一一四］。曰、暮春者、春服既成、得冠者五六人、童子六七人、浴乎沂、風乎舞雩、詠而帰［一一五］。夫子喟然歎曰、吾与點也［一一六］。三子者出。曾皙後。曾皙曰、夫三子者之言何如。子曰、亦各言其志也已矣。曰、夫子何哂由也。子曰、為国以礼。其言不譲。是故哂之［一一七］。唯求則非邦也与。安見方六七十、如五六十而非邦也者。唯赤則非邦也与。宗廟之事、如会・同、非諸侯如之何［一一八］。赤之為之小相、孰能為之大相［一一九］。

子路・曾皙(1)［一］・冉有・公西華 侍坐す。子曰く、「吾が一日 爾《なんぢ》より長ずるを以て、吾を以てすること無かれ［二］。居《を》れば則ち曰く、「吾を知らず」と［三］。如《も》し爾を知る或《あ》らば、則ち何を以てせんや」と［四］。子路 卒爾として対《こた》へて曰く［五］、「千乗の国、大国(2)の間に摂せられ、之に加ふるに師旅を以てし、之に因るに饑饉を以てす(3)［六］。由や之を為《をさ》むるや、三年に及ぶ比《ころほ》ひに、勇有り、且《か》つ方を知らしむ可きなり」と〔七〕。夫子 之を哂《わら》ふ〔八〕。「求や、爾《なんぢ》は何如《いかん》」と。対へて曰く、「方六七十、如《も》しくは五六十〔九〕。求や之を為むるや、三年に及ぶ比ひに、民を足らしむ可きなり。其の礼楽の如きは、以て君子を俟《ま》たん」と〔一〇〕。「赤や、爾は何如」と。対へて曰く、「之を能くすと曰ふには非ず、願はくは之を学ばん。宗廟の事、如《も》しくは会・同に、端・章甫(4)して、願はくは小相と爲らん」と〔一一〕。「點や、爾は何如」と。瑟を鼓すること希なり〔一二〕。鏗爾《かうじ》として瑟を舍《お》きて作《た》ち、対へて曰く、「三子者の撰に異なれり」と〔一三〕。子曰く、「何ぞ傷まんや。亦た各ゝ其の志を言ふなり」と〔一四〕。曰く、「暮春には、春服 既に成り、冠者五六人、童子六七人を得て、沂(5)に浴し、舞雩(6)に風し、詠じて帰らん」と〔一五〕。夫子 喟然として歎じて曰く、「吾 點に与《くみ》せん」と〔一六〕。三子者 出づ。曾晳 後《おく》る。曾晳曰く、「夫の三子者の言は何如」と。子曰く、「亦た各ゝ其の志を言ふのみ」と。曰く、「夫子 何ぞ由を哂ふや」と。子曰く、「国を為むるには礼を以てす。其の言 譲ならず。是の故に之を哂ふ〔一七〕。唯《こ》れ求は則ち邦に非ざるか。安んぞ方六七十、如しくは五六十にして邦に非ざる者を見ん。唯れ赤は則ち邦に非ざるか。宗廟の事、如しくは会・同は、諸侯に非ずんば之を如何〔一八〕。赤を之れ之が小相と為せば、孰《たれ》か能く之が大相と爲らん」と[一九]。

子路《しろ》・曾皙《そうせき》・冉有《ぜんゆう》・公西華《こうせいか》が侍っていた。孔子が言った、「わたしが少しばかりお前たちより年長だからといって、わたしに遠慮をするな。（お前たちは日常）過ごしていて、「（他人が）わたしを知らない」という。もしもお前たちを知（って登用す）る人がいれば、何をするのか」と。子路はいきなり（三人に先んじて）答えて言った、「千乗《せんじょう》の国が、（より大きな）大国の間で迫られ、そのうえ軍隊に包囲され、これにより飢饉をおこしているとします。由《わたし》がこの邦を治めれば、三年に及ぶころには、（民を）勇敢で、そのうえ道理を知るようにさせられます」と。先生はこれを笑った。（孔子が言った）「求よ、お前はどうだ」と。（冉有が）答えて言った、「六七十里四方、もしくは五六十里四方（の小国でしょうか）。求《わたし》がこの邦を治めれば、三年に及ぶころには、民を（衣食について）満足させられます。その礼楽（による教化）などは、（わたしにはできませんので）君子を待ちます」と。（孔子が言った）「赤《せき》よ、お前はどうだ」と。（公西華が）答えて言った、「これができるとは申しません、こんなことを学びたいと思います。宗廟《そうびょう》の祭祀、もしくは諸侯の会《かい》（臨時の朝見）や同《どう》（全諸侯が集合する朝見）に、玄端《げんたん》(7)章甫《しょうほ》をまとって、（主君の礼をお助けする）小相《しょうしょう》となりたいと思います」と。（孔子が言った）「點《てん》よ、お前はどうだ」と。（曾皙は答えを考え）弾いている瑟《ひつ》が途切れ途切れになった。ごとりと瑟を置いて立ち上がると、答えて言った、「お三方の内容とは違います」と。孔子が言った、「どうして心配するのか。それぞれ自分の志を言っている（だけな）のだ」と。（曾皙が）言った、「晩春（三月）には、すっかり春服（の単衣《ひとえ》）に衣替えして、成年五六人、少年六七人と、沂水《きすい》で水浴びし、舞雩《ぶう》で涼んで、（先王の道を）歌って（先生の門に）帰りたいと思います」と。先生は溜息をついて感嘆して言った、「わたしは點に賛成だ」と。三人が退出した。曾皙が後に残った。曾皙が言った、「あのお三方の言葉はいかがでしょう」と。孔子が言った、「それぞれ自分の志を言っただけだ」と。（曾皙が）言った、「先生はどうして由をお笑いになったのですか」と。孔子が言った、「国を治めるには礼を用いる。（なのに）かれの言葉は謙虚でなかった。それだから由を笑った。また求は邦のことではないのだろうか。また六七十四方、もしくは五六十四方もあって邦でないものなど見たことがない。また赤は邦のことではないのだろうか。宗廟の祭祀、もしくは会や同は、諸侯（の邦）でなければ何であろう。赤を邦の小相とするならば、誰が邦の大相になれるであろう」と。

［集解］

［一］孔安国は、「曾晳《そうせき》は、曾参《そうしん》の父である。名は點《てん》である」という。

［二］孔安国は、「言いたいことはわたしがお前たちに尋ねるのに、お前たちはわたしが年長であるからといって、答えることを遠慮するなということである」と解釈する。

［三］孔安国は、「お前たちは日常過ごしていて、他人が自分を知らないと言う」と解釈する。

［四］孔安国は、「もしお前たちを登用する者がいれば、どのように政治をするのか」と解釈する。

［五］いきなり三人に先んじて答えたのである。

［六］包咸は、「摂は、大国の間で迫られることである」と解釈する。

［七］方は、正しい道理である。

［八］馬融は、「哂《しん》は、笑である」と解釈する。

［九］（冉）求の性は謙虚で、六七十里四方、もしくは五六十里四方の小国を得て、そこを治めたいと思うだけだと言ったのである。

[一〇] 孔安国は、「(冉) 求が自分で自分を民を満足させられるだけだと言うのは、衣食が足りることを言ったのである。礼楽の教化などは、君子を待たねばならないとは、謙遜の言葉である」と解釈する。

[一一] 鄭玄は、「わたしは自分で自分をできると言うのではない。学んでこのことをしたいと願う。宗廟の事とは、祭祀を言うのである。諸侯の臨時の朝見を会と言い、全諸侯が集合する朝見を同と言う。端は、玄端である。玄端を着て、章甫を被るのは、諸侯が日々朝廷に出仕するための服装である。小相は、主君の礼を助ける者を言う」と解釈する。

[一二] 孔安国は、「答える内容を考えており、それで音が途切れ途切れであった」と解釈する。

[一三] 孔安国は、「瑟を置き立って答えたのである。撰《せん》は、具 (内容) であり、政治をするという内容である。鏗爾《こうじ》というのは、瑟を置く音である」と解釈する。

[一四] 孔安国は、「それぞれ自分の志を言うのであり、意見によって発言をはばかることはない」と解釈する。

[一五] 包咸は、「暮春というのは、季春すなわち三月である。すっかり春服に衣替えした

とは、単衣《ひとえ》の服を着る時期ということである。わたしは成年五六人、少年六七人と、沂水《きすい》のほとりで水浴びし、舞雩《ぶう》のもとで風に涼んで、先王の道を歌詠し、先生の門に帰ろうと思っているのである」と解釈する。

〔一六〕周生烈《しゅうせいれつ》は、「(曾)點《てん》がただひとり時を知っていることを褒めた」と解釈する。

〔一七〕包咸は、「国を治めるには礼を用い、礼は謙譲を貴ぶが、子路の言葉は謙虚ではなかった。それゆえ子路を笑った」と解釈する。

〔一八〕孔安国は、「みな諸侯の事であって、子路と同じ輩であることを明らかにした。(ただ)子路が謙虚でないのを笑った」と解釈する。

〔一九〕孔安国は、「(公西)赤は謙遜して小相と言っただけである。(かれが小相であれば)誰が大相である人物とみなせようか」と解釈する。

(訳注) 1曾晳《そうせき》は、弟子。姓を曾、名を蒧《てん》、字を晳という(『史記』仲尼弟子列伝)。『孔子家語』七十二弟子解では名を點《てん》とし、曾参の父とする。2大国は、千乗の国より大きな国である(皇侃『論語義疏』)。3「之に加ふるに師旅を以てし、之に因るに饑饉を以てす」とは、自国が四方を大国の兵に攻め囲まれ、また自国の中は荒れたせいで飢えていること(皇侃『論語義疏』)。4章甫は、もともと殷の冠。緇布の冠。5沂《き》は、川の名前。邢昺『論語注疏』に

引く杜預《どよ》は、魯城の南を流れるとする。6舞雩《ぶう》は、雨乞いの壇《だん》。皇侃『論語義疏』によれば、雨乞いの祭りを雩と言い、祭りでは巫が舞うことから、舞雩と呼ばれた。沂水のほとりに雨乞いの壇があり、檀上には樹木があったため、沂水で水浴びをして壇に登り、樹の下で涼んだという。7玄端は、黒色の衣装。諸侯は祭服に用いる。

〔参校〕朱熹『論語集注』は、こうした曾皙の志を人欲が無く、天理が行きわたったものとして高く評価する。

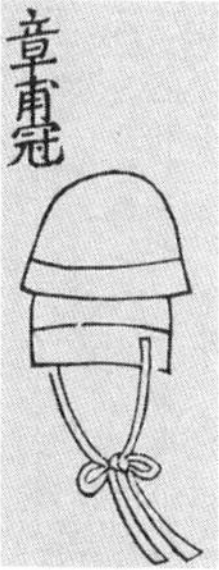

顔淵《がんえん》第十二　凡二十四章　何晏集解

01顔淵問仁。子曰、尅己復礼為仁〔一〕。一日尅己復礼、天下帰仁焉〔二〕。為仁由己。而由人乎哉〔三〕。顔淵曰、請問其目〔四〕。子曰、非礼勿視、非礼勿聴、非礼勿言、非礼勿動〔五〕。顔淵曰、回雖不敏、請事斯語矣〔六〕。

顔淵 仁を問ふ。子曰く、「己《おのれ》を尅《つつし》みて礼に復《かへ》るを仁と為《な》す〔一〕。一日 己を尅みて礼に復れば、天下 仁に帰す〔二〕。仁を為すは己に由《よ》る。而して人に由らんや」と〔三〕。顔淵曰く、「請ふ其の目《もく》を問はん」と〔四〕。子曰く、「礼に非ずんば視ること勿《な》かれ、礼に非ずんば聴くこと勿かれ、礼に非ずんば言ふこと勿かれ、礼に非ずんば動くこと勿かれ」と〔五〕。顔淵曰く、「回 不敏(1)なりと雖も、請ふ斯《こ》の語を事とせん」と〔六〕。

顔淵《がんえん》が仁《じん》について尋ねた。孔子が言った、「自分自身を慎んで礼《れい》にかえることを仁とみなせる。一日でも自分自身を慎んで礼にかえれば、天下（の人々）は仁に帰す。仁を行うのは自分による。どうして他人によろうか」と。顔淵は、「その条目をお聞かせください」と言った。孔子は、「礼に外れたことは見てはならない、礼に外れたことは聞いてはならない、礼に外れたことは言ってはならない、礼に外れたことはしてはならない」と言った。顔淵は、「回《わたし》は愚かではございますが、このお言葉に専念し実行させていただきます」と言った。

［集解］

［一］馬融《ばゆう》は、「己を剋《つつし》むとは、身を慎むことである」と解釈する。孔安国《こうあんこく》は、「復は、反である。自分自身が礼にかえることができれば仁とみなせる」と解釈する。

［二］馬融は、「（礼にかえるのが）一日だけでも（人々が仁に）帰すことが分かる。まして一生涯であればどうであろうか」と解釈する。

［三］孔安国《こうあんこく》は、「善を行うのは自分自身にあり、他人にはない」と解釈する。

［四］包咸《ほうかん》は、「（顔淵は）必ず条目があることを知っていた。そのためそれを尋ねたのである」と解釈する。

［五］鄭玄《じょうげん》は、「この四つは、自分自身を慎んで礼にかえるための条目である」と解釈する。

［六］王粛《おうしゅく》は、「慎んでこのお言葉に専念し、必ず実行いたします」と解釈する。

（訳注）1敏は、達である（皇侃《おうがん》『論語義疏《ろんごぎそ》』）。

〔参校〕『春秋左氏伝《しゅんじゅうさしでん》』昭公《しょうこう》伝十二年に、「仲尼曰く、「古《いにしへ》に志有り、「己を克みて礼に復るは仁なり」と。信《まこと》に善いかな」と」とあり、孔子以前にこの言葉があったことを伝える。皇侃

『論語義疏』に引く范寧《はんねい》の説には、「尅は、責である。礼に復《かえ》るとは、自分が礼を失ったことを責めることである。仁者でなければ自分自身を責めて礼に復ることはできない。そのため自分で自分自身を責めて礼に復れば、仁となるのである」とある。これによれば、「己を尅《せ》めて礼に復《かへ》るを仁と為す」と読んで、「自身の過失を責めて礼にかえることは仁とみなせる」という意味になる。邢昺《けいへい》『論語《ろんご》注疏《ちゅうそ》』に引く劉炫《りゅうげん》の説には、「克は、勝という意味である。己とは、身のことである。身には欲望があり、礼義によってこれを整えなければならない。欲望と礼義とが戦い、礼義をその情欲に打ち勝たせることで、身は礼に戻ることができ、そうであれば仁となるのである」とある。これによれば、「己に克《か》ちて礼に復《かへ》るを仁と為す」と読んで、「自身の欲望に打ち勝って礼にかえることは仁とみなせる」という意味になる。朱熹《しゅき》『論語集注《ろんごしっちゅう》』には、「克は、勝である。己とは、自分の身にある私欲をいう。復は、反である。礼とは、天理に則った人間の秩序である」とある。これによれば、劉炫説と同じく、「己に克《か》ちて礼に復《かへ》るを仁と為す」と読む。伊藤仁斎《いとうじんさい》『論語古義《ろんごこぎ》』は、「克は、勝である。己とは、他人に対する呼称である。復は、反復である。己に克つとは、自己を捨てて人に従うという意味で、自己をもたないことをいう。自身に打ち勝つことができれば、広く人々を愛することになる。礼を反復すれば、節度をもてるようになる。広く人々を愛して、また節度をもつときは、仁が行われる」とする。これによれば、「己に克《か》ちて礼を復《ふく》するを仁と為す」と読み、「自己に打ち勝って礼を反復することは仁とみなせる」という意味になる。荻生徂徠《おぎゅうそらい》『論語徴《ろんごちょう》』は、「克己」は、馬融注と同じく、その身を慎むことをいうとし、「復」は、践であるという。これによれば、「己を克《つつし》みて礼を復《ふ》むを仁と為す」と読み、「自分自身を慎んで礼を践《ふ》み行うことは仁とみなせる」という意味になる。猪飼敬所《いかいけいしょ》『論孟考文《ろんもうこうぶん》』は、「一日」を「一曰《いちいはく》」の誤りとみて、その下の九字を異本の校語とする。津田左右吉《つだそうきち》『論語と孔子の思想』（岩波書店、一九四六年、『津田左右吉全集』第十四巻、岩波書店、一九六四年に所収）は、後半の「子曰、非礼勿視……」について、『荀子《じゅんし》』勧学《かんがく》篇に、「目をして是に非ざれば見るを欲すること無からしめ、耳をして是に非ざれば聞くを欲すること無からしめ、口をして是に非ざれば言ふを欲すること無からしめ、心をして是に非ざれば慮るを欲すること無からしむ」という類似の記述があることから、顔淵篇第一章が『荀子』勧学篇、あるいはそれに類似した文章に基づいて後半部を追加したとする。

02仲弓問仁。子曰、出門如見大賓、使民如承大祭［一］。己所不欲、勿施於人。在邦無怨、在家無怨［二］。仲弓曰、雍雖不敏、請事斯語矣。

仲弓 仁を問ふ。子曰く、「門を出でては大賓[1]を見るが如くし、民を使ひては大祭[2]を承《う》くるが如くす[3][一]。己の欲せざる所は、人に施すこと勿《な》かれ[4]。邦に在りても怨まるること無く、家に在りても怨まるること無し」と[二]。仲弓曰く、「雍 不敏なりと雖も、請ふ斯《こ》の語を事とせん」と。

仲弓《ちゅうきゅう》（冉雍《ぜんよう》）が仁について尋ねた。孔子が言った、「家の門を出るときには大切な客人に会うかのようにし、民を使うときには大祭を執り行うかのようにする。自分の望まないことは人にしてはならない。（そうであれば）邦《くに》にいても怨まれることなく、家にいても怨まれることはない」と。仲弓は、「雍《わたし》は愚かではございますが、このお言葉に専念し実行させていただきます」と言った。

[集解]

[一] 孔安国は、「仁の道は、敬《けい》より貴いものはない」と解釈する。

[二] 包咸は、「邦《くに》にいる場合は諸侯のためにし、家にいる場合は卿《けい》・大夫《たいふ》のためにする」と解釈する。

（訳注）1大賓《たいひん》は、公《こう》・侯《こう》の客人である（邢昺『論語注疏』）。2大祭は、禘郊《ていこう》（天子が始祖と天帝を祀る大祭）のたぐいである（邢昺『論語注疏』）。3皇侃『論語義疏』によれば、ここまで

の二事は、「敬」を明らかにしている。4「己の欲せざる所は、人に施すこと勿かれ」は、衛霊公篇第二十三章にも、「子貢 問ひて曰く、「一言にして以て終身 之を行ふ可き者有りや」と。子曰く、「其れ恕か。己の欲せざる所は、人に施すこと勿かれ」と」と同句が見える。また、皇侃『論語義疏』によれば、この一事は、恕を明らかにしている。

〔参校〕『史記《しき》』仲尼弟子列伝《ちゅうじていしれつでん》には、「仲弓 政を問ふ。孔子曰く、「門を出でては大賓を見るが如くし、民を使ひては大祭を承くるが如くす。邦に在りても怨まるること無く、家に在りても怨まるること無し」と」とある。『史記』では、仲弓が尋ねたものが「仁」ではなく「政」となっており、また、「己の欲する所、人に施すこと勿かれ」がない。渡邉義浩「『史記』仲尼弟子列伝と『孔子家語』」（『中国―社会と文化』二九、二〇一四年）を参照。荻生徂徠『論語徴』は、前章の顔回と本章の仲弓に対する語を見ると、顔回には、「己の欲する所、人に施すこと勿かれ」と言っていない。また、顔回には、「天下 仁に帰す」といい、仲弓には、「邦に在るも家に在るも怨む無し」といっており、広狭の差がある。ここに仲弓の顔回に及ばなかった理由がある、と述べている。

03司馬牛問仁。子曰、仁者、其言也訒也[一]。曰、其言也訒、斯可謂之仁已矣乎。子曰、為之難、言之得無訒乎〔二〕。

司馬牛（1）仁を問ふ。子曰く、「仁なる者は、其の言ふや訒《じん》なり」と〔一〕。曰く、「其の言ふや訒なれば、斯《そ》れ之《これ》を仁と謂《い》ふ可《べ》きか」と。子曰く、「之《これ》を為すこと難《かた》ければ、之を言ふこと訒なる無きを得んや」と〔二〕。

司馬牛《しばぎゅう》が仁について尋ねた。孔子が言った、「仁というものは、それを言うことが難しい」と。（司馬牛は）「それを言うことが難しければ、それで仁と言えるでしょうか」と尋ねた。孔子は、「仁を行うことが難しいのだから、仁について言うことが難しくないことなどあり得ようか」と答えた。

〔集解〕

〔一〕孔安国は、「訒《じん》は、難である。司馬牛は、宋《そう》の人、（孔子の）弟子の司馬犂《しばれい》である」と解釈する。

〔二〕孔安国は、「仁を行うことが難しいのだから、仁を言うこともまた難しくならざるを得ない」と解釈する。

（訳注）1司馬牛は、弟子。姓を司馬、名を耕《こう》、字を子牛《しぎゅう》という（『史記』仲尼弟子列伝）。『孔子《こうし》家語《けご》』七十二弟子解では、名を犂耕《りこう》といい、宋《そう》の人で、兄は司馬桓魋《かんたい》であるとし、せっか

ちで口が上手かったという。『春秋左氏伝』哀公《あいこう》伝十四年に、兄の桓魋が離反し宋から出奔した際、宋の領邑を返上して斉《せい》に行き、また兄を避け呉《ご》に行くも受け入れられず、ついに宋に戻った。そののち兄のいる斉に招かれたが応じず、魯の門外で卒したという。

〔参校〕朱熹『論語集注』は、「仁者《じんしゃ》は其の言や訒《じん》なり」と読み、「仁者はその言葉を安易に発しない」と解釈する。また、「之を為すこと難し。之を言ひて、訒なる無きを得んや」と読んで、「物事をいいかげんにしない。（そうであればその言葉はおのずと疎かにならないので）その言葉についても、耐えているかのようにならざるを得ない」と解釈する。

04司馬牛問君子。子曰、君子不憂不懼〔一〕。曰、不憂不懼、斯可謂之君子已乎。子曰、内省不疚、夫何憂何懼〔二〕。

司馬牛 君子を問ふ。子曰く、「君子は憂へず懼《おそ》れず」と〔一〕。曰く、「憂へず懼れざれば、斯れ之を君子と謂ふ可きか」と。子曰く、「内に省《かへり》みて疚《やま》しからざれば、夫れ何をか憂へ何をか懼れん」と〔二〕。

司馬牛《しばぎゅう》が君子について尋ねた。孔子が言った、「君子は憂えることもなく恐れることもない」と。（司馬牛は）「憂えることもなく恐れることもなければ、それで君子

と言えるでしょうか」と言った。孔子が言った、「自分の心を見つめ直してやまし

いことがなければ、そもそも何を憂え何を恐れるのであろうか」と。

［集解］

［一］孔安国は、「司馬牛の兄の桓魋《かんたい》(1)は乱を起こそうとしていた。司馬牛は宋《そう》から遊学しに来ていたが、常に（兄の罪が自分にも及ぶのではないかと）憂え恐れていた。そのため孔子はこれを解決したのである」と解釈する。

［二］包咸は、「疚《きゅう》は、病である。自分の心を見つめ直して罪過がなければ、憂え恐れるべきではない」と解釈する。

（訳注）1桓魋《かんたん》は、向魋《しょうたい》のこと。宋の人で、宰相を務めた向戌《しょうじゅつ》の孫。孔子門下の司馬牛は弟にあたる。孔子が宋に行くと、これを憎んで殺そうとした。宋の景公《けいこう》に寵愛されたが、次第に景公を脅かすようになったため、攻められて国外に逃げた（『史記』宋微子《そうびし》世家、孔子世家）。

述而篇第二十三章を参照。

05司馬牛憂曰、人皆有兄弟、我独亡［一］。子夏曰、商聞之矣、死生有命、富貴在天。君子、敬而無失、与人恭而有礼、四海之内皆為兄弟也。君子何患乎無兄弟也［二］。

司馬牛 憂ひて曰く、「人 皆 兄弟有り、我は独り亡《な》し」と〔一〕。子夏曰く、「商 之を聞く、「死生 命有り、富貴 天に在り(1)」と。君子、敬して失ふ無く、人と恭しくして礼有らば、四海の内は皆 兄弟と為るなり。君子 何ぞ兄弟無きを患《うれ》へんや」と〔二〕。

司馬牛《しばぎゅう》は思い悩んで言った、「人にはみな兄弟がいるのに、(兄の桓魋《かんたい》が死ぬと) わたしだけはもういない」と。子夏《しか》は言った、「商《わたし》はこのように聞いています、「死生も天命であり、富貴も天命である」と。君子たるもの、人と交わるに恭《うやうや》しく礼を守っていれば、この世の中の人がみな兄弟となるでしょう。君子はどうして兄弟のいないことを思い煩《わずら》うことがありましょうか」と。

[集解]

〔一〕鄭玄は、「司馬牛の兄の桓魋《かんたい》は悪事を行い、あと一日もせずに死ぬところであった。わたしはこのために兄弟がいないと言っている」と解釈する。

〔二〕包咸は、「君子は悪を退けて賢人を友とするので、世の中の人はみな礼によってその人に親しむことになる」と解釈する。

(訳注) 1死生・富貴は天命であり、逆らうことができないことをいう。皇侃『論語義疏』によれば、死生について命といい、富貴について天というのは、死生の方がより切実だからで

あるという。

06子張問明。子曰、浸潤之譖、膚受之愬、不行焉、可謂明也已矣[一]。浸潤之譖、膚受之愬、不行焉、可謂遠也已矣[二]。

子張(1)明を問ふ。子曰く、「浸潤《しんじゅん》の譖《しん》、膚受《ふじゅ》の愬《そ》(2)、行なはれざる、明と謂ふ可きのみ[一]。浸潤の譖、膚受の愬、行なはれざる、遠と謂ふ可きのみ」と[二]。

子張《しちょう》が明について尋ねた。孔子が言った、「しみこむような悪口も、表面的な悪口も、通用しないようであれば、明といってよいであろう。（そればかりでなく）しみこむような悪口も、表面的な悪口も、通用しないようであれば、（その徳行は）高遠といってよいであろう」と。

[集解]

[一] 鄭玄《じょうげん》は、「人を中傷する言葉は、水がしみこむかのようで、徐々に人に禍をもたらす」と解釈する。馬融《ばゆう》は、「膚受《ふじゅ》（の愬《うった》え）は、皮膚の表層の言葉であり、その内実を言ったものではない」と解釈する。

[二] 馬融は、「この二つがないならば、ただ明とするだけに止まらない。その徳行は高

遠であり、これに及ぶことのできる人はいない」と解釈する。

〔訳注〕1子張は弟子。先進篇第十五章を参照。2愬《そ》も譖《しん》であり、その文字を変更しているだけである（邢昺『論語注疏』）。

〔参校〕朱熹『論語集注』は、「膚受《ふじゅ》」を「直接皮膚に受け、利害が身に切実であること」、「愬」を「自分の無罪を訴えること」とする。朱熹の解釈では、「時間をかけた中傷や、切実な訴えが、通用しないようであれば、明といってよいであろう」となる。

07子貢問政。子曰、足食、足兵、使民信之矣。子貢曰、必不得已而去、於斯三者何先。曰、去兵。曰、必不得已而去、於斯二者何先。曰、去食。自古皆有死、民不信不立〔一〕。

子貢 政を問ふ。子曰く、「食を足し、兵を足し、民をして之に信あらしむ」と。子貢曰く、「必ず已《や》むを得ずして去らば、斯《こ》の三者に於て何《いづ》れを先にせん」と。曰く、「兵を去らん」と。曰く、「必ず已むを得ずして去らば、斯の二者に於て何れを先にせん」と。曰く、「食を去らん。古より皆 死有るも、民 信あらずんば立たず」と〔一〕。

子貢《しこう》が政について尋ねた。孔子が言った、「食糧を充足させ、軍備を充実させ、民に信をもたせることである」と。子貢が（続けて）「やむを得ずどれかを捨てなければならないとしたら、その三つの中でどれを一番先に捨てるでしょうか」と尋ねた。孔子は「軍備を捨てる」と言った。（子貢がさらに続けて）「やむを得ずどれかを捨てなければならないとしたら、残りの二つのどちらを先に捨てるでしょうか」と尋ねた。（孔子は）「食糧を捨てる。昔から誰にでも死はあるが、民に信がなければ（邦が）存立しない」と言った。

［集解］

［一］孔安国は、「死というものは、今も昔も変わらず、人にはみなこれがある。邦を治めるのに信を失うことはできない」と解釈する。

08棘子城曰、君子質而已矣。何以文為矣［一］。子貢曰、惜乎、夫子之説君子也。駟不及舌［二］。文猶質也、質猶文也。虎豹之鞹、猶犬羊之鞹也［三］。

棘子城曰く、「君子は質のみ。何ぞ文を以て為さんや(1)」と［一］。子貢曰く、「惜しいかな、夫子の君子を説けるや。駟《し》も舌に及ばず［二］。文は猶ほ質のごときなり、質は猶ほ文のごときなり。虎豹の鞹《かわ》は、猶ほ犬羊の鞹のごときなり」と［三］。

棘子城《きょくしせい》が、「君子は質朴だけ（が大切）である。どうして文飾など必要であろうか」と言った。子貢《しこう》は、「惜しいね、この方の君子を説くことは。（失言を一度してしまうと）駟《し》（四頭立ての馬車）でさえ言葉には追いつけない。文《ぶん》も質《しつ》のようなものであるし、質も文のようなもの（で、どちらも必要）である。虎や豹の毛を取り去ったなめし皮は、犬や羊のなめし皮と同じようなもの（で、質だけでは君子の真価は表現されないもの）である」と言った。

〔集解〕

〔一〕鄭玄は、「旧説に、「棘子城《きょくしせい》は、衛《えい》の大夫である」という」と解釈する。

〔二〕鄭玄は、「惜しいね、この方の君子を説くことは。失言を一度してしまうと、四頭立ての馬車でそれを追っても言葉には追いつけない」と解釈する。

〔三〕孔安国は、「皮で毛を取り去ったものを鞹《かく》という。虎や豹と犬や羊とが区別されるのは、まさしく毛の文飾を異にすることによる。もし（毛を取り去って）文も質も同じにすれば、何によって虎や豹と犬や羊とを区別できようか」と解釈する。

（訳注）1文・質について、質は実質、文は文飾のこと。雍也《ようや》篇第十八章を参照。

〔参校〕朱熹『論語集注』では、「惜しいかな、夫子の説けるや、君子なり」と読み、棘子成の言葉もいちおう君子ならではのものである、と解釈する。荻生徂徠《おぎゅうそらい》『論語徴《ろんごちょう》』は、「文は猶ほ質のごとく、質は猶ほ文のごとくんば、虎豹の鞟《くわく》は、猶ほ犬羊の鞟のごとけん」と読み、「（棘子成のように）文は質のよう、質は文のようと言うのであれば、虎や豹のなめし革は、犬や羊のなめし革と同じであろうか」という意味にとる。荻生徂徠の解釈では、棘子成は文と質とをともに重視しながら質を重視したが、子貢は文と質とを分けたとする。

09哀公問於有若曰、年飢用不足、如之何。有若対曰、盍徹乎[一]。曰、二吾猶不足、如之何其徹也[二]。対曰、百姓足、君孰与不足。百姓不足、君孰与足[三]。

哀公 有若に問ひて曰く、「年 飢ゑて用 足らず、之を如何せん(1)」と。有若 対へて曰く、「盍《なん》ぞ徹せざるや(2)」と[一]。曰く、「二も吾 猶ほ足らず、之を如何《いかん》ぞ其れ徹せんや」と[二]。対へて曰く、「百姓《ひゃくせい》 足らば、君 孰《たれ》と与《とも》にか足らざらん。百姓 足らずんば、君 孰と与にか足らん」と[三]。

哀公《あいこう》が有若《ゆうじゃく》に尋ねて、「凶作で（国の）費用が足りない、どうしたものであろう」と言った。有若が答えて、「どうして（一割を税とする）徹《てつ》にされないのでしょう」と言った。（哀公は）「二割（の税）でもわたしは足りない、どうしてまた徹になどできようか」と言った。（有若は）答えて、「民が足りれば、君は誰と共に足りないことになるのでしょうか。民が足りなければ、君は誰と共に足りることになるのでしょうか」と言った。

［集解］

［一］鄭玄は、「盍《かふ》とは、何不である。周の法では、十分の一を税とした。これを徹《てつ》という。徹は、通であり、天下に通ずる税法である(3)」と解釈する。

［二］孔安国は、「二とは、十分の二を税とすることをいう」と解釈する。

［三］孔安国は、「孰は、誰である」と解釈する。

（訳注）1魯《ろ》の哀公《あいこう》は暗愚で、政治が乱れ賦税《ふぜい》が重かった。そのため民が仕事をやめ、長年不作が続き、国の費用が足りなかったのである（皇侃『論語義疏』）。2魯は宣公《せんこう》のときから十の二を税としており、哀公のときも十分の二のままで、賦税はすでに重かった。民が飢え国が貧しかったのは、二割の税のためであった（皇侃『論語義疏』）。3『春秋公羊伝《くようでん》』宣《せん》公《こう》伝十五年には、「昔は十分の一を徴用した。どうして十分の一を徴用したのか。十分の一が、天下の中正だからである」とある。また、『孟子《もうじ》』滕文公章句《とうぶんこうしょうく》上には、「夏《か》の時代には五十畝《ほ》ずつ与えて貢《こう》という税法を行い、殷《いん》の時代には七十畝ずつ与えて助《じょ》という税法を

行い、周《しゅう》の時代には百畝ずつ与えて徹という税法を行った。（名前は異なるが）その内容はすべて十分の一を税とする」とある。

〔参校〕荻生徂徠『論語徴』は、哀公と有若《ゆうじゃく》では「用」の理解が異なっており、哀公の「用」は自分用の費用のことで、有若の「用」は民の救済のための費用であったとする。

10子張問崇徳辨惑〔一〕。子曰、主忠信、徙義、崇徳也〔二〕。愛之欲其生也、悪之欲其死也、既欲其生、又欲其死、是惑也〔三〕。誠不以富、亦祇以異〔四〕。

子張 徳を崇《たか》くし惑《まどひ》を辨《べん》ぜんことを問ふ〔一〕。子曰く、「忠信に主《した》しみ(1)、義に徙るは(2)、徳を崇くするなり〔二〕。之を愛しては其の生を欲し、之を悪《にく》みては其の死を欲し、既に其の生を欲して、又 其の死を欲するは、是れ惑なり〔三〕。誠に富を以てせず、亦た祇《まさ》に異を以てす(3)」と〔四〕。

子張《しちょう》が徳を高め迷いをはっきりすることを尋ねた。孔子は、「忠と信に親しみ、義に移ることは、徳を高めることである。愛すれば生きていて欲しいと思い、憎めば死んだらよいと思うように、生きていて欲しいと思ったり、死んでほしいと思うのは、これこそ迷いである。富をもたらすことはできず、かえって怪しまれる」と言った。

［集解］

［一］包咸は、「辨は、別である」と解釈する。

［二］包咸は、「義に徙《うつ》るは、義を見ると心持ちを変えてそれに従うことである」と解釈する。

［三］包咸は、「愛悪には常がなければならない。ある時にはこれを生かそうとし、ある時にはこれを死なせようとするのは、心の迷いである」と解釈する。

［四］鄭玄は、「この詩は、（『詩経』の）小雅《しょうが》である。祇は、適である。この行い（迷い）は富をもたらすことはできず、かえって怪しまれることをいう。この詩の本来的な意味ではないところを取ってこれを誇《そし》っている」と解釈する。

（訳注）１忠信に主《した》しむは、学而《がくじ》篇第八章・子罕《しかん》篇第二十五章に同句があり、学而篇の鄭玄注には、「主は、親なり」とある。２徙は、遷である（邢昺『論語注疏』）。３『詩経《しきょう》』小雅《しょうが》我行其野に、「我 其の野に行き、言《ここ》に其の蓄《ふく》を采る。旧姻を思はず、爾《なんぢ》の新特を求む。成《まこと》に富を以てせず、亦た祇《まさ》に異を以てす」とあることに基づく。本来の『詩経』では、夫が新しい配偶者を求めたのは、相手の女性が金持ちなだけでなく、そもそも人道から外れていた

ためである、という意味だが、鄭玄注にもあるように、本章は断章取義《だんしょうしゅぎ》（文章の一節を取り出し、文章全体の本意と関係なく自分に都合よく用いること）により解釈している。

〔参校〕朱熹『論語集注』は、程頤《ていい》の語を引いて、「誠に富を以てせず、亦た祇に異を以てす」の句は錯簡で、季氏第十二章の「斉の景公 馬千駟有り」の句の前にあるべきだとする。これにより、富は千駟を指し、異は伯夷・叔斉を指すとし、「人が賞賛するのは富のためではなく、俗人と異なるところにある」という意味で解釈する。

11 斉景公問政於孔子。孔子対曰、君君、臣臣、父父、子子〔一〕、公曰、善哉。信如君不君、臣不臣、父不父、子不子、雖有粟、吾豈得而食諸〔二〕。

斉の景公(1) 政を孔子に問ふ。孔子 対《こた》へて曰く、「君 君たり、臣 臣たり、父 父たり、子 子たり(2)」と〔一〕。公曰く、「善きかな。信《まこと》に如《も》し君 君たらず、臣 臣たらず、父 父たらず、子 子たらずんば、粟《ぞく》有りと雖《いへど》も、吾れ豈《あ》に得て諸《これ》を食《くら》はんや」と〔二〕。

斉《せい》の景公《けいこう》は政治を孔子に尋ねた。孔子は答えて、「君は君として、臣は臣として、父は父として、子は子として（それぞれの本分を尽くすように）あることです」と答えた。景公は、「それは善い。本当にもし君が君らしくなく、臣が臣らしくなく、父が父らしくなく、子が子らしくなければ、穀物があったとしても、わたしはどうしてこれを食べられよう」と言った。

［集解］

［一］孔安国は、「この時の状況は、陳恒《ちんこう》(3)が斉を取り仕切っており、君は君でなく、臣は臣でなかった。そのためこうして答えたのである」と解釈する。

［二］孔安国は、「危険が迫っていることを言っている。陳氏は結局斉《せい》を滅ぼした(4)」と解釈する。

（訳注）1景公《けいこう》は、斉《せい》の君主。姓は姜《きょう》、名は杵臼《しょきゅう》。荘公《そうこう》の異母弟に当たる。景公の治世下には、田氏の当主であった田乞《でんきつ》が、税の負担を軽減して民の信頼を獲得し、勢力を伸ばしていた。2邢昺『論語注疏』によれば、君が君の道を失わず、臣が臣の道を失わず、父が父の道を失わず、子が子の道を失わなければ、尊卑は秩序を保ち、上下は崩れず、その後に国家は正しくなる、という。3陳恒《ちんこう》は、田乞の子。あるいは田恒、田桓《でんかん》、田常《でんじょう》などとも呼ばれる。当時、斉《せい》の君主であった簡公《かんこう》が、田氏の遠い親戚である田豹《でんひょう》を宗家に立てようとしたため、陳恒は簡公を殺害して弟の平公《へいこう》を立てた。4陳恒以後、斉は事実上、田氏が支配していたが、陳恒の六世の子孫である田和《でんか》の時、ついに斉を簒奪《さんだつ》した。

12子曰、片言可以折獄者、其由也与〔一〕。子路無宿諾〔二〕。

子曰く、「片言 以て獄《うつたへ》を折《さだ》む(1)可き者は、其れ由なるか」と〔一〕。子路宿《あらかじ》め諾《うべな》ふこと無し〔二〕。

孔子が言った、「一方の言い分だけで訴訟を判決できるのは、まあ由《ゆう》だろうか」と。子路《しろ》は前もって引き受けることは無かった。

〔集解〕

〔一〕孔安国は、「片は、偏のようなものである。訴えを聞く場合には、必ず両方の言葉を待ってから是非を定めるものである。ただ一方の言葉だけを信じて訴訟を判決することは、子路のみが許される」と解釈する。

〔二〕宿は、豫のようなものである。子路は信を厚く考えており、その時になってやる事が多いのを恐れていた。そのため前もって引き受けることはなかった。

（訳注）1折は、決断のようなものである（邢昺『論語注疏』）。

〔参校〕邢昺『論語注疏』は、ある者は「子路 宿め諾ふこと無し」を分けて別の章としていたがこれを合した、と注をつける。伊藤仁斎《いとうじんさい》『論語古義《ろんごこぎ》』は、この説に従い二章に分けて解釈する。朱熹『論語集注』は、「宿は、留である」とし、「子路は諾を宿《とど》むること無し」と読み、承諾した内容を実践することに急で、その承諾を言葉のままにしておかない、と解釈する。

13子曰、聴訟、吾猶人也[一]。必也使無訟乎[二]。

子曰く、「訟《うった》へを聴くは、吾 猶ほ人のごときなり[一]。必ずや訟《うった》へ無からしめんか(1)」と[二]。

孔子が言った、「訴訟を聴くことでは、わたしも他の人と同じようなものである。（それよりも）訴訟を無くさせることであろうか」と。

［集解］

［一］包咸は、「他人と同じであることをいう」と解釈する。

［二］王粛《おうしゅく》は、「人々を教化することは（訴訟が起こるよりも）以前にある」と解釈する。

（訳注）1わたしが他人と異なる理由は、訴訟が起こらないうちに人々を教化して、訴訟を起こさなくさせることにある（皇侃『論語義疏』）。

14子張問政。子曰、居之無倦、行之以忠[一]。

子張 政を問ふ。子曰く、「之に居《あた》りては倦《う》むこと無く、之を行ひては忠を以てす」と〔一〕。

子張《しちょう》が政事について尋ねた。孔子は、「それを（自分で）務める際には怠《おこた》ることなく、それを（民に）行う際には忠信を用いることである」と言った。

〔集解〕

〔一〕王粛は、「政事を行う道は、それを身に務める際には、怠《なま》けることなく、それを民に行う際には、必ず忠信を用いることをいう」と解釈する。

15子曰、君子博学於文、約之以礼、亦可以弗畔矣夫〔一〕。

子曰く、「君子 博く文を学びて、之を約するに礼を以てせば、亦た以て畔《そむ》かざる可きかな[1]」と〔一〕。

孔子が言った、「君子は広く文を学んで、それを礼によって節略すれば、またそれにより道に違《たが》わずにすむであろう」と。

〔集解〕

〔一〕畔かずは、道に違わないことである。

（訳注）1雍也篇第二十七章に同句がある。その注には、「鄭玄曰く、畔《そむ》かずは、道に違はざるなり」とあり、鄭玄の注としている。

16子曰、君子成人之美、不成人之悪。小人反是。

子曰く、「君子は人の美を成して、人の悪を成さず。小人は是に反す」と。

孔子が言った、「君子は他人の良い点を成し遂げさせ、他人の悪い点は成り立たぬようにする。小人はその反対である」と。

［集解］なし

〔参校〕皇侃『論語義疏』は、君子は、良い点が自分と同じであるからこれを成し、悪い点は自分と異なるのでこれを成さない。小人は、悪い点が自分と同じであるからこれを成し、良い点は自分と離れるのでこれを成さない、とする。伊藤仁斎『論語古義』は、君子はよい評判がある人には称揚《しょうよう》してそれを全うさせ、悪名がある人には弁明して、寛容に接して、それで終わらないようにする。小人はそれとは反対に、よい評判の人にはあら探しをし、悪名がある人にはその罪を鳴らす、とする。

17季康子問政於孔子。孔子対曰、政者、正也。子帥而正、孰敢不正〔一〕。

季康子 政を孔子に問ふ。孔子 対《こた》へて曰く、「政なる者は、正なり。子 帥《すゐ》にして正しければ、孰《たれ》か敢《あへ》て正しからざらん」と〔一〕。

季康子《きこうし》が政事を孔子に尋ねた。孔子は答えて、「政とは、正という意味です。あなたが帥長《すいちょう》として正しければ、誰もが正しくなるでしょう」と言った。

[集解]

[一] 鄭玄は、「季康子は、魯の上卿《じょうけい》で、諸臣の帥長《すいちょう》である」と解釈する。

〔参校〕朱熹『論語集注』は、「子 帥《ひき》ゐるに正を以てせば、孰か敢て正しからざらん」と読み、「あなたが人を率いるのに正しくあれば、誰もが正しくなるでしょう」と解釈する。

18季康子患盜、問於孔子。孔子対曰、苟子之不欲、雖賞之不窃〔一〕。

季康子 盗を患《うれ》へ、孔子に問ふ。孔子 対へて曰く、「苟《いやし》くも子の不欲ならば、之を賞すと雖も窃《ぬす》まざらん」と〔一〕。

季康子《きこうし》が盗賊を憂えて、孔子に尋ねた。孔子は答えて、「もしあなたが無欲であれば、褒美をあげても盗みは致しません」と言った。

［集解］
［一］ 孔安国は、「欲は、情欲《じょうよく》である。言いたいことは民は上の者に感化されるもので、上の者が命令したことには従わないが、上の者が好むことには従うということである」と解釈する。(1)

（訳注）1『礼記《らいき》』大学《だいがく》篇に、「堯・舜 天下を率ゐるに仁を以てし、民 之に従ふ。桀・紂 天下を率ゐるに暴を以てし、民 之に従ふ。其の令する所、其の好む所に反すれば、民 従はず」とある。

19季康子問政於孔子曰、如殺無道、以就有道、何如［一］。孔子対曰、子為政、焉用殺。子欲善、而民善矣。君子之徳風也、小人之徳草也。草上之風、必偃［二］。

季康子 政を孔子に問ひて曰く、「如《も》し無道を殺して、以て有道を就《な》さば、何如」と［一］。孔子 対《こた》へて曰く、「子 政を為すに、焉《なん》ぞ殺を用ひん。子 善を欲すれば、民 善ならん。君子の徳は風なり、小人の徳は草なり。草 之に風を上《くは》ふれば、必ず偃《ふ》す」と［二］。

季康子《きこうし》が政事を孔子に尋ねて、「もし道に外れた者を殺して、それにより道を守る者を多くしていけば、どうでしょうか」と言った。孔子は答えて、「あなたは政事をするのに、どうして殺すことを用いるのです。あなたが善を求めれば、民も善になります。君子の徳は風で、小人の徳は草です。草は風にあたれば、必ず伏せるものです」と言った。

［集解］

［一］孔安国は、「就は、成である。多く殺すことによって悪い行いをなくそうとした」と解釈する。

［二］孔安国は、「これもまた季康子にまず自分自身を正させようとしたのである。偃《えん》は、仆《ふ》すである。草に風を当てて、伏せないものがないのは、民が上の者に感化するようなものである」と解釈する。

20子張問、士何如斯可謂之達也。子曰、何哉、爾所謂達者矣。子張対曰、在邦必聞、在家必聞［一］。子曰、是聞也。非達也。夫達者、質直而好義、察言而観色、慮以下人［二］。在邦必達、在家必達［三］。夫聞者、色取仁而行違、居之不疑［四］。在邦必聞、在家必聞［五］。

子張問ふ、「士何如《いか》なれば斯《そ》れ之《これ》を達と謂ふ可きか」と。子曰く、「何《なん》ぞや、爾《なんぢ》の謂ふ所の達なる者は」と。子張対へて曰く、「邦《くに》に在りても必ず聞こえ、家に在りても必ず聞こゆ」と〔一〕。子曰く、「是れ聞《ぶん》なり。達に非ざるなり。夫れ達なる者は、質直にして義を好み、言を察して色を観、慮りて以て人に下る〔二〕。邦に在りても必ず達し、家に在りても必ず達す〔三〕。夫れ聞なる者は、色は仁を取るも行へば違ひ、之に居りて疑はず〔四〕。邦に在りても必ず聞こえ、家に在りても必ず聞こゆ」と〔五〕。

子張《しちょう》が尋ねた、「士はどのようであれば達《たつ》といえるでしょうか」と。孔子は、「おまえのいう達とはどのようなものか」と言った。子張は答えて、「邦《くに》にいても必ず聞こえ、家にいても必ず聞こえることです」と言った。孔子は、「それは聞《ぶん》である。達ではない。達である者は、質朴正直《せいちょく》で義を好み、言葉を察して顔色を見抜き、慮《おもんばか》って人に謙《へりくだ》る。（人に謙るので）邦にいても必ず達し、家にいても必ず達する。聞である者は、仁らしく見せかけているが行動すれば間違え、偽りの姿に落ち着いて自分を疑わない。（しかしこのような人は多く、互いに顕彰しあうので）邦にいても必ず聞こえ、家にいても必ず聞こえるのである」と言った。

〔集解〕

〔一〕鄭玄は、「士のいるところは、みな名誉があることを言う」と解釈する。
〔二〕馬融は、「（達には）常に謙退《けんたい》（へりくだりしりぞく）の志がある。言葉を察し、顔色を見抜いて、相手の求めていることや相手の考えを理解し、常に人に謙《へりくだ》ろうとする」と解釈する。
〔三〕馬融は、「謙はすばらしく広大であり、低いものであるが越えることはできない」と理由を述べる。
〔四〕馬融は、「これは佞人《ねいじん》をいう。佞人は仁者の色を借りながら、行動すれば間違え、その偽りの姿に落ち着いて自分を疑わない者である」と解釈する。
〔五〕馬融は、「佞人の党は多い[2]のである」と解釈する。
（訳注）1達《たつ》は、皇侃『論語義疏』・邢昺『論語注疏』ともに、通達の意とする。2佞人の党が多いと、妄りに互いに顕彰しあう。そのため居るところには、みな名聞があるのである（邢昺『論語注疏』）。

〔参校〕皇侃『論語義疏』に引く沈居士《しんこじ》（沈驎士《しんりんし》）の説では、聞は、達の名であり、達は、聞の実であるといい、実のある者は必ず名があるが、名のある者は必ずしも実はない、とする。朱熹『論語集注』は、達は、徳が人に信頼されて、その行いに滞りがないという意味であるとし、聞と達は似ているが同じではなく、真実と偽りがそこで分かれるとする。

21樊遅従遊於舞雩之下〔一〕。曰、敢問、崇徳脩慝辨惑〔二〕。子曰、善哉問。先事後得、非崇徳与〔三〕。攻其悪、毋攻人之悪、非脩慝与。一朝之忿忘其身、以及其親、非惑与。

樊遅(1)従ひて舞雩《ぶう》の下(2)に遊ぶ〔一〕。曰く、「敢て問ふ、徳を崇《たか》くし慝《あしき》を脩め惑《まどひ》を辨《べん》ぜんことを」と〔二〕。子曰く、「善いかな問ひや。事を先にし得を後にするは、徳を崇くするに非ずや〔三〕。其の悪を攻めて人の悪を攻むること毋《な》きは、慝を脩むるに非ずや。一朝の忿《いきどほり》に其の身を忘れて、以て其の親に及ぼすは、惑に非ずや」と。

樊遅《はんち》がお供をして舞雩《ぶう》のあたりで遊んだ。（樊遅は）「あえてお尋ねします、徳を高めて悪を治め迷いをはっきりさせるにはどうしたらよいでしょう」と言った。孔子は、「立派だねその質問は。仕事を先にして利益を後回しにするのは、徳を高めることではなかろうか。自分の悪い点を責めて他人の悪い点を責めないのは、悪を治めることではなかろうか。一時の怒りに我が身を忘れて、近親まで巻添えにするのは、迷いではなかろうか」と言った。

［集解］

[一] 包咸は、「舞雩《ぶう》には、祭壇や樹木がある。このためそのあたりで遊ぶことができる」と解釈する。

[二] 孔安国は、「慝《とく》は、悪である。脩は、治である。悪を治めて善とすることである」と解釈する。

[三] 孔安国は、「先に仕事に努め、その後に報酬を得ることである」と解釈する。

（訳注）1樊遅は、弟子。顔淵篇第二十一章を参照。2舞雩は、雨乞いに使う祭壇。先進篇第二十四章を参照。

〔参校〕朱熹『論語集注』は、事を先にし得ることを後にするは、雍也篇第二十二章の「困難と思うことを先に行い、効果を得るのを後回しにする（難きを先にして獲るを後にす）」というようなものであるとする。

22樊遅問仁。子曰、愛人。問智。子曰、知人。樊遅未達。子曰、挙直錯諸枉、能使枉者直[一]。樊遅退、見子夏曰、嚮也吾見於夫子而問智。子曰、挙直錯諸枉、能使枉者直。何謂也。子夏曰、富哉是言乎[二]。舜有天下、選於衆、挙皋陶、不仁者遠矣。湯有天下、選於衆、挙伊尹、不仁者遠矣[三]。

樊遅 仁を問ふ。子曰く、「人を愛す」と。智を問ふ。子曰く、「人を知る」と。樊遅未だ達せず。子曰く、「直きを挙げて諸《これ》を枉《まが》れるに錯《お》けば、能く枉れる者をして直からしむ(1)」と〔一〕。樊遅 退《しりぞ》き、子夏を見て曰く、「嚮《さき》に吾れ夫子に見《まみ》えて智を問ふ。子曰く、「直きを挙げて諸を枉れるに錯けば、能く枉れる者をして直からしむ」と。何の謂《い》ひぞや」と。子夏曰く、「富めるかな是の言や〔二〕。舜 天下を有《たも》ち、衆より選びて、皐陶を挙ぐれば、不仁の者は遠ざかれり。湯 天下を有《たも》ち、衆より選びて、伊尹を挙ぐれば、不仁の者は遠ざかれり」と〔三〕。

樊遅《はんち》が仁について尋ねた。孔子は、「人を愛することである」と答えた。智について尋ねた。孔子は、「人を知ることである」と答えた。樊遅はまだよく分からなかった。孔子が言った、「正直《せいちょく》な人を起用して邪佞《じゃねい》な人（の代わり）におけば、邪佞な人を正直にすることができる」と。樊遅は退出して、子夏《しか》に会って言った、「先ほどわたしは先生にお会いして知をお尋ねした。先生は「正直な人を起用して邪佞な人（の代わり）におけば、邪佞な人を正直にすることができる」とおっしゃった。どういう意味であろうか」と。子夏は、「偉大なお言葉ですね。舜《しゅん》が天下を保っているとき、大勢の中から選んで、皐陶《こうよう》をひきたてたところ、仁でない者は遠ざりました。湯王《とうおう》が天下を保っているとき、大勢の中から選んで、伊尹《いいん》をひきたてたところ、仁でない者は遠ざかりました」と言った。

［集解］

［一］包咸は、「正直の人を挙げて起用し、邪佞の人を廃するならば、みな感化して直となる」と解釈する。

［二］孔安国は、「富は、盛である」と解釈する。

［三］孔安国は、「舜《しゅん》と湯王《とうおう》が天下を保っているとき、大勢の中から選んで、皐陶《こうよう》と伊尹《いいん》を起用したところ、仁でない者は遠ざかり、仁である者は至ったことをいう」と解釈する。

（訳注）1為政篇第十九章に、「直きを挙げて諸《これ》を枉れるに錯《お》けば、則ち民 服す」とある。その注には、「包咸は、「錯《さく》は、置《ち》である。正直な人を起用して、邪佞な人を廃すれば、民はその上《かみ》に服する」と解釈する」とある。

〔参校〕朱熹『論語集注』は、まっすぐな者を登用して曲がった者を捨てておくのは知であり、曲がった者をまっすぐにさせるのは仁である、とする。

23子貢問友。子曰、忠告而善導之、否則止。無自辱焉［一］。
子貢　友を問ふ。子曰く、「忠告して善を而《もっ》て之を導き、否《しか》らずんば則ち止めよ。(1)自ら辱《はずかし》めらるること無かれ」と［一］。
子貢《しこう》が友についてお尋ねした。孔子が言った、「忠告して善によって導くべきだが、聞き入れられなければやめなさい。みずからが恥をかくことのないように」と。

［集解］

［一］包咸は、「忠告は、是非をその人に告げることである。善によって導き、従ってもらえなければ止める。必ずこれに言うと、時には恥をかくことになる」と解釈する。

〔訳注〕1皇侃『論語義疏』によれば、もう一度言うのを止めることをいう。邢昺『論語注疏』によれば、無理強いするのを止めることをいう。

〔参校〕敦煌《とんこう》本（鄭玄注、書道博物館蔵）は、「朋友は義合の軽い者である。およそ義合の者とは道を絶つことがある。忠言をこれに告げて、従われなければ止めるのである」と解釈する。朱熹『論語集注』は、友は仁徳の向上を助けるためのものであるため、心を尽くして告げ、ねんごろに説いて導く必要がある。しかし、あくまでも義によって結びつく関係であるため、うまくいかなければ、それで止めるという。鄭玄に似た解釈である。伊藤仁斎『論語古義』

は、もし忠告して聞かなければ、しばし言うのは止めて、本人が悟るのを待つと解釈する。

24曾子曰、君子以文会友〔一〕、以友輔仁〔二〕。

曾子曰く、「君子は文を以て友を会し〔一〕、友を以て仁を輔《たす》く」と〔二〕。

曾子《そうし》が言った、「君子は文徳《ぶんとく》(1)によって友を集め、友(と切磋琢磨すること)によって仁(の完成)を助ける」と。

〔集解〕

〔一〕孔安国は、「友は文徳によって集まる」と解釈する。

〔二〕孔安国は、「友は互いに切磋琢磨するもので、自分の仁を助けて完成させるためのものである」と解釈する。

(訳注)1文徳は、礼楽によって教化し、人々を心服させる徳。武徳《ぶとく》の対概念である。季氏篇第一章にも、「遠人 服さざれば、則ち文徳を脩《をさ》めて以て之を来たす」とある。

子路《しろ》第十三　凡卅章　何晏集解

01子路問政。子曰、先之、労之〔一〕。請益。曰、無倦〔二〕。

子路（1）政を問ふ。子曰く、「之《これ》に先んじ、之を労す」と〔一〕。益《ま》さんことを請ふ。曰く、「倦《う》むこと無かれ」と〔二〕。

子路《しろ》が政治について尋ねた。孔子《こうし》が言った、「（徳により）先導し、それから民を使役せよ」と。もっと教えてくれるようお願いした。（孔子は）「飽きないようにせよ」と言った。

［集解］

〔一〕孔安国《こうあんこく》は、「徳をもって先導し、民に信頼させて、その後で民を使役するのである。『周易《しゅうえき》』（兌卦《だか》の彖伝《たんでん》）に、「喜ばせながら民を使役すれば、民はその苦労を忘れる」とある」と解釈する。

〔二〕孔安国は、「子路は（孔子の言葉が）少ないことに不満で、もっと教えてくれるようお願いしたのである。飽きないようにせよと言ったのは、上述のことを行って、飽きなければそれでよいということである」と解釈する。

（訳注）1子路は、弟子。先進篇第二章を参照。

〔参校〕朱熹《しゅき》『論語集注《ろんごしっちゅう》』は、「補足説明を求めた子路に対して、孔子が「飽きないようにせよ」としか言わなかったのは、しばらく子路自身に深く考えさせるためである」と解釈する。荻生徂徠《おぎゅうそらい》『論語徴《ろんごちょう》』は、「子路は義《ぎ》に対して勇猛で、身を以て民に先んじ、使役するようなことは、もともとできる。およそ義に勇猛な人物は、自分を基準にして民を見、ゆっくりではなく性急に自分に従わせようとする。だから孔子は、「先立って民に心の準備をさせるように」といったのである。また、子路のような人物は義によって民を責め、その苦労を恤《あわ》れまないため、孔子は、「これを労《ねぎら》うように」と言ったのである」と述べている。

02仲弓為季氏宰、問政。子曰、先有司〔一〕、赦小過、挙賢才。曰、焉知賢才而挙之。曰、挙爾所知。爾所不知、人其舎諸〔二〕。

仲弓(1)季氏の宰(2)と為り、政を問ふ。子曰く、「有司(3)を先にし〔一〕、小過を赦し、賢才を挙げよ」と。曰く、「焉《いづく》んぞ賢才を知りて之を挙げん」と。曰く、「爾《なんぢ》の知る所を挙げよ。爾の知らざる所は、人其れ諸《これ》を舎《す》てんや」と〔二〕。

仲弓《ちゅうきゅう》が季氏《きし》の家宰《かさい》となり、政治のことを尋ねた。孔子が言った、「(担当の)属吏《ぞくり》にまずは任せ、小さな過ちを赦し、賢才《けんさい》を抜擢せよ」と。(仲弓は)「どのようにして賢才を見つけて抜擢すればよいのでしょうか」と言った。（孔子は）「おまえが知っている者を抜擢せよ。おまえの知らない者については、他人がそれを捨て置かないだろう」と言った。

［集解］

［一］王粛《おうしゅく》は、「政治を行う際にはまず属吏に任せて、それからそのことを報告させるのである」と解釈する。

［二］孔安国は、「おまえの知らない者については、他人がおのずと抜擢するであろう。それぞれが自分の知る者を抜擢すれば、賢才は捨ておかれることがない」と解釈する。

（訳注）1仲弓《ちゅうきゅう》は、弟子。先進篇第二章を参照。2宰《さい》について、皇侃『論語義疏』は、季氏の所領である費《ひ》の邑宰《ゆうさい》とし、邢昺『論語注疏』は、家宰《かさい》とする。ここは注疏の見解に従う。3有司は、属吏のこと（皇侃『論語義疏』・邢昺『論語注疏』）。

〔参校〕伊藤仁斎《いとうじんさい》『論語古義《ろんごこぎ》』は、「有司に先《さき》んず」と読み、「宰はすべての官吏に見習われる立場である。したがって宰が率先して働けば、下役は怠《なま》けない」と解釈する。荻生徂徠『論語徴』は、王粛の解釈に則る。その上で伊藤仁斎の解釈を「商家の老奴（番頭）が群奴（使用人）を統率するのに似ており、卑しい発想である」と批判する。

03子路曰、衛君待子而為政、子将奚先［一］。子曰、必也正名乎［二］。子路曰、有是哉、子之迂也。奚其正［三］。子曰、野哉、由也［四］。君子於其所不知、蓋闕如也［五］。名不正則言不順、言不順則事不成、事不成則礼楽不興、礼楽不興則刑罰不中［六］、刑罰不中則民無所錯手足。故君子名之必可言也。言之必可行也［七］。君子於其言、無所苟而已矣。

子路曰く、「衛君(1) 子を待ちて政を為さば、子 将に奚《いづれ》をか先にせんとす」と［一］。子曰く、「必ずや名を正さんか」と［二］。子路曰く、「是れ有るかな、子の迂《う》なるや。奚《なん》ぞ其れ正さん」と［三］。子曰く、「野《や》なるかな、由や［四］。君子は其の知らざる所に於て、蓋《けだ》し闕如《けつじょ》たり［五］。名 正しからざれば則ち言 順ならず、言 順ならざれば則ち(2)事成らず、事 成らざれば則ち礼楽 興らず、礼楽 興らざれば則ち刑罰 中《あ》たらず［六］、刑罰 中たらずんば則ち民は手足を錯《お》く所無し。故に君子 之に名づくれば必ず言ふ可きなり。之を言へば必ず行ふ可きなり［七］。君子 其の言に於て、苟《いやし》くもする所無きのみ」と。

子路が言った、「衛《えい》の君主が先生を遇して政事を行うことになれば、先生はまず何からなさいますか」と。孔子が言った、「きっと（あらゆるものの）名を正すであろう」と。子路が言った、「これですからね、先生の迂遠《うえん》さは。どうして正そうとするのですか」と。孔子が言った、「分かっていないな、由《ゆう》（子路）は。君子は知らないことについては、そのままにして何も言わないものだ。名が正しくなければ言葉は順序立たず、言葉が順序立たなければ政事は達成されず、政事が達成されなければ礼楽《れいがく》は興らず、礼楽が興らなければ刑罰は適切に行われず、刑罰が適切に行われなければ民は手足を置く所もな（く安心できな）い。だから君子は名づければ必ず明言できる。明言すれば必ず実行できる。君子はその言葉について、いいかげんにすることはない」と。

［集解］

［一］包咸《ほうかん》は、「（衛に）行ってまず何を行うのかを尋ねたのである」と解釈する。

［二］馬融《ばゆう》は、「あらゆるものの名を正すことである」と解釈する。

［三］包咸は、「迂は、遠のような意味である。孔子の言が政事からかけ離れていることをいう」と解釈する。

［四］孔安国は、「野《や》は、達していないことである」と解釈する。

［五］包咸は、「君子は知らないことについては、そのままにして根拠とすべきではない。

今ここで由は名を正すことの意味を知らないまま、これを迂遠《うえん》と言ったのである」と解釈する。

［六］孔安国は、「礼は上を安んじ、楽は風俗を移すものである。この二つが行われなければ、刑罰が濫用《らんよう》される」と解釈する。

［七］王肅は、「名づけたものは、必ず言葉としてはっきり表すことができる。言葉にしたことは、必ず遵《したが》い行うことができる」と解釈する。

（訳注）1このときの衛君《えいくん》は、皇侃『論語義疏』によれば出公《しゅっこう》とされる。出公は、諱を輒《ちょう》。蒯聵《かいかい》の子。祖父の霊公《れいこう》が卒したのち、即位した。しかし、出公十三（前四八〇）年に、父の蒯聵が衛に入ったため、出奔した（『史記』衛康叔世家）。2事は、政事のこと（邢昺『論語注疏』）。

〔参校〕朱熹『論語集注』は、「このとき出公が父（蒯聵《かいかい》）を父と見なさず、祖父を持ち出して、禰《おたまや》として父の廟に祭ったため、名と実の関係が乱れた。それゆえ孔子は名を正すことを先決とした」と解釈する。

04樊遅請学稼。子曰、吾不如老農。請学為圃。子曰、吾不如老圃［一］。樊遅出。子曰、小人哉、樊須也。上好礼、則民莫敢不敬。上好義、則民莫敢不服。上好信、則民莫敢不用情［二］。夫如是、則四方之民、襁負其子而至矣。焉用稼［三］。

樊遲（1）稼を学ばんことを請ふ。子曰く、「吾 老農に如《し》かず」と。圃《ほ》を為《つく》るを学ばんことを請ふ。子曰く、「吾 老圃に如かず」と［一］。樊遅出づ。子曰く、「小人なるかな、樊須や。上 礼を好まば、則ち民 敢て敬せざるは莫し。上 義を好まば、則ち民 敢て服せざるは莫し。上 信を好まば、則ち民 敢て情を用ひざるは莫し［二］。夫れ是《かく》の如くんば、則ち四方の民は、其の子を襁負《きやうふ》して至らん。焉《いづく》んぞ稼を用ひん」と［三］。

樊遅《はんち》は五穀（2）の栽培を学ぶことを請うた。孔子が言った、「わたしは老農に及ばない」と。（樊遅は）野菜の栽培を学ぶことを請うた。孔子が言った、「わたしは老圃《ろうほ》に及ばない」と。樊遅は退出した。孔子が言った、「小人だな、樊須《はんしゅ》は。上が礼を好めば、民で尊敬しない者はいなくなる。上が義を好めば、民で服従しない者はいなくなる。上が信を好めば、民で真心をもって応えない者はいなくなる。このようであれば、四方の民は、子を背負ってやって来るであろう。どうして五穀の栽培を学ぶ必要があるのか」と。

［集解］

［一］馬融は、「五穀《ごこく》を植えることを稼《か》という。野菜を植えることを圃《ほ》という」と解釈す

る。

[二] 孔安国は、「情は、真心である。言いたいことは民が上に教化されるときに、それぞれ真心をもって応じるのである」と解釈する。

[三] 包咸は、「礼義と信とは、徳を成すに十分である。どうして五穀の栽培を学んで民に教える必要があろうか。背負う者が道具を用いることを襁《きょう》(3)という」と解釈する。

(訳注) 1樊遅は、弟子。顔淵篇第二十一章を参照。2五穀は、黍《もちきび》・稷《うるちきび》・麻・麦《むぎ》・豆のこと(邢昺『論語注疏』)。3襁《きょう》は、邢昺『論語注疏』に引く『博物志』の説によれば、縷《きぬ》を織って作り、広さ八尺、長さ二尺で、これにより小児を背に括り付けるものであるという。

〔参校〕朱熹『論語集注』は、「孔子が樊須の退出後にその誤りを指摘したのは、自分が農民に及ばないと言ったことで、十分否定していたからである。樊須の学識では、おそらくこのことを悟れなかったので、それ以上問うことができなかった。「三隅」を返答できなかったのである」と述べる。なお、「三隅」については、述而篇第八章を参照。

05子曰、誦詩三百、授之以政不達、使於四方、不能専対、雖多、亦奚以為[一]。

子曰く、「詩三百(1)を誦《しょう》すれども、之を授くるに政を以てして達せず、四方に使ひして、専《ひと》り対《こた》ふる能《あた》はずんば、多しと雖も、亦た奚《なに》を以て為さん」と[一]。

孔子が言った、「『詩《し》』三百篇を暗誦しても、政治を任されて通達できず、四方に使者として赴き、一人で応対することもできなければ、(暗誦できる詩が)多かろうとも、どうしようというのか」と。

[集解]

[一] 専は、独のような意味である。

(訳注) 1 詩三百は、為政《いせい》篇第二章に既出。当該箇所の孔安国注には、「篇の大数なり」とあり、三百はおおよその数である。現存は三百五篇。

06 子曰、其身正、不令而行。其身不正、雖令不従[一]。

子曰く、「其の身 正しければ、令せずして行はる。其の身 正しからざれば、令すと雖も従はれず」と[一]。

孔子が言った、「(上位者の)身が正しいと、教令を下さずとも行われる。身が正しくないと、教令を下しても従われない」と。

[集解]

［一］令は、教令である。

07子曰、魯・衛之政、兄弟也［一］。

子曰く、「魯・衛の政は、兄弟なり」と［一］。

孔子が言った、「魯《ろ》・衛《えい》の政治は、兄弟である」と。

［集解］

［一］包咸は、「魯は、周公旦《しゅうこうたん》の封地である。衛は、康叔《こうしゅく》(1)の封地である。周公旦と康叔は兄弟であった。康叔は周公旦に親しみ、その国の政治もまた兄弟のようである」と解釈する。

〔訳注〕1康叔《こうしゅく》は、名を封という。周の文王の九男で、武王や周公の弟。管《かん》・蔡《さい》の乱の後、殷《いん》の遺民を統治するために衛に封ぜられた。武王の子の成王《せいおう》が長じてからは司寇《しこう》に任命されて、徳治を行った（『史記』衛康叔世家）。

〔参校〕朱熹『論語集注』は、「魯は周公旦、衛は康叔の後裔《こうえい》であり、もともと兄弟の国である。このとき、両国は衰乱して、政治もまた似ていた。ゆえに孔子は歎いたのである」と述べる。

08子謂衛公子荊、善居室[一]。始有曰、苟合矣。少有曰、苟完矣。富有曰、苟美矣。

子　衛の公子荊(1)を謂ふ、「善く室に居《たくは》ふ[一]。始め有りて曰く、「苟《いささ》か合《あつ》まる(2)」と。少しく有りて曰く、「苟か完《まった》し」と。富むこと有りて曰く、「苟か美《よ》し」と」と。

孔子が衛《えい》の公子荊《こうしけい》を批評して言った、「よく家政を治めている」と。（家が富み）始めると、「なんとか間に合っている」と言った。少しばかり財産ができると、「なんとか集まった」と言った。富裕になると、「なんとか立派になった」と。

[集解]

[一] 王肅は、「公子荊は蘧瑗《きょえん》(3)・史鰌《ししゅう》(4)とともに君子である」と解釈する。

（訳注）1公子荊《こうしけい》は、春秋衛《えい》の人。呉の季札《きさつ》が衛を聘問《へいもん》した際、蘧瑗や史鰌らとともに君子と評された（『春秋左氏伝』襄公《じょうこう》伝二十九年）。2苟《こう》は、苟且《こうしょ》（かりそめ、いささか）のこと（皇侃『論語義疏』）。本意ではなかったことをいう。また、合は、聚合《しゅうごう》のこと（邢昺『論語注疏』）。3蘧瑗は、字を伯玉《はくぎょく》、春秋衛の大夫。霊公《れいこう》が夫人と夜坐しているときも、闕下《けっか》を過ぎれば車を止め、拝礼してから立ち去ったという。孔子や呉の季札からは君子と評された（『春秋左氏伝』襄公 伝十四年・二十六年・二十九年、『論語』衛霊公篇）。4史鰌は、字を史魚《しぎょ》、春秋衛の大夫。霊公に蘧伯玉（蘧瑗）を登用することをしばしば求めたが入れられず、死に臨ん

で自分を正礼《せいれい》で葬らないよう遺言した。葬儀に来た霊公は、改めて客位《きゃくい》に殯《かりもがり》せしめ、その屍諫《しかん》を受け入れたという。また、孔子からは「直」であると評された（『春秋左氏伝』襄公伝二十九年、『論語』衛霊公篇、『韓詩外伝《かんしがいでん》』巻七）。

〔参校〕朱熹『論語集注』は、「苟」を聊且粗略《りゅうしょそりゃく》（間に合わせ）、「合」を聚まる、「完」を備わるの意味に採り、「（公子荊は）順序正しく節度があり、早く成し遂げたり美を尽くそうなど、心を煩《わずら》わさなかった」と解釈する。荻生徂徠『論語徴』は、「孔子が公子荊をほめたのは、富を求めなかったことではなく、それを求めるのに性急でなかったからである」と述べる。

09子適衛、冉子僕〔一〕。子曰、庶矣哉〔二〕。冉有曰、既庶矣。又何加焉。曰、富之。曰、既富矣。又何加焉。曰、教之。

子 衛に適《ゆ》き、冉子(1)僕たり〔一〕。子曰く、「庶《おほ》きかな」と〔二〕。冉有曰く、「既に庶し。又 何をか加へん」と。曰く、「之を富まさん(2)」と。曰く、「既に富めり。又 何をか加へん」と。曰く、「之を教へん(3)」と。

孔子が衛に行き、冉有《ぜんゆう》が御者《ぎょしゃ》となった。孔子が言った、「（民が）たくさんいるな」と。冉有が言った、「すでに多くおります。さらに何を加えますか」と。（孔子が）

言った、「これを豊かにしよう」と。（冉有が）言った、「豊かになったとします。さらに何を加えますか」と。（孔子が）言った、「これを教化しよう」と。

［集解］

［一］孔安国は、「孔子が衛に行き、冉有が御者となったのである」と解釈する。

［二］孔安国は、「庶は、衆である。衛の民が多いことをいう」と解釈する。

（訳注）1冉子《ぜんし》は、弟子の冉有。先進篇第二章を参照。2「之を富まさん」は、ここでは、恵みを施し租税を軽くし、民に衣食を充足させること（邢昺『論語注疏』）。3「之を教へん」は、ここでは、民に正しい方向へと向かわせる道徳を教えて、礼節を理解させること（邢昺『論語注疏』）。

〔参校〕朱熹『論語集注』は、「富んでも教化を受けなければ、禽獣《きんじゅう》に近い。ゆえに必ず学校を建て、礼義を明らかにし、それで教化するのである」と述べる。荻生徂徠『論語徴』は、朱熹の説を否定し、「学校は礼を行う場所であり、礼義を明らかにするにも礼楽によることを分かっていない。

10子曰、苟有用我者、期月而已可也。三年有成［一］。

子曰く、「苟《まこと》に我を用ふる者有らば、期月[1]のみにして可なり。三年にして成ること有らん」と[一]。

孔子が言った、「本当にわたしを用い（て政治を行わせ）る者がいれば、一年だけでも（政治と教化は）何とかなろう。三年あれば成功させよう」と。

［集解］

［一］孔安国は、「本当に自分を政治に用いる者がいれば、一年でその政教を行うことができ、きっと三年で成功させられるであろうことを言う」と解釈する。

（訳注）1期月《きげつ》は、一年のこと（皇侃『論語義疏』）。

〔参校〕朱熹『論語集注』は、「（一年で）何とか綱紀《こうき》が行き渡る」と解釈する。

11子曰、善人為邦百年、亦可以勝残去殺矣[一]。誠哉、是言也[二]。

子曰く、「善人　邦《くに》を爲《をさ》むること百年ならば、亦た以て残《ざん》に勝ち殺を去る可しと[一]。誠なるかな、是の言や」と[二]。

孔子が言った、「（昔から）善人が百年も邦を治めれば、乱暴者に打ち勝って死刑を除くことができるという。本当だね、この言葉は」と。

〔集解〕

〔一〕王粛は、「残に勝つとは、乱暴者に打ち勝って悪事を行わせないことである。殺を去るとは、死刑を用いないことである」と解釈する。

〔二〕孔安国は、「昔からこの言葉があり、孔子は（これを）信じたのである」と解釈する。

〔参校〕皇侃『論語義疏』は、「善人」を賢人と解する。

12子曰、如有王者、必世而後仁〔一〕。

子曰く、「如《も》し王者有らば、必ず世《よ》にして後に仁あらん」と〔一〕。

孔子が言った、「もし王者がいれば、きっと三十年後に仁（の政治）が完成するであろう」と。

〔集解〕

〔一〕孔安国は、「三十年を世という。もし（天命を受けた）王者がいれば、きっと三十年経《た》って、仁の政治が完成するであろう」と解釈する。

〔参校〕皇侃『論語義疏』は、「王者」を「聖人が天命を受けて天子になること」と解釈し、朱熹『論語集注』もまた、「聖人が天命を受けて王者になる」と解釈する。

13子曰、苟正其身矣、於従政乎何有。不能正其身、如正人何。
子曰く、「苟《まこと》(1)に其の身を正しくせば、政に従ふに於て何《なに》か有らん。其の身を正しくする能《あた》はずんば、人を正すを如何《いかん》せん」と。
孔子が言った、「本当にその身を正していれば、政治に携わることなどは何でもない。その身を正すことができなければ、人を正すことなどできようはずもない」と。

［集解］なし
（訳注）1苟《こう》は、ここでは誠の意味（義疏・注疏）。

14冉子退朝［一］。子曰、何晏也。対曰、有政［二］。子曰、其事也［三］。如有政、雖不吾以、吾其与聞之［四］。
冉子 朝を退く(1)［一］。子曰く、「何ぞ晏《おそ》きや(2)」と。対へて曰く、「政有り」と［二］。子曰く、「其れ事なり［三］。如《も》し政有らば、吾 以《もち》ひられずと雖も、吾 其れ之を与《あづか》り聞かん」と［四］。

冉子《ぜんし》（冉有）が朝廷を退出した。孔子が言った、「どうして遅かったのか」と。（冉有が）答えて言った、「政務があったのです」と。（孔子が）言った、「それは（普段の）事務であろう。もし（非常の）政務があれば、わたしは（大夫《たいふ》であるので）用いられていなくとも、わたしはそれに関与するはずだ」と。

［集解］

［一］周生烈《しゅうせいれつ》は、「（朝を退くとは）魯君《ろくん》への目通りを終えたことをいう」と解釈する。

［二］馬融は、「政というものは、改めたり正したりするものである」と解釈する。

［三］馬融は、「事というものは、普段行っている事務である」と解釈する。

［四］馬融は、「もし政務に非常のことがあれば、自分は大夫であるので、任用されてなくとも、必ずそれに関与すべきである」と解釈する。

（訳注）1「朝を退く」は、この当時、冉有は季氏に仕えており、季氏に従って朝廷に参内し、魯君に目通りしていたことをいう（皇侃『論語義疏』・邢昺『論語注疏』）。2晏は、晩《おそ》いこと（皇侃『論語義疏』・邢昺『論語注疏』）。

〔参校〕朱熹『論語集注』は、「朝」を「季氏の家政の場」と捉える。また、「このとき季氏は魯の政治を専断し、国政については同僚と公の場で話さず、家臣と私室で相談していた。それゆえ孔子は気付かぬ風を装って言ったのである」と解釈する。

15定公問、一言而可以興邦、有諸。孔子対曰、言不可以若是、其幾也〔一〕。人之言曰、為君難、為臣不易。如知為君之難也、不幾乎一言而興邦乎〔二〕。曰、一言而可喪邦、有諸。孔子対曰、言不可以若是、其幾也。人之言曰、予無楽乎為君、唯其言而楽莫予違也〔三〕。如其善而莫之違也、不亦善乎。如不善而莫之違也、不幾乎一言而喪邦乎〔四〕。

定公(1)問ふ、「一言にして以て邦を興す可きこと、諸《こ》れ有りや」と。孔子 対へて曰く、「言は以て是《かく》の若《ごと》くなる可からざるも、其れ幾《ちか》きなり〔一〕。人の言に曰く、「君為《た》ること難く、臣為《た》ること易《やす》からず」と。如《も》し君為るの難きを知らば、一言にして邦を興すに幾からずや」と〔二〕。曰く、「一言にして邦を喪《うしな》ふ可きこと、諸れ有りや」と。孔子 対へて曰く、「言は以て是の若くなる可からざるも、其れ幾きなり。人の言に曰く、「予《われ》 君為るを楽しむこと無きも、唯だ其の言にして予に違《たが》ふもの莫きを楽しむなり」と〔三〕。如し其れ善にして之に違ふもの莫きは、亦た善からずや。如し不善にして之に違ふもの莫きは、一言にして邦を喪ふに幾からずや」と〔四〕。

定公《ていこう》が尋ねた、「一言で邦《くに》を興隆させられるものは、あるのか」と。孔子が答えて言った、「一言でそのようにできるものはありませんが、近いものはあります。ある人の言葉に、「君主であることは難しく、臣下であることも容易ではない」とあります。もし君主であることの難しさを知れば、一言で邦を興隆することに近いのではありませんか」と。（定公は）言った、「一言で邦を滅ぼすものは、あるのか」と。孔子が答えて言った、「一言でそのようにできるものはありませんが、近いものはあります。ある人の言葉に、「わたしは君主でいることを楽しまないが、ただわたしの言ったことに逆らうものがいないことだけを楽しむ」とあります。もし善いことでそれに逆らうものがいないならば、善いことでしょう。もし善くないことでそれに逆らうものがいないならば、一言で邦を滅ぼすことに近いのではないでしょうか」と。

［集解］
［一］王粛は、「おおよその一言によって、まさに国を興隆させることはできない。幾は、近である。一言で国を興隆させられるのに近いことである」と解釈する。
［二］孔安国は、「事は一言で成し遂げられるものではない。このようであることを理解すれば、近いと言える」と解釈する。

［三］孔安国は、「君主であるのを楽しまないことを言う。楽しむのは、その言葉が逆われないことを楽しむだけである」と解釈する。

［四］孔安国は、「人君が善いことを言い、これに逆らう者がいなければ、それは善い。善くないことを言い、あえてこれに逆らう者がいなければ、それは一言で国を滅ぼすことに近い」と解釈する。

〔訳注〕1定公《ていこう》は、魯の第二十四代の君主。名を宋《そう》。孔子を相に迎えて、斉《せい》に対抗したという（『史記』魯周公世家）。

〔参校〕朱熹『論語集注』は、「幾」を「期」の意味であるとし、「このようにすれば必ず効果があるということを、一つの言葉に期待すべきではない」と解釈する。

16葉公問政。子曰、近者説、遠者来。

葉公[1] 政を問ふ。子曰く、「近き者 説《よろこ》べば、遠き者は来る[2]」と。

葉公《しょうこう》が政治について尋ねた。孔子が言った、「近隣の者が喜べば、遠方の者がやって来る（ような政治を行う）ことです」と。

［集解］なし

（訳注）1葉公《しょうこう》は、名を諸梁《しょりょう》、字を子高《しこう》という。葉県《しょうけん》の尹《いん》（長官）となった。楚《そ》の君主が王号を僭称《せんしょう》したため、その県尹もみな公を僭称したという（邢昺『論語注疏』）。2皇侃『論語義疏』・邢昺『論語注疏』は、「近者説」を仮定条件とした上で、「近き者に恩恵を施せば、遠くの者がそれを慕ってやって来る」と解釈する。ここもそれに従う。

17子夏為莒父宰、問政［一］。子曰、毋欲速。毋見小利。欲速則不達、見小利、事不成［二］。

子夏 莒父の宰と為り、政を問ふ［一］。子曰く、「速《すみ》やかならんと欲すること毋《な》かれ。小利を見ること毋かれ。速やかならんと欲すれば則ち達せず、小利を見れば、大事は成らず」と［二］。

子夏が莒父《きょほ》の邑宰《ゆうさい》となり、政治について尋ねた。孔子が言った、「速くやろうとしてはならない。小さな利益を見てはならない。速くやろうとすれば通達せず、小さな利益を見ていては、大事は成就しない」と。

［集解］

［一］鄭玄は、「旧説には、「莒父は、魯の下邑《かゆう》である」とある」と解釈する。

［二］孔安国は、「物事は早く成就できるものではない。早くやろうとすれば通達しない。

小さな利益を見て大事を妨げれば、大事は成就しないのである」と解釈する。

18葉公語孔子曰、吾党有直躬者〔一〕。其父攘羊、而子證之〔二〕。孔子曰、吾党之直者異於是。父為子隠、子為父隠。直在其中矣。

葉公 孔子に語りて曰く、「吾が党に躬《み》を直《なお》くする者有り〔一〕。其の父 羊を攘《ぬす》み、而して子 之を證す」と〔二〕。孔子曰く、「吾が党の直き者は是に異なる。父は子の爲に隠し、子は父の爲に隠す。直は其の中に在り」と。

葉公《しょうこう》が孔子に語って言った、「わたしの郷党に身を正して行動する者がいる。その父は（故あって）羊を盗んだが、子はこれを証言した」と。孔子が言った、「わたしの郷党の正直《せいちょく》な者はそれとは異なります。父は子のために（かばい立てして）隠し、子は父のために隠します。正直さはその中にあります」と。

〔集解〕

〔一〕孔安国は、「躬《み》を直くするとは、身を正して行うことである」と解釈する。

〔二〕周生烈は、「理由があって盗むことを攘《じょう》という」と解釈する。

〔参校〕この章の話柄は、『呂氏春秋《りょししゅんじゅう》』当務《とうむ》篇にも見え、「直躬《ちょくきゅう》」を楚《そ》の人の姓名とし、直躬の信は信無き者に及ばないと批判する。邢昺『論語注疏』は、「子が過ちを犯し、父がそれを隠すことを慈《じ》とし、父が過ちを犯し、子がそれを隠すことを孝《こう》とする。慈孝は忠であり、忠であれば、直であるがゆえに、「正直さはその中にある」と言っている」と解釈する。朱熹『論語集注』は、「父子がかばい合うのは天理《てんり》であり、人情の至りである。ゆえに正直さをことさら実践しなくても、正直さはその中にある」と述べる。

19樊遲問仁。子曰、居処恭、執事敬、与人忠。雖之夷狄、不可棄也〔一〕。

樊遲 仁を問ふ。子曰く、「処《しょ》に居りては恭、①事を執りては敬、②人に与《まじ》はりては忠。③夷狄に之《ゆ》くと雖も、棄《す》つ可からざるなり」と〔一〕。

樊遲《はんち》が仁について尋ねた。孔子が言った、「家にいるときはくつろぎ、礼事を執るときは敬《つつ》ましく、人と交際するときは誠実にする。夷狄《いてき》のもとに行ったとしても、（これらを）棄ててはならない」と。

〔集解〕

〔一〕包咸は、「礼義のない夷狄の土地に行ったとしても、（恭・敬・忠を）棄て去って行わないことなどできない」と解釈する。

（訳注）1「処に居りては恭」は、くつろいでおだやかなさま（皇侃『論語義疏』）。2「事を執りては敬」は、礼を行い事を執るときに、敬《つつ》ましさを主とすること（皇侃『論語義疏』）。3「人と与はりては忠」は、朋友と交際するとき、忠を尽くして欺《あざむ》かないようにすること（皇侃『論語義疏』）。

〔参校〕荻生徂徠『論語徴』は、「（この章は）樊遅が仁政を問うたのである。孔子の挙げた三点が仁というわけではなく、仁政を行うにあたって、まず身を修めることを説いたのである」と解釈する。

20子貢問曰、何如斯可謂之士矣。子曰、行己有恥〔一〕、使於四方、不辱君命。可謂士矣。曰、敢問其次。曰、宗族称孝焉、郷党称悌焉。曰、敢問其次。曰、言必信、行必果。硜硜然小人哉。抑亦可以為次矣〔二〕。曰、今之従政者何如。子曰、噫、斗筲之人、何足算也〔三〕。

子貢 問ひて曰く、「何如《いかん》ぞ斯《こ》れ之を士と謂《い》ふ可き」と。子曰く、「己を行ふに恥有り〔一〕、四方に使ひして、君命を辱《はづかし》めず。士と謂ふ可し」と。曰く、「敢て其の次を問ふ」と。曰く、「宗族 孝を称し、郷党 悌を称す」と。曰く、「敢て其の次を問ふ」と。

曰く、「言へば必ず信、行へば必ず果なり。硜硜《かうかう》然たる小人なるかな。抑《そも》〻亦た以て次と為す可し」と[二]。曰く、「今の政に従ふ者は何如」と。子曰く、「噫《ああ》、斗筲《とせう》(1)の人、何ぞ算《かぞ》ふるに足らん」と[三]。

子貢《しこう》が尋ねて言った、「どのような人物を士《し》と呼べるのでしょうか」と。孔子が言った、「己《おのれ》の行いに恥を知り、四方に使者となって、君命を辱《はずかし》めない。（それなら）士と呼べるであろう」と。（子貢は）「あえてその次（に士と呼べる人物）をお伺いします」と言った。（孔子は）「宗族《そうぞく》が孝と称し、郷党《きょうとう》（の人々）が悌《てい》と称するものである」と言った。（子貢は）「あえてその次をお伺いします」と言った。（孔子は）「発言すれば必ず信義があり、行動すれば必ず果断である。（このような者は）こちこちの小人だな。まあそれでもその次にはなれるだろう」と言った。（子貢は）「今の政治を行っている人はいかがですか」と言った。孔子は、「ああ、斗筲《としょう》の（ように器の小さな）人など、どうして数えるに足りようか」と言った。

［集解］

［一］孔安国は、「恥があれば、行わないことがある」と解釈する。

［二］鄭玄は、「行動が必ず果断であるというのは、行おうとしていることを、必ずあえ

て行うことである。硜《こう》硜《こう》とは、小人のさまである。まあなんとかその次とは、次として挙げられるものを言う」と解釈する。

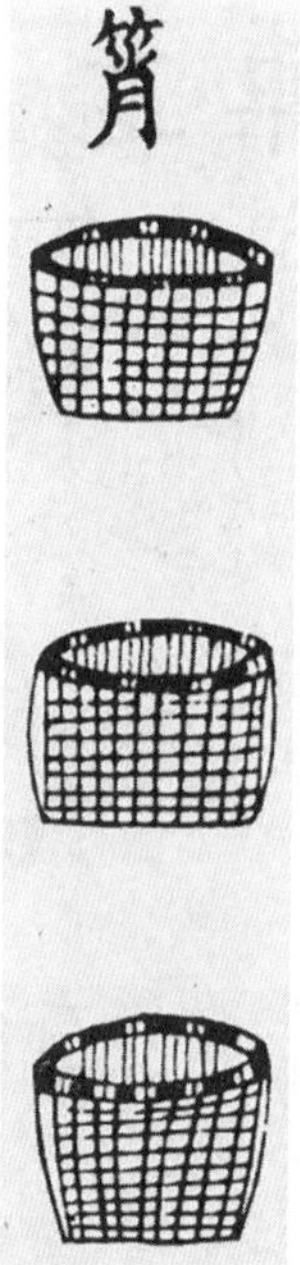

〔三〕鄭玄は、「噫《ああ》は、心に不満があるときの声である。筲《しょう》は、竹の容器で、一斗《と》二升（約二・四リットル）を容れるものである。算は、数である」と解釈する。

（訳注）1筲《しょう》は、鄭玄注にあるように、竹器で、一斗《と》二升を入れる飯櫃。

〔参校〕朱熹『論語集注』は、「今の政に従ふ者」を魯の三桓《さんかん》の類と捉える。また、「子貢が質問するごとに低次元に及んでいった。ゆえに孔子はこう言って警《いまし》めた」と解釈する。

21子曰、不得中行而与之、必也狂・狷乎〔一〕。狂者進取、狷者有所不為也〔二〕。
子曰く、「中行を得て之に与《くみ》せずんば、必ずや狂・狷か〔一〕。狂者は進みて取り、狷者は為さざる所有るなり(1)」と〔二〕。

孔子が言った、「中庸《ちゅうよう》の行いをする者を得てその仲間になれないなら、せめて狂《きょう》や狷《けん》なる人（を仲間）にしようか。狂者は進んで（善道に）取り組み、狷者は（節義を守って）行わないことがある」と。

［集解］

［一］包咸は、「中行は、行いに中庸を得た者のことである。中庸の行いをする人を得られないなら、狂者《きょうじゃ》や狷者《けんじゃ》を得ようとすることを言う」と解釈する。

［二］包咸は、「狂者は、進んで善道に取り組む。狷者は、節義を守って行わないことがある。この二人を得ようとする者は、時に進退することが多いため、その一定している所を取るのである」と。

（訳注）1邢昺『論語注疏』によれば、狂者は進むことを知って退くことを知らない人物であり、狷者は進むべきでも退く人物であるという。これを踏まえると、包咸注は、時の如何に拘らず、常に狂者は進み、狷者は退くという、その一定なさまを取ることを述べる。

〔参校〕范曄《はんよう》『後漢書《ごかんじょ》』独行伝《どくこうでん》の冒頭には、本章が引用されており、本文の「中行」を「中庸」につくる。朱熹『論語集注』は、「行」を「道」、すなわち「中行」を「中道」と解釈する。伊藤仁斎『論語徴』は、朱熹と同じく「中行」を「中道」と解釈した上で、「狂者」をそれに次ぐ者とし、さらに「狷者」をそれに次ぐ者として序列づける。

22子曰、南人有言曰、人而無恒、不可以作巫医〔一〕。善夫〔二〕。不恒其徳、或承之羞〔三〕。子曰、不占而已矣〔四〕。

子曰く、「南人 言有りて曰く、「人にして恒《つね》無くんば、以て巫医(1)を作《もち》ふ可からず」と〔一〕。善きかな〔二〕。「其の徳を恒にせずんば、或いは之が羞《はぢ》を承く(2)」と」と〔三〕。子曰く、「占はざるのみ」と〔四〕。

孔子が言った、「南国の人の言葉に、「人として一定したものがなければ、巫者《ふしゃ》や医者《いしゃ》でも治せない」とある。（この言葉は）よいね。（『周易《しゅうえき》』恒卦《こうか》の九三に）「その徳を一定のものとしなければ、恥辱を受ける」とある」と。孔子が言った、「（一定したものを持たない人は）占わない」」と。

〔集解〕

〔一〕孔安国は、「南人は、南国の人である」と解釈する。鄭玄は、「巫者《ふしゃ》と医者《いしゃ》は一定したものを持たぬ人を治せないことをいう」と解釈する。

〔二〕包咸は、「南国の人の言葉を善しとしたのである」と解釈する。

〔三〕孔安国は、「これは『周易《しゅうえき》』恒卦《こうか》の爻辞《こうじ》である。徳が一定でなければ、恥を受けることをいう」と解釈する。

〔四〕鄭玄は、「易は吉凶を占うためのものである。一定したものを持たない人は、易では占わない」と解釈する。

〔訳注〕1巫医《ふい》は、神に接して邪を除くことを掌る者と、病気の治療を掌る者のこと（邢昺『論語注疏』）2『周易《しゅうえき》』恒卦《こうか》の九三には、「不恒其徳、或承之羞。貞吝（貞《ただ》しけれども吝《りん》）」とある。

〔参校〕朱熹『論語集注』は、「巫は、それによって鬼神《きしん》に交わるもの。医は、それに死生を託するもの。それゆえ卑しい職業であるが、とりわけ心に一貫したものがないといけないのである」と解釈する。

23子曰、君子和而不同、小人同而不和〔一〕。

子曰く、「君子は和して同ぜず、小人は同じて和せず」と〔一〕。

孔子が言った、「君子は調和するが雷同せず、小人は雷同するが調和しない」と。

［集解］

［一］君子は心こそ調和するが、見るものはそれぞれ異なる。それゆえ雷同しないというのである。小人は嗜好《しこう》するものが同じであっても、それぞれ利益を争う。それゆえ調和しないというのである。

〔参校〕朱熹『論語集注』は、「和」は背き悖《もと》る心がないこと、「同」は阿諛迎合《あゆげいごう》の意があることと解釈する。

24子貢問曰、郷人皆好之、何如。子曰、未可也。郷人皆悪之、何如。子曰、未可也。不如郷人之善者好之、其不善者悪之［一］。

子貢 問ひて曰く、「郷人 皆 之を好《よ》みせば、何如《いかん》」と。子曰く、「未だ可ならざるなり」と。「郷人 皆 之を悪《にく》まば、何如」と。子曰く、「未だ可ならざるなり。郷人の善なる者 之を好みし、其の不善なる者 之を悪《にく》むに如《し》かず」と［二］。

子貢が尋ねて言った、「郷党の人がみなほめる人物は、いかがでしょうか」と。孔子が言った、「まだ十分ではない」と。（子貢が）「郷党の人がみな憎む人物は、いかがでしょうか」と（言った）。孔子が言った、「まだ十分ではない。郷党の人のなかで善人がほめ、悪人が憎むような人物には及ばない」と。

［集解］
［一］孔安国は、「善人が自分をほめ、悪人が自分を憎むのは、その善が善であることが明らかであり、悪が悪であることが顕著だからである」と解釈する。

25子曰、君子易事而難説也。説之雖不以道、説也。及其使人也、求備焉。小人難事而易説也。説之雖不以道、説也。及其使人也、求備焉。

子曰く、「君子は事《つか》へ易くして説《よろこ》ばしめ難きなり［一］。之を説ばしむるに道を以てせざれば、説ばざればなり。其の人を使ふに及びては、之を器にす［二］。小人は事へ難くして説ばしめ易きなり。之を説ばしむるに道を以てせざると雖も、説べばなり。其の人を使ふに及びては、備はらんことを求む」と。

孔子が言った、「君子には仕えやすいが喜ばせにくい。道義によって喜ばせないと、喜ばないからである。人を使うときには、その才器による。小人には仕えにくいが喜ばせやすい。道義によらず喜ばせても、喜ぶからである。人を使うときには、（一人にすべてが）備わっていることを求めてくる」と。

［集解］

〔一〕孔安国は、「一人に（すべてが）備わっていることを求めないため、仕えやすいのである」と解釈する。
〔二〕孔安国は、「才器を測って官に任命するのである」と解釈する。

26子曰、君子泰而不驕。小人驕而不泰〔一〕。
子曰く、「君子は泰《たい》にして驕《おご》らず。小人は驕りて泰ならず」と〔一〕。
孔子が言った、「君子は落ち着いているが驕らない。小人は驕っているが落ち着かない」と。

〔集解〕
〔一〕君子は自然であり、落ち着いていることが驕っているようだが驕ってはいない。小人は遠慮がちのようで、実はおのずと驕慢である。
〔参校〕龍谷大学所蔵トゥルファン写本（鄭玄『論語注』）は、「泰とは、威儀が誇り高く盛んであることをいう。驕とは、人を慢《あなど》って自らを貴しとすることをいう」と解釈する。

27子曰、剛・毅・木・訥近仁〔一〕。

子曰く、「剛《ごう》・毅《き》・木《ぼく》・訥《とつ》は仁に近し」と［一］。

孔子が言った、「剛（無欲）・毅（果敢）・木（質樸）・訥（遅鈍）は仁に近い」と。

［集解］

［一］王粛は、「剛は、無欲なことである。毅は、果敢なことである。木は、飾り気がなく素直なことである。訥は、のろまで鈍いことである。この四つがあれば、仁に近い」と解釈する。

〔参校〕朱熹『論語集注』は楊氏（楊時《ようじ》）の説を引き、「剛毅であれば物欲に屈せず、木訥であれば心があらぬ方に馳せていかない。それゆえ仁に近い」とし、「剛毅」「木訥」という二者について論じたものと解釈する。

28子路問曰、何如斯可謂之士矣。子曰、切切偲偲、怡怡如也、可謂士矣。朋友切切偲偲、兄弟怡怡［一］。

子路 問ひて曰く、「何如《いかん》ぞ斯《そ》れ之を士と謂ふ可き」と。子曰く、「切切《せつせつ》偲偲《しし》(1)、怡怡《いい》如たるは、士と謂ふ可し。朋友には切切偲偲、兄弟には怡怡たれ」と［一］。

子路が尋ねて言った、「どのようであれば士と呼べるのでしょうか」と。孔子が言った、「励まし競い合い、なごやかであるものは、士と呼べるであろう。朋友とは励まし競い合い、兄弟とはなごやかでいることだ」と。

［集解］

［一］馬融は、「切切偲偲は、厳しく責め合うさまである。怡怡は、なごやかなさまである」と解釈する。

（訳注）1切切について、龍谷大学所蔵トゥルファン写本（鄭玄『論語注』）は、「勧め競いあう様子である」という。また、皇侃『論語義疏』・邢昺『論語注疏』は、ともに「切切偲偲」を切磋琢磨の意味に解す。

〔参校〕龍谷大学所蔵トゥルファン写本（鄭玄『論語注』）（鄭玄注）は、「切切は、勧め競いあう様子である。偲偲は、謙順の様子である。怡怡は、和協の様子である」と解釈する。また、「子路は勇を好み、性は剛に近い。このために重ねてこれを説いた」と解釈する。朱熹『論語集注』は胡寅《こいん》の説を引き、「切切は、懇切丁寧である。偲偲は、緻密勤勉である。怡怡は、温厚でにこやかである。すべて子路に欠けているものなので、かれに告げた。また、それを相手を考えずに用いると、兄弟には恩情を損なう禍いが生じ、朋友には放逸に流れる欠陥が生じることを懸念した。それゆえさらに分けて告げたのである」と解釈する。

29子曰、善人教民七年、亦可以即戎矣［一］。

子曰く、「善人 民を教ふること七年なれば、亦た以て戎《じゅう》に即《つ》かしむ可し」と［一］。

孔子が言った、「善人が七年も民を教化すれば、人々を兵役に就かせることができる」と。

［集解］

［一］包咸は、「戎に即かしむとは、兵役に就かせることである。それらを率いて攻め戦うことができる」と解釈する。

30子曰、以不教民戰、是謂棄之［一］。

子曰く、「教へざるの民を以て戦ふは、是れ之を棄《す》つと謂ふ」と［一］。

孔子が言った、「教練していない民を率いて戦うのは、これこそ民を棄てるということである」と。

［集解］

［一］馬融は、「習練されていない民を率いて、これを戦わせれば、必ず敗れることをいう。これこそ民を棄てるということである」と解釈する。

憲問《けんもん》第十四　凡四十七章　何晏集解

01憲問恥。子曰、邦有道穀［一］。邦無道穀、恥也［二］。

憲(1)恥を問ふ。子曰く、「邦に道有れば穀《こく》す［一］。邦に道無くして穀するは、恥なり(2)」と［二］。

原憲《げんけん》が恥について尋ねた。孔子《こうし》が言った、「邦《くに》に道が行われていれば俸禄《ほうろく》を食《は》む。邦に道が行われていないのにその俸禄を食むのは、恥である」と。

［集解］

［一］孔安国《こうあんこく》は、「穀は、禄である。邦に道が行われていれば、その俸禄を食んでよい」と解釈する。

［二］孔安国は、「君主が道を行わないのに朝廷におり、その俸禄を食むのは、これこそ恥辱である」と解釈する。

（訳注）1憲は、原憲《げんけん》。字を子思《しし》という。孔子の死後、衛《えい》に隠居して貧しい生活を送っていたが、それを恥じなかった（『史記』仲尼弟子列伝）。『孔子家語《こうしけご》』七十二弟子解では、宋《そう》の人とし、孔子より三十六歳年少であるとする。2本章は、泰伯篇第十三章の、「邦に道有るに、貧しく且つ賤《いや》しきは、恥なり。邦に道無きに、富み且つ貴きは、恥なり」と関連する。

〔参校〕朱熹《しゅき》『論語集注《ろんごしっちゅう》』は、「原憲は狷介《けんかい》で、邦に道が行われていないのに俸禄を受けるのが恥ずべきことであるのは分かっていた。邦に道が行われていても何もできずに俸禄を受けるのが恥ずべきことであるのは、必ずしも分かっていなかった。ゆえに孔子は原憲からの質問に併せてこれを言い、それによってその志を広げ、自分で勉めることの意義を分からせ、為すべきことを行うように進めさせようとしたのである」と解釈する。

02克・伐・怨・欲不行焉、可以為仁矣(1)［一］。子曰、可以為難矣。仁則吾不知也［二］。

「克・伐・怨・欲の行はれざる、以て仁と為す可きか」と［一］。子曰く、「以て難しと為す可し。仁は則ち吾 知らざるなり」と［二］。

（原憲《げんけん》が言った）「克（勝気）・伐（自慢）・怨（怨恨）・欲（貪欲）が行われないこと、これを仁と言ってよいのでしょうか」と。孔子が言った、「（克・伐・怨・欲を行わないことは）難しいこととすべきである。（ただ、それが）仁であるかはわたしには分からない」と。

［集解］

［一］馬融《ばゆう》は、「克は、人に勝つのを好むことである。伐は、自ら功績を誇ることである。

怨は、忌であり、ちょっとした怨みである。欲は、貪欲なことである」と。

〔二〕包咸《ほうかん》は、「この四者（を止めるの）は、行うのが難しいことであるが、仁とするには足りない」と解釈する。

（訳注）1矣《い》について、『史記』仲尼弟子列伝には、「子思曰、克・伐・怨・欲不行焉、可以為仁乎」とあり、『経伝釈詞《けいでんしゃくし》』巻四に、「矣、猶乎也」とあることから、ここは「矣」を「乎」と考えて、疑問文として読解する。また、前掲の『史記』はこれを子思（原憲）の発言とし、さらに皇侃『論語義疏』は「原憲又問」と解釈し、邢昺『論語注疏』は前章と合わせて一つの章とする。これらに基づき、本章冒頭を原憲の発言と考える。

〔参校〕荻生徂徠『論語徴』は、「克・伐・怨・欲不行焉、可以為仁矣」の前に脱文があった可能性を指摘した上で、「当時の人が賢大夫の管仲《かんちゅう》あたりを挙げて称賛したのであろう。門弟がこれを質問したのではない。それゆえ「矣」と言って「乎」と言わないのである。「克・伐・怨・欲の行はれざる」とは、国中に行われなくなったことをいう」と述べている。

03子曰、士而懐居、不足以為士矣〔一〕。

子曰く、「士にして居に懐《やす》んずるは、以て士と為すに足らず」と〔一〕。

孔子が言った、「士でありながら（道を志《こころざ》さず）安楽な生活をするのは、士とするには不十分である」と。

［集解］

［一］士とは道を志《こころざ》すべきであり、安楽を求めるものではない。それなのに安楽な生活をするものは、士ではない。

04子曰、邦有道、危言危行［一］。邦無道、危行言遜［二］。

子曰く、「邦に道有れば、言を危《はげ》しくし行《おこなひ》を危しくす［一］。邦に道無ければ、行を危しくし言は遜《したが》ふ(1)」と［二］。

孔子が言った、「邦《くに》に道が行われていれば、言葉を厳しくし行動を厳しくする。邦に道が行われていなければ、行動を厳しくして言葉は従順にする」と。

［集解］

［一］包咸《ほうかん》は、「危は、厲である。邦に道が行われていれば、言葉と言動を厳しくしてもよい」と解釈する。

［二］遜は、順である。行動を厳しくして俗流に従わず、言葉を従順にして害を遠ざけ

るのである。

（訳注）1「言は遜《したが》ふ」は、邢昺『論語注疏』によれば、言辞を従順にして、その時の害を避けること。

〔参校〕伊藤仁斎《いとうじんさい》『論語古義《ろんごこぎ》』は、「道が行われていないとき、行動は人に従うことはできないが、言葉はいささか舌鋒を収めて禍いを避けねばならない」と述べる。

05子曰、有徳者必有言〔一〕、有言者不必有徳。仁者必有勇、勇者不必有仁。

子曰く、「徳有る者は必ず言有り(1)〔一〕、言有る者は必ずしも徳有らず(2)。仁者は必ず勇有り(3)、勇者は必ずしも仁有らず(4)」と。

孔子が言った、「徳のある者は必ず言葉があるが、言葉がある者が必ずしも徳があるわけではない。仁者は必ず勇気があるが、勇者は必ずしも仁があるわけではない」と。

［集解］

［一］徳は心の中で推しはかって的中できるものではない。それゆえ必ず言葉があるのである。

（訳注）1「徳有る者は必ず言有り」は、徳を有していれば、その言葉が必ず中《あ》たること（皇侃『論語義疏』）。2「言有る者は必ずしも徳有らず」は、口達者で媚びへつらうものは、必ずしも徳を有するわけではないこと（邢昺『論語注疏』）。3「仁者は必ず勇有り」は、仁者は危うきを見ては命をかけ、身を殺して仁を成すものゆえ、必ず勇気があること（邢昺『論語注疏』）。4「勇者は必ずしも仁有らず」は、暴虎馮河《ぼうこひょうが》のような勇気には、必ずしも仁があるわけではないこと（邢昺『論語注疏』）。

06 南宮适[一]、問於孔子曰、羿善射、奡盪舟[二]、倶不得其死然[三]。禹・稷躬稼而有天下。夫子不荅[四]。南宮适出。子曰、君子哉、若人。尚徳哉、若人[五]。

南宮适(1)[一]、孔子に問ひて曰く、「羿(2)は射を善くし、奡(3)は舟を盪《うご》かすも[二]、倶に其の死の然るを得ず[三]。禹(4)・稷(5)は躬《みづか》ら稼して天下を有《たも》つ」と。夫子荅《こた》へず[四]。南宮适出づ。子曰く、「君子なるかな、若《かくのごと》き人。徳を尚ぶかな、若き人」と[五]。

南宮适《なんきゅうかつ》が、孔子に尋ねて言った、「羿《げい》は弓射を得意とし、奡《ごう》は（陸地で）舟を押し動かすほどでしたが、どちらもまっとうな死を迎えられませんでした。禹《う》と稷《しょく》は自ら耕作して天下を保有しました（先生もそのようになられるでしょう）」と。孔子は答えなかった。南宮适が退出した。孔子が言った、「君子だな、あのような者は。
徳を尊んでいるな、あのような者は」と。

［集解］

［一］孔安国は、「南宮适《なんきゅうかつ》は、南宮敬叔《なんきゅうけいしゅく》のことであり、魯の大夫である」と解釈する。

［二］孔安国は、「羿《げい》は、有窮国《ゆうきゅうこく》の君主である。夏王の相《しょう》[6]の位を簒奪した。臣下の寒浞《かんさく》[7]は羿を殺し、その妻を奪って奡《ごう》を生んだ。奡は力持ちで、陸地で舟を動かすことができた。夏王の少康《しょうこう》[8]に殺された」と。

［三］孔安国は、「この二者は、いずれも天寿を全うできなかった」と解釈する。

［四］馬融は、「禹《う》は水利灌漑に力を尽くし、稷《しょく》は色々な穀物を育成した。それゆえ自ら耕したというのである。禹はその身に及ぼし（て自ら天子となり）、稷は後世に及ぼし（て子孫にあたる周の文王・武王が天下を得）た[9]。どちらも王である。南宮适の意図は禹・稷を孔子に比定しようとすることにあった。孔子は謙遜した。それゆえ答えなかったのである」と解釈する。

［五］孔安国は、「不義を賎しんで有徳を貴ぶ。それゆえ君子というのである」と解釈する。

（訳注）1南宮适《なんきゅうかつ》は、孔子の弟子。南容《なんよう》のこと。先進篇第五章を参照。2羿《げい》は、夏《か》の有窮《ゆうきゅう》国の君。弓射に巧みであった。夏王の太康《たいこう》を放逐して夏を奪ったが、政治を顧みなかったため、臣下の寒浞《かんさく》に殺された（『春秋左氏伝』襄公 伝四年）。3奡《ごう》は、夏の人。羿を殺した寒浞《かんさく》の子。陸地で舟を押し動かすほどの力持ちであったが、夏王の少康に殺された（邢昺『論語注疏』）。4禹《う》は、伝説上の帝王。舜《しゅん》に命じられて治水を行い、農業などの産業を整備した。天下が安定すると、舜から禅譲《ぜんじょう》され、平陽《へいよう》に都を定めて夏を開いた（『史記』夏本紀）。5稷《しょく》は、姫《き》棄《き》のこと。周王朝の始祖とされる人物。母の姜嫄《きょうげん》が巨人の足跡を踏んで妊娠・出産したのち、これを不祥であると考えてかれを棄てたために「棄」と名付けられた。堯《ぎょう》の時代に農師となり、また舜《しゅん》の時代には后稷《こうしょく》（農事を掌る官）になったことから、后稷と呼ばれるようになった（『史記』周本紀）。6相《しょう》は、夏の第五代の王。斟灌《しんかん》・斟尋《しんじん》氏に庇護されていた。寒浞《かんさく》が斟灌・斟尋氏を滅ぼした際、併せて殺された（『春秋左氏伝』襄公 伝四年）。なお、羿に逐われたのは祖父の太康であり、相ではない。7寒浞は、羿の臣下。羿を狩猟に夢中にさせ、国政を掌握し、やがて羿を殺害した（『春秋左氏伝』襄公 伝四年）。8少康《しょうこう》は、夏の王。相の子。有窮の乱を平定して、夏の支配を建て直した（『史記』夏本紀）。9「禹は其の身に及ぼし、稷は後世に及ぼす」は、禹は自らが天子となり、稷は後裔にあたる周の文王・武王が

天下を得たことをいう（皇侃『論語義疏』）。

〔参校〕伊藤仁斎『論語古義』は、「南宮は、魯の卿《けい》で君主を差し置いて国を乱している家に生まれながら、その言葉がこの（本章の）とおりであったとすれば、孔門の教えを学び取るのが非常に優れていたのだ」と述べる。ちなみに、『春秋左氏伝』昭公 伝七年の杜預《どよ》注には、「説《えつ》・南宮敬叔・何忌《かき》・孟懿子《もういし》は、みな僖子《きし》の子である」とあり、三桓《さんかん》の孟孫《もうそん》氏の一族とされる。

07子曰、君子而不仁者有矣夫。未有小人而仁者也〔一〕。

子曰く、「君子にして不仁なる者（1）有らんかな。未だ小人にして仁なる者 有らざるなり」と〔一〕。

孔子が言った、「君子でありながら不仁である者はいるのだなあ。小人でありながら仁である者はまだいない」と。

〔集解〕

〔一〕孔安国は、「君子といわれるものであっても、なおいまだ仁を備えることができていない（者である）」と解釈する。

（訳注）1「君子にして不仁なる者」は、賢人より下の不仁の君子のことである（皇侃『論語義疏』）。

〔参校〕朱熹『論語集注』は、「君子は仁に志す。しかし、わずかな間でも、心がそこになければ、不仁であるのを免れない」と述べる。伊藤仁斎『論語古義』は、「君子は言うまでもなく仁者であるはずだが、一つでも人倫を害し、政事を妨げることがあれば、不仁となることから逃れられない。臧文仲《ぞうぶんちゅう》が六つの関所を廃止し、子産《しさん》が刑書を鼎《かなえ》に鋳《い》たことを理由に、孔子が二人を不仁と評したことこそ、これである」と解釈する。なお、臧文仲が関所を廃止した話柄は、『春秋左氏伝』文公 伝二年に、子産が刑書を鼎に鋳た話柄は、『春秋左氏伝』昭公 伝六年に見える。

08子曰、愛之、能勿労乎。忠焉、能勿誨乎〔一〕。

子曰く、「之を愛して、能く労《ねぎら》ふこと勿《な》からんや。焉《これ》に忠ありて、能く誨《をし》ふること勿からんや」と〔一〕。

孔子が言った、「人を愛して、（その人を）労わないことなどあろうか。人に真心を持ち、（その人を）教えないでいられようか」と。

[集解]

[一] 孔安国は、「人は愛すれば、必ずその人を労おうとし、真心を持てば、必ずその人を教えようとすることを言う」と解釈する。

09子曰、為命、卑諶草創之[一]、世叔討論之、行人子羽脩飾之、東里子産潤色之[二]。

子曰く、「命(1)を為《つく》るや、卑諶(2)之を草創し[一]、世叔(3)之を討論し、行人の子羽(4)之を脩飾し、東里の子産(5)之を潤色す」と[二]。

孔子が言った、「命(外交文書)を作るとき、卑諶《ひじん》がこれを起草し、世叔《せいしゅく》がこれを論評し、行人《こうじん》の子羽《しう》がこれを飾り立て、東里《とうり》の子産《しさん》がこれを美しく仕上げた」と。

[集解]

[一] 孔安国は、「卑諶は、鄭《てい》の大夫の名である。郊外で謀ればうまくいき、国内ではうまくいかなかった。鄭の国は諸侯と外交事があれば、(卑諶を)車に乗せて郊外に行き、思案させて会盟《かいめい》の文辞を作らせた」と解釈する。

[二] 馬融は、「世叔は、鄭の大夫の游吉《ゆうきつ》である。討は、治である。卑諶が思案し尽くすと、世叔がこれを整えて論評し、詳しく明らかにした。行人《こうじん》は、外交使者を掌る官で

ある。子羽は、公孫揮《こうそんき》である。子産は東里《とうり》におり、それにちなんで号とした。この四人の賢者を経て完成した。それゆえ失敗することが少なかったのである」と解釈する。

（訳注）1命《めい》は、会盟《かいめい》における政治文書（邢昺『論語注疏』）。いわゆる外交文書。2卑諶《ひじん》は、鄭《てい》の大夫。裨諶ともいう。謀を善くした。郊外で謀ればうまくいき、国内ではうまくいかなかった（『春秋左氏伝』襄公 伝三十一年）。3世叔《せいしゅく》は、鄭の大夫の游吉《ゆうきつ》。子大叔《したいしゅく》ともいう。子産の死後、鄭の宰相となった。当初は寛治《かんち》を行うも、盗賊が多く発生したため、猛政《もうせい》を行うように改めて、これを取り締まった（『春秋左氏伝』昭公 伝二十年）。4子羽《しう》は、鄭の大夫の公孫揮《こうそんき》。行人《こうじん》（外交官）をつとめた（『春秋左氏伝』襄公 伝三十一年）。5子産《しさん》は、公孫僑《こうそんきょう》のこと。鄭の宰相。子産は字。鄭の穆公《ぼくこう》の孫。伯有《はくゆう》の反乱が収束したあとの二十年間、国政を執る。優れた政治的手腕と識見をもって、強国の晉《しん》・楚《そ》にはさまれた鄭を戦禍から免れさせた。また、税制や田制を改革し、中国史上最初の成文法を制定し、法治主義による統治を実現したという（『史記』鄭世家）。

10或問子産。子曰、恵人也〔一〕。

或《ある》ひと子産を問ふ。子曰く、「恵人なり」と〔一〕。

ある人が子産《しさん》について尋ねた。孔子が言った、「人を愛する人物である」と。

［集解］

［一］孔安国は、「恵は、愛である。子産は、古人の愛の遺風《いふう》を持つ人である」と解釈する。

〔参校〕『春秋左氏伝』昭公 伝二十年に、「子産が卒するに及び、仲尼はこれを聞き、涙を流して、「古の遺愛《いあい》である」と言った。当該箇所の杜預注には、「子産は古人のように愛された人であった」とする。朱熹『論語集注』は、「子産の政治は寛容だけであったわけではない。ひとえに人を愛することを旨としていた。それゆえ孔子は恵人と評価した。その重要な点を挙げて言ったのである」と解釈する。

11問子西。曰、彼哉、彼哉〔一〕。

子西(1)を問ふ。曰く、「彼をや、彼をや」と〔一〕。

（ある人が）子西《しせい》について尋ねた。（孔子は）「あの人か、あの人か」と言った。

［集解］

［一］馬融は、「子西は、鄭《てい》の大夫《たいふ》である。彼をや、彼をやは、称するに足りないことを

いう」と解釈する。ある人は、「楚《そ》の令尹《れいいん》の子西のことである」と解釈する。

（訳注）１子西《しせい》は、公孫夏《こうそんか》のこと。祖父は鄭の穆公《ぼくこう》、父は子駟《しし》。前五五四年、子展《してん》（公孫舎之《こうそんしゃし》）とともに、当時、鄭で専横を振るっていた子孔《しこう》（公子嘉《こうしか》）を殺害して政権を掌握した（『春秋左氏伝』襄公 伝十九年）。また、ある説にいう令尹《れいいん》の子西は、楚の公子申《こうししん》。平王《へいおう》の庶弟。昭王《しょうおう》が孔子を楚に迎えようとしたときには、これを阻止した。前四七九年、呉にいた太子《たいし》建《けん》の子の勝《しょう》（白公）を呼び寄せ、呉との国境に住まわせたが、勝に反乱を起こされ、殺害された（『史記』楚世家、孔子世家、『春秋左氏伝』哀公 伝十六年）。

〔参校〕朱熹『論語集注』は、「子西は楚の公子申《こうししん》である。楚国を譲り、昭王を立てて、政治を改め正した。かれもまた賢大夫である。しかし、楚が王号を僭称《せんしょう》するのを改められなかった。昭王《しょうおう》が孔子を登用しようとしたときも、これを阻止した。その後は白公《はくこう》を召し、それによって禍乱を招いたのであるから、その人となりは分かろう。彼をやとは、問題外にする言い方である」と述べる。このように朱熹は、子西を楚の人と解釈している。

12問管仲。曰、人也〔一〕。奪伯氏駢邑三百。飯蔬食、没歯無怨言〔二〕。

管仲(1)を問ふ。曰く、「人なり〔一〕。伯氏(2)の駢邑三百を奪ふ。蔬食《そし》を飯《くら》ひ、歯《よはひ》を没するまで怨言無し」と［二］。

（ある人が）管仲《かんちゅう》について尋ねた。（孔子は）「この賢人である。伯氏《はくし》の駢邑《べんゆう》三百戸を奪った。（伯氏は）粗末な食事をする羽目になったが、死ぬまで怨みごとを言わなかった」と言った。

［集解］

［一］詩（『詩経《しきょう》』小雅《しょうが》 白駒《はくく》）の「この賢人」というような意味である。

［二］孔安国は、「伯氏《はくし》は、斉《せい》の大夫である。駢邑《べんゆう》は、地名である。歯《し》は、年である。伯氏の食邑は三百家あり、管仲はこれを剝奪した。（これにより伯氏は）粗末な食事をする羽目になったが、死ぬまで怨みごとを言わなかったのは、道理として当然であったからである」と解釈する。

（訳注）1管仲《かんちゅう》は、名を夷吾《いご》、字を仲といい、春秋斉《せい》の宰相。はじめ斉の公子糾《こうしきゅう》に仕えていたが、親友の鮑叔牙《ほうしゅくが》の推挙により桓公《かんこう》に用いられ、その宰相となった。商業を重視して国力を蓄えるとともに、国民を編成して兵力の強化につとめる富国強兵政策を推進し、その一方で、他の諸侯との同盟締結に努めた。これらの政策が奏功して斉は強国に成長し、諸侯の盟主に迎えられた桓公は、最初の覇者《はしゃ》となった（『史記』斉太公世家、管晏列伝）。2伯氏は、皇

侃『論語義疏』によれば、斉《せい》の大夫で、名は偃《えん》。駢邑《べんゆう》を食采としたが、罪を犯したため、管仲に三百家を剝奪された。

〔参校〕邢昺『論語注疏』および朱熹『論語集注』は、「或問子産」から「没歯無怨言」（本篇の第十章〜第十二章）までを一つの章とする。

13子曰、貧而無怨難、富而無驕易。

子曰く、「貧しくして怨むこと無きは難《かた》く、富みて驕《おご》ること無きは易し」と。

孔子が言った、「貧しくても怨まないことは難しく、豊かであっても驕らないことはやさしい」と。

〔集解〕なし

〔参校〕朱熹『論語集注』は、「貧しい状態に対応するのは難しく、富んだ状態に対応するのは容易なのは、人情の常である。しかし、人は困難に対して努力すべきだが、容易なところもゆるがせにすべきではない」と述べる。

14子曰、孟公綽為趙・魏老則優。不可以為藤・薛大夫也［一］。

子曰く、「孟公綽(1)趙(2)・魏(3)の老と為れば則ち優なり。以て藤(4)・薛(5)の大夫と為る可からざるなり」と[一]。

孔子が言った、「孟公綽《もうこうしゃく》は趙《ちょう》・魏《ぎ》の家老になれば余裕がある。藤《とう》・薛《せつ》の大夫になってはならない」と。

[集解]

[一] 孔安国は、「孟公綽は、魯の大夫である。趙・魏は、いずれも晋の卿である。その家臣を老と称する。孟公綽の性格は寡欲であり、趙・魏は賢者を貪欲に求め（て賢者が多くい）るので、家老の職務はない。それゆえ余裕がある。藤・薛は小国であり、大夫の職務は煩瑣である。それゆえ（大夫に）なってはならないのである」と解釈する。

（訳注）1孟公綽《もうこうしゃく》は、魯の大夫。『史記』仲尼弟子列伝では、孔子が尊び事えた人物の一人に挙げられる。2趙《ちょう》は、三晋《さんしん》の一。晋の文公《ぶんこう》の覇業を助けた趙衰《ちょうすい》の後裔で、春秋晋の六卿の一つであったが、国政を掌握して力を蓄え、やがて魏《ぎ》・韓《かん》とともに晋を三分した。前四〇三年、周王より独立を認められ、邯鄲《かんたん》に都を置いた。戦国時代には七雄の一つとなったが、前二二二年、秦に滅ぼされた（『史記』趙世家）。3魏は、三晋の一。晋の一族魏桓子《ぎかんし》が勢力を

蓄え、韓・趙とともに晋を三分し、前四〇三年、周王より独立を認められ、安邑《あんゆう》に都を置いた。戦国時代には七雄の一つとなったが、前二二五年、秦に滅ぼされた（『史記』魏世家）。4藤《とう》は、春秋時代の小国。周の文王の子の錯叔繡《さくしゅくしゅう》が封ぜられた。滕《とう》とも書く。杜預《どよ》によれば、沛国公丘県（山東省滕州市）の東南にあったという（『春秋左氏伝』隠公 経七年注）。5薛《せつ》は、春秋時代の小国。始祖とされる奚仲《けいちゅう》は、夏の車正《しゃせい》となり、車を造ったという（『春秋左氏伝』昭公 伝元年、『説文解字』車部）。

〔参校〕朱熹『論語集注』は、「大きな卿の家は、勢力は盛大だが諸侯のような仕事はない。その家老は声望こそ高いが官僚としての責務はない。……薛・滕は、国は小さいが政務は煩雑で、大夫は位が高く責務も重い。こうであるならば、公綽《こうしゃく》は清廉で寡欲であるが、能力としては劣った者であったのだろう」と解釈する。

15子路問成人。子曰、若臧武仲之智〔一〕、公綽之不欲〔二〕、卞荘子之勇〔三〕、冉求之藝、文之以礼楽〔四〕、亦可以為成人矣。曰、今之成人、何必然。見利思義〔五〕、見危授命、久要不忘平生之言、亦可以為成人矣〔六〕。

子路 成人(1)を問ふ。子曰く、「臧武仲(2)の智〔一〕、公綽の不欲〔二〕、卞荘子(3)の勇〔三〕、冉求の藝の若き、之を文《かざ》るに礼楽を以てせば［四］、亦た以て成人と為す可し」と。曰く、「今の成人は、何ぞ必ずしも然らん。利を見ては義を思ひ［五］、危ふきを見ては命を授け、久要は平生の言だに忘れざれば、亦た以て成人と為す可し」と［六］。

子路が成人について尋ねた。孔子が言った、「臧武仲《ぞうぶちゅう》の智、孟公綽《もうこうしゃく》の無欲、卞荘子《べんそうし》の勇、冉求《ぜんきゅう》の藝《げい》といったものは、これを礼楽で飾り立てれば、成人と見なすことができよう」と。（また孔子はこのような昔の成人に比べて）「今の成人は、必ずしもそうではない。利を見ては義を思い、危険を見てはその命を捧げ、古い約束は小さいころの言葉であっても忘れないのであれば、また成人と見なすことができる」と言った。

［集解］

［一］馬融は、「（臧武仲は）魯の大夫の臧孫紇《ぞうそんこつ》である」と解釈する。

［二］馬融は、「（公綽は）魯の大夫の孟公綽である」と解釈する。

［三］周生烈は、「（卞荘子は）卞邑《べんゆう》の大夫である」と解釈する。

［四］孔安国は、「礼楽を加えれば、文飾は完成する」と解釈する。

［五］馬融は、「義に適《かな》ってから取るのである。かりそめにも得るものではない」と解釈

する。

〔六〕孔安国は、「久要は、古い約束のことである。平生は、若いころというような意味である」と解釈する。

（訳注）1成人は、ここでは何らかの徳行を為した人物をいう（邢昺『論語注疏』）。2臧武仲《ぞうぶちゅう》は、魯の大夫。名は紇《こつ》。武仲は謚。魯の襄公《じょうこう》が諸侯とともに斉を討ち、季武子《きぶし》が斉より得た武器で林鍾《りんしょう》をつくると、非礼であると批判した（『春秋左氏伝』襄公 伝十四年）。3卞荘子《べんそうし》は、春秋時代の卞邑《べんゆう》の大夫。名は厳《げん》。『史記』張儀《ちょうぎ》列伝に見える縦横家の陳軫《ちんしん》の話によると、卞厳は二匹の虎を仕留めたことがあるという。

〔参校〕皇侃『論語義疏』は、臧武仲・孟公綽・卞荘子・冉求を古の成人と見なす。朱熹『論語集注』は、「成人」を「全人」、すなわち完全な人と解釈する。また、集注に引く胡寅《こいん》の説は、「今の成人」以下を子路の発言とする。

16子問公叔文子於公明賈曰、信乎、夫子不言、不笑、不取乎〔一〕。公明賈対曰、以告者過也。夫子時然後言、人不厭其言也。楽然後笑、人不厭其笑也。義然後取、人不厭其取也。子曰、其然。豈其然乎〔二〕。

子 公叔文子[1]を公明賈[2]に問ひて曰く、「信《まこと》なるか、夫子は言《ものい》はず、笑はず、取らず」と〔一〕。公明賈 対へて曰く、「以て告ぐる者の過ちなり。夫子は時ありて然る後に言ふも、人は其の言を厭《いと》はざるなり。楽しみて然る後に笑ふも、人は其の笑ひを厭はざるなり。義ありて然る後に取るも、人は其の取るを厭はざるなり」と。子曰く、「其れ然《しか》り。豈《あ》に其れ然らんや」と〔二〕。

孔子は公叔文子《こうしゅくぶんし》のことを公明賈《こうめいか》に尋ねて言った、「本当ですか、あの方は物言わず、笑わず、受け取らないというのは」と。公明賈が答えて言った、「それは（あなたに）告げた者の誤りです。あの方は時機が来てから話しますが、人はその言葉を嫌がりません。楽しくなってから笑いますが、人はその笑いを嫌がりません。義にかなってから受け取りますが、人はその受け取ったことを嫌がりません」と。孔子が言った、「そのとおりでしょう。そうでないことなどありましょうか」と。

〔集解〕

〔一〕孔安国は、「公叔文子は、衛《えい》の大夫の公孫抜《こうそんばつ》である。文は、諡《おくりな》である」と解釈する。

〔二〕馬融は、「（公叔文子が）道を得ている（ふるまいの）ことをほめ、すべての人々がそのようであれないことを嫌ったのである」と解釈する。

（訳注）１公叔文子《こうしゅくぶんし》は、衛の大夫の公孫抜《こうそんばつ》。献公《けんこう》の孫。卒したとき、子の戌《しゅつ》が衛君に諡《おくりな》を求めたところ、衛君は公叔文子が飢饉のときに民に粥《かゆ》を施した「恵」、国難の際に命を省みず君主を守った「貞」、政治を掌って国を辱めなかった「文」を評価して、恵貞文子《けいていぶんし》と呼ぶようにしたという（『礼記《らいき》』檀弓《だんぐう》篇下）。２公明賈《こうめいか》は、衛の人。皇侃『論語義疏』によれば、このとき、公叔文子に仕えていた人物という。

17子曰、臧武仲以防求為後於魯。雖曰不要君、吾不信也［一］。

子曰く、「臧武仲 防を以て後を魯に為《た》てんことを求む。君に要せずと曰ふと雖も、吾は信ぜざるなり」と［一］。

孔子が言った、「臧武仲《ぞうぶちゅう》は防《ぼう》に立てこもり後継を立てることを求めた。君主に強要していないと言ったところで、わたしは信じない」と。

［集解］

［一］孔安国は、「防は、臧武仲の故邑《こゆう》である。後を為すとは、後継を立てることである。魯の襄公《じょうこう》二十三年、臧武仲は孟氏（1）に謗られ、邾《ちゅ》に出奔した。邾から防に行き、臧為《ぞうい》（2）に大蔡《たいさい》（3）を（魯に）納めて（後継となることを）要請させて言った、「紇《わたくし》はあえて危害を加

えようとしたのではありません。智恵が足りなかったのです。あえて私的に請うたのではありません。いやしくも先祀を守り、（臧文仲《ぞうぶんちゅう》・臧宣叔《ぞうせんしゅく》の）二勲(4)を廃することがなければ、あえて邑を立ち去らないことなどありましょうか」と。そこで臧為《ぞうい》を立てた。臧孫紇《ぞうそんこつ》は防邑を返上して斉《せい》に出奔した。これがいわゆる君主に強要したということである」と解釈する。

（訳注）1孟氏は、三桓の一。孟荘子《もうそうし》と臧武仲《ぞうぶちゅう》には確執があり、孟荘子の死後、孟氏は季氏と共に臧武仲を排斥した（『春秋左氏伝』襄公 伝二十三年）。2臧為《ぞうい》は、臧宣叔《ぞうせんしゅく》の子。母は鋳《ちゅう》の人。異母弟の臧武仲（紇）が臧氏の後継となったため、同母兄弟の臧賈《ぞうか》とともに鋳で暮らしていた。臧武仲が邾《ちゅ》に出奔すると、臧為は魯に行き、後継として立てられた（『春秋左氏伝』襄公 伝二十三年）。3大蔡《たいさい》は、大亀のこと（皇侃『論語義疏』）。『経典釈文《けいてんしゃくもん》』巻十八によれば、亀は蔡の地に産出することから、それにちなんで名としたという。4二勲は、臧文仲《ぞうぶんちゅう》と臧《ぞう》宣叔《せんしゅく》のこと（邢昺『論語注疏』）。臧文仲は、魯の大夫。名は辰《しん》。荘公《そうこう》から僖公《きこう》にかけて外交的に活躍した（『史記』魯周公世家）。臧宣叔は、臧文仲の子。名は許《きょ》。斉・楚の侵入に備えて、魯の城郭を修治し守備を固めた（『春秋左氏伝』成公 伝元年）。

18子曰、晉文公譎而不正[一]。斉桓公正而不譎[二]。

子曰く、「晉の文公は譎《いつは》りて正しからず[一]。斉の桓公は正しくして譎らず」と[二]。

孔子が言った、「晉《しん》の文公《ぶんこう》は詐《いつわ》って正しくなかった。斉《せい》の桓公《かんこう》は正しくて詐らなかった」と。

［集解］

［一］鄭玄は、「譎とは、詐《いつわり》である。天子を召して諸侯に朝見させたことをいう。仲尼《ちゅうじ》は、「臣下の立場で君主を召すことは、手本にしてはならない」と言った。それゆえ（『春秋経』僖公《きこう》二十八年に）「（周王は晉の文公に呼びつけられたのに）天王は河陽《かよう》で狩猟を行った」と記すのである。これが偽って正しくないということである」と解釈する。

［二］馬融は、「（斉の桓公は）公義によって楚《そ》を伐ち、苞茅《ほうぼう》(3)の貢物を納入しなかったことを責め、（周の）昭王《しょうおう》(4)が南征して帰還しなかったことを問責した。これが正しくて許らないということである」と解釈する。

（訳注）1文公《ぶんこう》は、春秋時代の晉《しん》の君主。献公《けんこう》の子で、名は重耳。驪姫《りき》の乱がおこると讒言《ざんげん》をうけて出奔し、ようやく帰還したときはすでに六十二歳であった。そののち、国力を強め二人目の覇者《はしゃ》となった（『史記』晉世家）。2桓公《かんこう》は、春秋時代の斉《せい》の君主（位、前六八五年～前

六四三年）。名は小伯《しょうはく》。釐公《りこう》（僖公）の子、襄公《じょうこう》の弟。襄公の死後、異母兄弟の糾《きゅう》と位を争い、勝って即位すると、糾の臣であった管仲《かんちゅう》を宰相に迎え、その富国強兵策を実施して斉を強国にした。また対外的には諸侯と会盟《かいめい》して盟主となり、周王をたすけて夷狄《いてき》の侵入を退けるなど強い政治力を発揮し、春秋最初の覇者の地位を確立した（『史記』斉太公世家）。3苞《ほう》茅《ぼう》は、束ねた茅《ちがや》。包茅ともいう。『春秋左氏伝』僖公《きこう》 伝四年の杜預《どよ》注によれば、茅《ちがや》を束ねてそこに酒を注ぎ、漉《こ》すためのものである。4昭王《しょうおう》は、姫瑕《きか》。周の第四代の王。康王《こうおう》の子。南方に巡守したが、帰還することなく、長江のほとりで亡くなった。一説には、漢水《かんすい》を渡るとき、河畔の人が偽って膠《にかわ》を張った船を進めたので、中流に至って船が溶け、溺死したという（『史記』周本紀）。

〔参校〕晋の文公に関しては、『春秋左氏伝』僖公《きこう》 伝二十八年に、晋の文公が温《おん》の地で会盟を開き、服従しない諸侯（衛・許）を討伐しようとした。この会盟に文公は周の襄王《じょうおう》を招き、諸侯とともに拝謁して、襄王に狩猟を行うよう勧めた。孔子はこれを批判したのである。経文に「天王 河陽に狩す」と記すのは、そこが狩猟を行う場所ではないことを示し、かつ文公の（勤王の）徳を示したものとする。斉の桓公に関しては、『春秋左氏伝』僖公 伝四年に、斉が楚に侵攻した際、楚の成王《せいおう》がその理由を問うと、管仲は、楚が苞茅を貢納していないこと、かつて周の昭王が南方に巡狩して帰らなかったことを問責した、とある。朱熹『論語集注』は、「桓公は楚を討伐するのに、義に則って相手の非を鳴らし、詐術によらなかった。桓公の方が文公よりもまだ善と言える。文公は衛を討伐して楚をおびき出し、陰謀によって（城濮《じょうぼく》の戦いで）勝利を得た。詐《いつわ》ること甚だしいものである。二君の他の事跡もこれに類するものである。それゆえ孔子はこう言って隠れた内面を明らかにした」と解釈する。

19 子路曰、桓公殺公子糾、召忽死之、管仲不死。曰、未仁乎〔一〕。子曰、桓公九合諸侯、不以兵車、管仲之力也。如其仁、如其仁〔二〕。

子路曰く、「桓公 公子糾[1]を殺し、召忽[2] 之に死するも、管仲 死せず」と。曰く、「未だ仁ならざるか」と〔一〕。子曰く、「桓公 諸侯を九合するに、兵車を以てせざるは、管仲の力なり。其の仁に如《し》かんや、其の仁に如かんや」と〔二〕。

子路が言った、「桓公《かんこう》は公子糾《こうしきゅう》を殺し、召忽《しょうこつ》はこれに殉死しましたが、管仲《かんちゅう》は死にませんでした」と。（また子路は）「（管仲は）仁ではないのでしょうか」と言った。孔子が言った、「桓公が諸侯をしばしば集めて会合した際、武力に依らなかったのは、管仲の力である。（いったい誰が）管仲の仁に及ぶだろうか、管仲の仁に及ぶだろうか」と。

［集解］

［一］孔安国は、「斉《せい》の襄公《じょうこう》[3]は即位したが（政令に）一定したものがなかった。鮑叔牙《ほうしゅくが》[4]は、「主君は民を使役するのに驕慢《きょうまん》である。乱は今にも起こるであろう」と言った。（鮑叔牙は）公子小白《こうししょうはく》を奉じて、莒《きょ》に出奔した。襄公の従弟の公孫無知《こうそんむち》[5]が襄公を殺すと、管夷吾《かんいご》と召忽《しょうこつ》は公子糾《こうしきゅう》を奉じて魯に出奔した。斉人《せいひと》は無知を殺した。魯は斉を伐ち、公子糾を納れようとした。小白は莒から先に（斉に）入った。これが桓公である。そこで公子糾を殺し、召忽は殉死した」と解釈する。

［二］孔安国は、「いったい誰が管仲の仁に及ぶだろうか」と解釈する。

（訳注）1公子糾《こうしきゅう》は、斉《せい》の人。小白《しょうはく》（桓公）の異母兄弟。国内で公孫無知《こうそんむち》の乱が起こると、魯に亡命した。無知の死後、小白と君主の座を争うも敗れ、再び魯に逃れたが、斉から圧力をかけられ、魯人《ろひと》に処刑された（『史記』斉太公世家）。2召忽《しょうこつ》は、斉の人。公子糾の傅《ふ》として、管仲とともに桓公と戦ったが敗れ、自殺した（『史記』斉太公世家）。3襄公《じょうこう》は、斉の君主。釐公《りこう》（僖公）の子、諱は諸児《しょげい》。紀《き》を併呑し、亡命してきた衛《えい》の恵公《けいこう》を復位させる一方、魯の桓公に嫁いだ妹の文姜《ぶんきょう》とたびたび密通し、それを追及されて桓公を殺害するなど、暴虐荒

淫な人物でもあった。従兄弟の公孫無知に反乱を起こされ、殺された（『史記』斉太公世家）。4鮑叔牙《ほうしゅくが》は、斉の人。桓公が即位すると、親友の管仲を強く推挙して、斉の宰相とさせた。天下の人々は管仲の賢能よりも、管仲の能力を見抜いた鮑叔牙を高く評価したという（『史記』管晏列伝）。5公孫無知《こうそんむち》は、斉の人。伯父の釐公《りこう》（僖公）に寵愛され、従兄弟の太子諸児《しょげい》（襄公）と同じ待遇を与えられた。襄公が即位すると冷遇されたため、これを殺害して斉君となったが、大夫の雍廩《ようりん》に殺された（『春秋左氏伝』荘公 伝八年・伝九年、『史記』斉太公世家）。

〔参校〕朱熹『論語集注』は、「九」を「糾」として、「督」の意味とする。また、「（その仁に及ぶだろうかと）繰り返し言っているのは、これを深く認めているのである。管仲は仁者たりえていなかったが、その恩沢が人々に及んだことからすれば、仁の功績があった」と述べる。

20子貢曰、管仲非仁者与。桓公殺公子糾、不能死、又相之。子曰、管仲相桓公、覇諸侯、一匡天下〔一〕。民到于今受其賜〔二〕。微管仲、吾其被髪左衽矣〔三〕。豈若匹夫・匹婦之為諒也、自経於溝瀆、而莫之知也〔四〕。

子貢曰く、「管仲は仁者に非ざるか。桓公 公子糾を殺すも、死する能はず、又 之を相《たす》く」と。子曰く、「管仲 桓公を相けて、諸侯に覇《は》たらしめ、天下を一匡す[一]。民 今に到るまで其の賜《し》を受く[二]。管仲 微《な》かりせば、吾は其れ髪を被り衽《じん》を左にせん[三]。豈《あ》に匹夫・匹婦の諒《まこと》を為すや、(1)自ら溝瀆に経《くび》れて、之を知るもの莫きが若《ごと》くならんや」と[四]。

子貢《しこう》が言った、「管仲《かんちゅう》は仁者ではないのですか。桓公《かんこう》は公子糾《こうしきゅう》を殺しましたが、(管仲は)死ぬこともできず、それどころかこれを輔佐しました」と。孔子が言った、「管仲は桓公を輔佐して、諸侯の覇者にし、天下を一つに正し治めた。民は今に到るまでその恩恵を受けている。諸侯がいなかったら、わたしは(夷狄《いてき》のように)ざんばら髪にして衽《えり》を左前にしていたであろう。つまらぬ夫婦が信義を立て、自ら溝の中で首を括《くく》って死に、これを知るものがいないようなこととどうして同じにできようか」と[四]。

[集解]

[一] 馬融は、「匡《きょう》は、正である。天子は微弱であり、桓公は諸侯を率いて周室を尊重し、天下を一つに正し治めた」と解釈する。

[二] 其の賜を受くとは、ざんばら髪にして衽《えり》を左前にしなくてよい恩恵をいう。

［三］馬融は、「微は、無である。管仲がいなかったら、君主は君主らしくなく、臣下は臣下らしくなくなり、みな夷狄《いてき》となっていた」と解釈する。

［四］王粛は、「経は、みぞの中で首を括《くく》って死ぬことである。管仲と召忽《しょうこつ》は公子糾《こうしきゅう》に対して、君臣の義がまだ正しく成立していなかった。それゆえ公子糾のために死んだとて、深く誉《ほ》め称《たた》えるには足りず、死なかったとて、ひどく非難するには足りない。死ぬことはもとより難しく、また甚だ厚いことである。それゆえ仲尼はただ管仲の功績をほめるだけで、召忽が本来死ぬべきではなかったことを言わないのである」と解釈する。

（訳注）１「匹夫・匹婦の諒を為す」について、諒は、信の意味。匹夫匹婦には大徳がなく、些《さ》細《さい》な信義を守って、その宜《よろ》しきに則《のっと》ること（皇侃『論語義疏』）。

〔参校〕伊藤仁斎『論語古義』は、「『管子《かんし》』・『荘子《そうじ》』・『荀子《じゅんし》』・『韓非子《かんぴし》』・『越絶書《えつぜつしょ》』などの書は、いずれも公子糾を兄とし、桓公を弟とする。それならば、これは弟が兄を殺したのであり、甚だしい不義である。管仲もまた不義に与《くみ》した罪を免れまい。……『春秋』の義に、「子は母を以て貴し」とあり、嫡庶《てきしょ》の別は非常に厳格であるが、庶出の中では兄弟の義を論じない。ましてや管仲は公子糾に心を尽くすも、運も力も窮まって魯の地で捕らえられた。しかし、仇敵に仕えることも辞さず、桓公の事業を成就させた。これこそ孔子が管仲の非を言わなかった理由である」と説く。荻生徂徠『論語徴』は、「孔子は桓公を仁とせず、管仲のみを仁としたことから、桓公の罪が分かる。しかし、管仲が桓公に遇わなかったならば、世を救い民を安んずるという功績は、どうして天下は後世に被ることができたであろうか。このことから管仲を咎《とが》めるべきではない。しかも、管仲の前に覇者はおらず、覇者は管仲から始まる。まさに豪傑の士ではないか」と述べている。

21 公叔文子之臣大夫僎、与文子同升諸公〔一〕。子聞之曰、可以為文矣〔二〕。子曰衛霊公之無道也。康子曰、夫如是、奚而不喪。孔子曰、仲叔圉治賓客、祝鮀治宗廟、王孫賈治軍旅。夫如是、奚其喪〔三〕。

公叔文子の臣たる大夫僎(1)、文子と同《とも》に公に升る〔一〕。子之を聞きて曰く、「以て文と為す可し」と〔二〕。子 衛の霊公(2)の無道なるを曰ふ。康子曰く、「夫れ是《かく》の如《ごと》くんば、奚《なん》ぞ喪《ほろ》びざる」と。孔子曰く、「仲叔圉(3)は賓客を治め、祝鮀(4)は宗廟を治め、王孫賈(5)は軍旅を治む。夫れ是の如くんば、奚ぞ其れ喪びん」と〔三〕。

公叔文子《こうしゅくぶんし》の臣である大夫僎《せん》は、公叔文子とともに公朝《こうちょう》（朝廷）に昇った。孔子はこれを聞いて言った、「それをもって文と言える」と。孔子は衛《えい》の霊公《れいこう》の無道について語った。季康子《きこうし》が言った、「そのとおりであれば、どうして（衛は）滅びないのか」と。孔子が言った、「仲叔圉《ちゅうしゅくぎょ》が使節を応対し、祝鮀《しゅくた》が宗廟《そうびょう》（の祭祀）をまとめ、王孫賈《おうそんか》が軍隊を指揮しております。このとおりですから、どうして滅びましょうか」と。

［集解］

［一］孔安国は、「大夫僎は、もとは公叔文子の家臣である。これを推薦して、自分と並んで大夫にさせ、一緒に昇って公朝にいたのである」と解釈する。

［二］孔安国は、「行動がこのとおりであれば、謚《おくりな》を贈って文というべきである」と解釈する。

［三］孔安国は、「言いたいことは君主が無道であっても、任命した者が、それぞれ才能に適っていれば、どうして滅びようかということである」と解釈する。

（訳注）1僎《せん》は、衛の人。皇侃『論語義疏』によれば、才徳を有していたため、公叔文子《こうしゅくぶんし》が自分の家臣とせず、霊公《れいこう》に推薦した。これにより大夫に取りたてられたという。2霊公は、春秋時代の衛《えい》の君主。名は元《げん》。孔子を招いて軍事をたずね、お門違いと退けられた故事で

有名である。暗君ではあったが、それを支える臣が優秀であったため、国は保たれたという（『史記』衛康叔世家）。3仲叔圉《ちゅうしゅくぎょ》は、衛の大夫の孔圉《こうぎょ》。謚《おくりな》は文といい、孔文子《こうぶんし》とも称される。利発で学問を好み、目下の者に教えを請うのを恥としなかったため、孔子から賞賛された（『論語』公冶長《こうやちょう》篇、『春秋左氏伝』哀公 伝十一・伝十五年）。4祝鮀《しゅくた》は、衛の大祝《たいしゅく》。字は子魚《しぎょ》。『春秋左氏伝』では祝佗につくる。弁才があり、召陵《しょうりょう》での会盟の際、衛の席次が蔡《さい》より低かったため、衛のために弁じてこれを入れ替えさせ、国の面目を保った（『春秋左氏伝』定公 伝四年）。5王孫賈《おうそんか》は、衛の大夫。霊公に仕えた。孔子が霊公と夫人の南子《なんし》に謁見し、王孫賈と会談をしないので、無能な主君より実力者の自分と語らうよう求めたが、孔子にその非を正された（『論語』八佾《はちいつ》篇）。皇侃『論語義疏』によれば、周の霊王の孫とされる。

22子曰、其言之不怍、則其為之難也[一]。

子曰く、「其れ之を言ふは怍《は》ぢざるも、則ち其れ之を為すは難《かた》きなり」と[一]。

孔子が言った、「言葉に出すのは恥ずかしくないが、（そのための実を）積むことが難しい」と。

[集解]

〔一〕馬融は、「怍は、慙《はじ》である。内に実質があれば、これを言葉に出しても恥じない。実質を積む、それを行うことが非常に難しい」と。

〔参校〕朱熹『論語集注』は、「大言して恥じないというのは、必ず行おうという志がなく、自分ができるか否かを測らないということである。自分の言ったことを実行しようとする場合、困難でないことがあろうか」と解釈する。

23陳成子殺簡公。孔子沐浴而朝、告於哀公曰、陳恒殺其君。請討之〔一〕。公曰、告夫二三子〔二〕。孔子曰、以吾従大夫之後、不敢不告也。君曰、告夫二三子者〔三〕。之二三子告、不可。孔子曰、以吾従大夫之後、不敢不告〔四〕。

陳成子(1) 簡公(2)を殺す。孔子 沐浴して朝し、哀公に告げて曰く、「陳恒 其の君を殺せり。請ふ之を討たんことを」と〔一〕。公曰く、「夫の二三子に告げよ」と〔二〕。孔子曰く、「吾 大夫の後《しりへ》に従ふを以て、敢《あへ》て告げずんばあらざるなり」と。君曰く、「夫の二三子の者に告げよ」と〔三〕。二三子に之《ゆ》きて告ぐるも、不可とす。孔子曰く、「吾 大夫の後に従ふを以て、敢て告げずんばあらず」と〔四〕。

　陳成子《ちんせいし》が（斉の）簡公《かんこう》を殺害した。孔子は沐浴《もくよく》して朝見し、哀公《あいこう》に告げた、「陳恒《ちんこう》が君主を殺害しました。どうかこれを討伐なされますよう」と。哀公が言った、「あの三卿《さんけい》に告げよ」と。孔子が言った、「わたしは大夫の末席に列なることから、あえて告げずにはおれなかった。わが君は、「あの三卿に告げよ」とおっしゃったのだ」と。三卿のところに行って告げたが、断られた。孔子が言った、「わたしは大夫の末席に列なることから、あえて告げずにはおれなかった」と。

［集解］

［一］馬融は、「陳成子《ちんせいし》は、斉の大夫の陳恒《ちんこう》である。（孔子は）君主に申し上げようとした。そのゆえまず斎《ものいみ》した。斎する際には必ず沐浴《もくよく》するのである」と解釈する。

［二］孔安国は、「三卿《さんけい》（三桓）(3)をいう」と解釈する。

［三］馬融は、「わたし（孔子）は礼に基づいて君主に告げるべきであって、三卿に告げるべきではない。君主はわたしを（三卿のもとに）行かせた。それゆえ再び行ったのである」と解釈する。

［四］馬融は、「孔子は君命により、三卿のもとに行って告げたが、断られた。そのゆえこの辞を語ってやめたのである」と解釈する。

（訳注）1陳成子《ちんせいし》は、斉《せい》の大夫の陳恒《ちんこう》。『史記』では田常《でんじょう》と記される。成子は謚。闞止《かんし》（『史記』

では監止）とともに簡公《かんこう》に仕えたが、闞止が寵愛を頼んで陳恒を逐おうとすると、闞止を殺し、簡公を弑殺して平公《へいこう》を擁立、自らは宰相となって政治を壟断《ろうだん》した（『春秋左氏伝』哀公 伝十四年、『史記』田敬仲完世家）。2簡公《かんこう》は、斉の君主（在、前四八五〜前四八一年）。諱は壬《じん》。父の悼公《とうこう》とともに魯にいたが、悼公の死後、斉人《せいひと》に擁立されて即位した。闞止（監止）を寵愛して政治を執らせるも、闞止と仲の悪い陳恒に、闞止ともども殺害された（『春秋左氏伝』哀公 伝十四年、『史記』斉太公世家）。3三卿は、仲孫《ちゅうそん》・叔孫《しゅくそん》・季孫《きそん》のこと（皇侃『論語義疏』）。三桓をいう。

〔参校〕朱熹『論語集注』は、「このとき孔子はすでに致仕《ちし》して魯にいた。斎戒沐浴《さいかいもくよく》して君主に告げたのは、この事件を重視してゆるがせにしなかったからである。臣下が君主を弑殺《しいさつ》するのは、人倫の大変であり、天理の許容しないものゆえ、人々はこれを誅することができる。ましてや隣国は言うまでもない。それゆえ孔子は老齢で引退していたが、哀公にこれを伐つよう請うたのである」と解釈する。

24子路問事君。子曰、勿欺也。而犯之〔二〕。

子路 君に事《つか》ふるを問ふ。子曰く、「欺《あざむ》くこと勿かれ。而して之を犯せ」と〔一〕。

子路が君主に仕えることについて尋ねた。孔子が言った、「欺いてはならない。そして面と向かって諫めよ」と。

〔集解〕

〔一〕孔安国は、「君主に仕える道は、義として欺いてはならない。面と向かって諫めるべきである」と解釈する。

〔参校〕朱熹『論語集注』に引く范祖禹《はんそう》の説は、「面と向かって言うことは子路にとって難しいことではなく、欺かない方が難しかった。それゆえ孔子は欺かないことを先に述べ、面と向かって言うことを後にしたのである」と解釈する。

25子曰、君子上達、小人下達〔一〕。

子曰く、「君子は上達し、小人は下達す」と〔一〕。

孔子が言った、「君子は根本に通達し、小人は末節に通達する」と。

〔集解〕

〔一〕根本を上とし、末節を下とする。

〔参校〕上達・下達について、皇侃『論語義疏』は、それぞれ仁義・財利に通達することとし、邢昺『論語注疏』は、徳義・財利に通達することと解する。朱熹『論語集注』は、「君子は天理に循《したが》うため、日々高明に進む。小人は人欲に従うため、日々暗愚下等に陥っていく」と説く。伊藤仁斎『論語古義』は、上を「道徳仁義」、下を「流俗鄙賤《りゅうぞくひせん》の事（俗世間のつまらぬ習わし）」の意味に取る。

26子曰、古之学者為己、今之学者為人也［一］。

子曰く、「古の学者は己の為にし、今の学者は人の為にするなり」と［一］。

孔子が言った、「昔の学者は自分のために学問し、今の学者は人のために学問する」と。

［集解］

［一］孔安国は、「自分のためにするとは、履行《りこう》することである。人のためにするとは、単にこれを言えるというだけである」と解釈する。

〔参校〕朱熹『論語集注』に引く程頤《ていい》の説は、「自分のためにするとは、自分のものにしようと望むことである。人のためにするとは、人に知られようと望むことである」と解釈する。伊藤仁斎『論語古義』は、「自分のために学問する者は、必ず他人をも完成させることができる。……名誉を求め、多きを誇り、華やかさを競って、自己の心身に力を入れることを知らない者は、自分を完成させることはできない。それでどうして他人を完成させられようか。時には他人の益になるようなことがあったとしても、自分のためにするという効果はない」と述べる。荻生徂徠『論語徴』は、「君子は詩書礼楽《ししょれいがく》を学んで徳を完成させる。小人はただ人のために口で言うだけである」と解釈する。

27蘧伯玉使人於孔子。孔子与之坐而問焉〔一〕。曰、夫子何為。対曰、夫子欲寡其過、而未能也〔二〕。使者出。子曰、使乎、使乎〔三〕。

蘧伯玉 人を孔子に使はす。孔子 之と坐して問ふ〔一〕。曰く、「夫子（1）何をか為す」と。対へて曰く、「夫子は其の過ちを寡《すくな》くせんと欲すれども、未だ能《あた》はざるなり」と〔二〕。使者出づ。子曰く、「使《つか》ひなるかな、使ひなるかな」と〔三〕。

蘧伯玉《きょはくぎょく》は人を孔子のもとに派遣した。孔子はこの使者と坐して質問した。「あの方（蘧伯玉）は何をしておられますか」と。（使者は）答えて言った、「あの方は過ちを少なくしようとしていますが、まだできておりません」と。使者は退出した。孔子が言った、「（立派な）使者であるなあ、（立派な）使者であるなあ」と。

［集解］

［一］孔安国は、「蘧伯玉は、衛の大夫の蘧瑗《きょえん》である」と解釈する。

［二］夫子《ふうし》（蘧伯玉）は自分の過ちを少なくしようとしたが、いまだ過ちをなくせていないことをいう。

［三］陳羣《ちんぐん》は、「使ひなるかなと繰り返し言っているのは、これを褒めたからである。使者が適切な人物であったことをいう」と解釈する。

〔訳注〕1夫子とは、ここでは蘧伯玉《きょはくぎょく》を指す（邢昺『論語注疏』）。

〔参校〕朱熹『論語集注』は、「使者が、「過ちを少なくしようとしても、まだできておりません」と解釈することから、蘧伯玉が自らを省みて私欲に打ち勝とうとして、常にそれを成し得ぬという気持ちを持っていたことが分かる。使者の言葉が謙譲であればあるほど、その主人の賢がますます現れている。このことからもまた、使者が深く君子（蘧伯玉）の心を理解しており、使者としての言葉遣いに長じていたということができる」と述べている。


28子曰、不在其位、不謀其政。

子曰く、「其の位に在らざれば、其の政を謀らず」と。

孔子が言った、「その地位にいるのでなければ、その職務に口を出さない」と。

［集解］なし

〔参校〕本章は、泰伯篇第十四章に重出。皇侃『論語義疏』および邢昺『論語注疏』は、次章と合わせて一つの章とする。

29曾子曰、君子思不出其位〔一〕。

曾子曰く、「君子は思ふこと其の位を出でず」と〔一〕。

曾子《そうし》が言った、「君子は思慮がその職位を越えない」と。

［集解］

〔一〕孔安国は、「その職位を越えない」と解釈する。

30子曰、君子恥其言之過其行也。

子曰く、「君子は其の言の其の行《おこなひ》に過ぐるを恥づるなり」と。

孔子が言った、「君子は言葉が行動よりも過大であることを恥じるものである」と。

［集解］なし

〔参校〕朱熹『論語集注』は、「君子は其の言を恥ぢて其の行を過ごす」と読む。また、「恥」は、あえて言い尽くさないという意であり、「過」は、少しでも多く行おうとする語であると解釈する。

31子曰、君子道者三、我無能焉。仁者不憂、智者不惑、勇者不懼。子貢曰、夫子自導也。子貢方人〔一〕。子曰、賜也賢乎。夫我則不暇〔二〕。

子曰く、「君子の道とする者は三あるも、我 能くすること無し。仁者は憂へず、智者は惑はず、勇者は懼れず」と。子貢曰く、「夫子 自ら導くなり」と。子貢 人を方《くら》ぶ〔一〕。子曰く、「賜や賢なるかな。夫れ我は則ち暇《いとま》あらず」と〔二〕。

孔子が言った、「君子が道とするものは三つあるが、わたしにはできない。仁者は憂えることなく、智者は惑い乱れず、勇者は懼れない」と。子貢が言った、「先生はご自身で導かれております」と。子貢が人を比較した。孔子が言った、「賜《し》（子貢）は賢いな。わたしにはそんな暇はない」と。

〔集解〕

〔一〕孔安国は、「人を比較することである」と解釈する。

［二］孔安国は、「人を比較している暇はないのである」と解釈する。

〔参校〕子罕篇第二十九章に、「子曰く、「知者は惑はず、仁者は憂へず、勇者は懼れず」と」とあり、挙げる順序は異なるが、同一の内容を述べている。皇侃『論語義疏』は、「子曰、賜也賢乎」以下を次章とし、邢昺『論語注疏』および朱熹『論語集注』は、「子貢方人」以下を次章とする。また、『論語集注』は、「夫子 自ら道《い》ふなり（夫子自道也）」と読み、謙辞のようなものとする。

32子曰、不患人之不己知、患己無能也［一］。

子曰く、「人の己を知らざるを患《うれ》へず、己の能くする無きを患ふるなり」と［一］。

孔子が言った、「人が自分を知ってくれないことを憂えるのではなく、自分ができないことを憂えるのだ」と。

〔集解〕

［一］王粛は、「ただ自分ができないことを憂えるだけである」と解釈する。

〔参校〕本章の内容に類似するものとして、学而篇第十六章に、「子曰く、「人の己を知らざるを患へず、己の患人を知らざるを患ふるなり」と」とあり、里仁篇第十四章に、「子曰く、「位無きを患へず、立つ所以を患ふ。己を知ること莫きを患へず、知らる可きことを為すを求むるなり」と」とあり、衛霊公篇第十七章に、「子曰く、「君子は能無きを病む。人の己を知らざるを病まざるなり」と」とある。

33子曰、不逆詐、不億不信。抑亦先覚者、是賢乎［一］。
子曰く、「詐りを逆《むか》へず、不信を億《はか》らず。抑《そもそも》亦た先《ま》づ覚《さと》る者は、是れ賢か」と［一］。
孔子が言った、「だまされるのではないかと事前に計らず、信用ならないと推量しない。それでいて先に気づく者は、賢人であろうか」と。

［集解］
［一］孔安国は、「先に人の感情に気づく者は、どうして賢とすることができようか。時にはかえって人から怨まれることもあろう」と解釈する。
〔参校〕朱熹『論語集注』は、「ことさら予防したり予測しようとしなくても、人の真偽について、自然にあらかじめ覚ることが賢である」と解釈する。

34微生畝謂孔子曰、丘何為是栖栖者与。無乃為佞乎［一］。孔子対曰、非敢為佞也。疾固也〔二〕。

微生畝　孔子に謂ひて曰く、「丘　何為《なんす》れぞ是れ栖栖《せいせい》たる者ぞ。乃ち佞を為すこと無からんや」と〔一〕。孔子　対へて曰く、「敢て佞を為すに非ざるなり。固を疾《にく》めばなり」と〔二〕。

微生畝《びせいほ》が孔子に言った、「孔丘はどうしてそんなに忙しいのか。口才を振るっているのではないのか」と。孔子が答えて言った、「あえて口才を振るっているのではありません。固陋《ころう》を憎んで（人を教化しようとして）いるのです」と。

〔集解〕

〔一〕包咸は、「微生は、姓である。畝は、名である」と解釈する。

〔二〕包咸は、「世の固陋を憎み、道を踏み行って人を教化しようとしたのである」と解釈する。

〔参校〕朱熹『論語集注』は、「微生畝は孔子を諱《いみな》（の丘）で呼び、言葉遣いは非常に傲慢である。やはり年齢も高く徳のあるとされた隠者《いんじゃ》であろう」と述べる。

35子曰、驥不称其力、称其徳也〔一〕。

子曰く、「驥は其の力を称せず、其の徳を称せらるるなり」と〔一〕。

孔子が言った、「驥《き》はその能力を称《たた》えられるのではなく、その徳を称えられるのである」と。

［集解］

〔一〕鄭玄は、「徳とは、（馬の）乗り心地がよいという徳のことである」と解釈する。

36或曰、以徳報怨、何如。子曰、何以報徳〔一〕。以直報怨、以徳報徳。

或ひと曰く、「徳を以て怨みに報いるは、何如《いかん》」と。子曰く、「何を以てか徳に報いん〔一〕。直を以て怨みに報い、徳を以て徳に報ゆ」と。

ある人が言った、「徳をもって怨みに報いるのは、どうでしょうか」と。孔子が言った、「どのように徳に報いるのか。正直《せいちょく》により怨みに報い、徳により徳に報いる」と。

［集解］

〔一〕徳は、恩恵の徳である。

〔参校〕『老子』第六十三章には、「大小も多少も、怨みに報ゆるに徳を以てす」とある。朱熹

『論語集注』は、「怨む相手に対しては、愛憎や取捨をひたすら公正無私の心でするのが、ここでいう「直」である。恩恵をもたらしてくれる者に対しては、必ず恩恵で報い、忘れるべきではない」と解釈する。

37子曰、莫我知也夫。子貢曰、何為其莫知子也〔一〕。子曰、不怨天、不尤人〔二〕、下学而上達〔三〕。知我者其天乎〔四〕。

子曰く、「我を知るもの莫きかな」と。子貢曰く、「何為《なんす》れぞ其れ子《し》を知るもの莫きや」と〔一〕。子曰く、「天を怨まず、人を尤《とが》めず〔二〕、下学して上達す〔三〕。我を知る者は其れ天か」と〔四〕。

孔子が言った、「わたしを理解してくれる者がいないな」と。子貢《しこう》が言った、「どうして先生を理解する者がいないのですか」と。孔子が言った、「天を怨まず、人をとがめず、人事を学んで天命を知る。わたしを理解してくれる者は天であろうか」と。

［集解］

〔一〕子貢は孔子がどうして自分を理解してくれる者がいないのかと言ったことを怪し

んだ。それゆえ尋ねたのである。

[二] 馬融は、「孔子は世に用いられなかったが、それでも天を怨むことなく、人が自分を理解してくれなくとも、人をとがめなかった」と解釈する。

[三] 孔安国は、「下は人事を学び、上は天命を知ることである」と解釈する。

[四] 聖人は天地とその徳を合わせる。それゆえただ天だけが自分を理解してくれると言ったのである。

38公伯寮愬子路於季孫[一]。子服景伯以告[二]。曰、夫子固有惑志[三]。於公伯寮也。吾力猶能肆諸市朝[四]。子曰、道之将行也与、命也。道之将廃也与、命也。公伯寮其如命何。

公伯寮 子路を季孫に愬《うった》ふ[一]。子服景伯 以て告ぐ[二]。曰く、「夫子 固《もと》より惑志有り[三]。公伯寮に於てなり。吾が力 猶ほ能く諸《これ》を市朝に肆《さら》さん」と[四]。子曰く、「道の将《まさ》に行はれんとするや、命なり。道の将に廃《すた》れんとするや、命なり。公伯寮 其れ命を如何《いかん》せん」と。

公伯寮《こうはくりょう》は子路《しろ》を季孫《きそん》氏に誹謗《ひぼう》した。子服景伯《しふくけいはく》はそれを（孔子に）告げた。（子服景伯は）「あの方（季孫氏）はもとより心を惑わされています。公伯寮にです。わたしの力でも公伯寮を（誅殺して）市にさらすことができます」と。孔子が言った、「道が行われようとしているのは、天命です。道が廃れようとしているのは、天命です。公伯寮ごときが天命をどうできるというのですか」と。

［集解］

［一］馬融は、「愬は、譖《せん》である。公伯寮は、魯の人で、弟子である」と解釈する。

［二］孔安国は、「魯の大夫の子服何忌《しふくかき》である。告は、孔子に告げたのである」と解釈する。

［三］孔安国は、「季孫氏は讒言《ざんげん》を信じ、子路に怒りを抱いた」と解釈する。

［四］鄭玄は、「わたし（子服景伯）の力でも子路の無罪を季孫に弁明し、季孫氏に公伯寮を誅殺して（市に）さらさせることができる。罪があって刑に処せられ、その死体を並べることを肆《し》という」と解釈する。

39子曰、賢者避世［一］、其次避地［二］、其次避色［三］、其次避言［四］。

子曰く、「賢者は世を避け［一］、其の次は地を避け［二］、其の次は色を避け［三］、其の次は言を避く」と〔四〕。

孔子が言った、「賢者は世を避け、その次は（乱れた国の）土地を避け、その次は顔色を避け、その次は悪言を避ける」と。

［集解］

［一］孔安国は、「人君はこれを臣下にすることができない」と解釈する。

［二］馬融は、「乱れた国を去って治まった邦《くに》に行くことである」と解釈する。

［三］孔安国は、「（雌雉は）顔色を見て飛び上がる」と解釈する。

［四］孔安国は、「悪言があれば去るのである」と解釈する。

〔参校〕朱熹『論語集注』に引く程氏の説は、「四者は大小の順序で言っているが、優劣があるわけではない。遭遇する状況が同じではないだけである」とある。

40子曰、作者七人矣〔一〕。

子曰く、「作《な》す者は七人なり」と〔一〕。

孔子が言った、「（隠逸を）為した者は七人である」と。

［集解］

［二］包咸は、「作は、為である。これを為した者は全部で七人おり、長沮《ちょうそ》(1)・桀溺《けつでき》(2)・丈人《じょうじん》(3)・石門《せきもん》(4)・荷簣《かき》(5)・儀《ぎ》の封人《ほうじん》(6)・楚《そ》の狂接輿《きょうせつよ》(7)をいう」と解釈する。

（訳注）1長沮《ちょうそ》は、春秋時代の隠者。子路と問答をした（『史記』孔子世家、『論語』微子《びし》篇）。2桀溺《けつでき》は、春秋時代の隠者。子路と問答をした（『史記』孔子世家、『論語』微子篇）。3丈人《じょうじん》は、春秋時代の隠者。（丈人とは）もともとは老人のこと。子路と問答をした。篠《あじか》を荷なっていたので、荷篠丈人《かじょうじょうじん》とも呼ぶ（『論語』微子篇）。4石門《せきもん》は、春秋時代の隠者。子路と問答をした。もともとは地名。そこの閽人《こんじん》（門番）のこと（『論語』憲問《けんもん》篇）。5荷簣《かき》は、春秋時代の隠者。孔子の磬《けい》を評価した。簣《き》を荷《にな》って孔氏の門を過ぎた（『論語』憲問篇）。6「儀《ぎ》の封《ほう》人《じん》」は、孔子の評価者。孔子と会って、天は夫子を木鐸《ぼくたく》としたと評した（『論語』八佾《はちいつ》篇）。7狂接輿《きょうせつよ》は、春秋時代の楚《そ》の隠者。孔子に、「鳳《おおとり》よ鳳よ何ぞ徳の衰へたる」と歌い、孔子を風刺した（『史記』孔子世家）。

〔参校〕七人が具体的に誰を指すかについては諸説ある。邢昺『論語注疏』に引く王弼《おうひつ》の説では、伯夷《はくい》・叔斉《しゅくせい》・虞仲《ぐちゅう》・夷逸《いいつ》・朱張《しゅちょう》・柳下恵《りゅうかけい》・少連《しょうれん》とする。『論語』微子篇第八章にいう逸民と同じである。また、『論語注疏』に引く鄭玄説は、七は十の誤りであるとし、伯夷・叔斉・虞仲・荷篠・長沮・桀溺・柳下恵・少連・荷蕢・狂接輿を挙げる。荻生徂徠『論語徴』は、

「「作者」とは「聖」のことで、述者とは「明」のことをいう。七人とは、堯・舜・禹・湯・文王・武王・周公のことである」と説く。

41子路宿於石門。晨門曰、奚自〔一〕。子路曰、自孔氏。曰、是知其不可而為之者与〔二〕。

子路 石門に宿る。晨門曰く、「奚《いづ》れよりす」と〔一〕。子路曰く、「孔氏よりす」と。曰く、「是れ其の不可なるを知りて之を為す者か」と〔二〕。

子路が石門《せきもん》で宿泊した。門番が言った、「どこから来られたのか」と。子路が言った、「孔子の所からです」と。（門番は）「そやつはできもしないことを分かっていながら行おうとしている者だな」と言った。

〔集解〕

〔一〕晨門とは、閽人《こんじん》(1)（門番）である。

〔二〕包咸は、「孔子は世の中の治められないことを知りながら、無理にでもそれをなそうとしていることをいう」と解釈する。

（訳注）1閽人は、門番。王宮の中門の禁を守ることを職掌とする（『周礼《しゅらい》』天官 閽人）。

〔参校〕荻生徂徠『論語徴』は、「是れ其の不可なるを知りて之を為す者か」について、できないのを知っても行う孔子への讃辞と解する。

42子撃磬於衛。有荷簣而過孔氏之門者曰、有心哉、撃磬乎[一]。既而曰、鄙哉、硜硜乎。莫己知也、斯己而已矣[二]。深則厲、浅則掲[三]。子曰、果哉、末之難矣[四]。

子　磬を衛に撃つ。簣《き》を荷《にな》ひて孔氏の門を過《よ》ぐる者有りて曰く、「心有るかな、磬を撃つや」と[一]。既にして曰く、「鄙なるかな、硜硜乎《けいけいこ》たり。己を知ること莫ければ、斯《そ》れ已まんのみ[二]。深ければ則ち厲《れい》し、浅ければ則ち掲《けい》す(2)」と[三]。子曰く、「果《か》なるかな、之れ難《かた》きこと末《な》し」と[四]。

孔子が衛で磬《けい》を撃った。簣《もっこ》を担いで孔氏の門を通り過ぎる者がいて（その者が）言った、「憂え苦しんでいるな、この磬の撃ち方は」と。しばらくして言った、「野鄙《ひ》だな、こちこちしている。自分を理解してくれるものがなければ、やめるだけのことだ。（川が）深ければ衣を持ち、浅ければ裾《すそ》を掲げるのだ」と。孔子が言った、「（孔子の志を知らないのに非難するとは）果敢だね、（孔子の道を理解できないので非難することは）難しいことはない」と。

［集解］

［一］簣《き》は、草を運ぶ器である。心有りとは、憂苦するさまをいう。

［二］此れ硜硜《けいけい》とは、いたずらに自分を信じるばかりで、また益がないことをいう。

［三］包咸は、「衣をもって川を渡ることを厲《れい》という。掲《けい》は、衣（のすそ）を掲げることである。言いたいことは世に随って自分を行うことは、川に遭遇したら必ず渡るようなものであり、できないと分かれば、当然行うべきではないということである」と解釈する。

［四］まだ自分の志を知らないのに、自分を非難する。果敢とする理由である。末は、無である。以て難きこと無しとは、自分の道を理解できないからである。

（訳注）1磬《けい》は、打楽器。図のように単独で用いる場合と、編磬と呼ばれるオクターヴをカバーするものがあった。2「深ければ則ち厲《れい》し、浅ければ則ち掲《けい》す」は、『詩経』邶風 匏有苦葉の一説である。

〔参校〕朱熹『論語集注』は、「「果なるかな」とは、その世間を忘れることに果断であることを歎じたのである」と解釈する。

43子張曰、書云、高宗諒陰、三年不言。何謂也〔一〕。子曰、何必高宗。古之人皆然。君薨、百官總己〔二〕、以聴於冢宰三年〔三〕。

子張曰く、「書に云ふ、「高宗(1)諒陰《りやうあん》、三年言《ものい》はず」と。何の謂《いひ》ぞや」と〔一〕。子曰く、「何ぞ必ずしも高宗のみならん。古《いにしへ》の人は皆然り。君薨《こう》ずれば、百官己を總《す》べて〔二〕、以て冢宰に聴くこと三年」と〔三〕。

子張《しちょう》が言った、「『書《しょ》』（『尚書』無逸篇）に、「高宗《こうそう》が諒陰《りょういん》して、三年間何もしゃべらなかった」とあります。どういう意味でしょうか」と。孔子が言った、「どうして高宗だけに限る必要があろうか。昔の人はみなそうであった。君主が薨去《こうきょ》すれば、百官は自分（の職務）を取りまとめ、三年間は冢宰《ちょうさい》に政治を仰いだのだ」と。

〔集解〕

〔一〕孔安国は、「高宗《こうそう》は、殷《いん》の中興の王の武丁《ぶてい》である。諒は、信である。陰は、黙のような意味である」と解釈する。

〔二〕馬融は、「己は、百官が（自分の職務を）自分で取りまとめることである」と解釈する。

〔三〕孔安国は、「冢宰は、天官である。王の政治を輔佐する者である。三年の服喪が終わり、その後で王みずからが政治を執る」と解釈する。

（訳注）1高宗は、帝武丁《ていぶてい》。殷の第二十代の王。賢人の傅説《ふえつ》を相《しょう》として用い、殷の中興をはたした（『史記』殷本紀）。

44子曰、上好礼、則民易使也［一］。

子曰く、「上 礼を好めば、則ち民 使ひ易《やす》きなり」と［一］。

孔子が言った、「上が礼を好めば、民は使いやすい」と。

［集解］

［一］（上が礼を好めば）民はあえて敬わないことがない。それゆえこれを使いやすいのである。

45子路問君子。子曰、脩己以敬［一］。曰、如斯而已乎。曰、脩己以安人［二］。曰、如斯而已乎。曰、脩己以安百姓。脩己以安百姓、尭・舜其猶病諸［三］。

子路 君子を問ふ。子曰く、「己を脩《おさ》めて以て敬す」と［一］。曰く、「斯《かく》の如きのみか」と。曰く、「己を脩めて以て人を安《やす》んず」と［二］。曰く、「斯の如きのみか」と。曰く、

「己を脩めて以て百姓《ひゃくせい》を安んず。己を脩めて以て百姓を安んずるは、尭・舜も其れ猶ほ諸《これ》を病《かた》しとす」と〔三〕。

子路《しろ》が君子について尋ねた。孔子が言った、「自分を修めて慎むことだ」と。（子路は）「それだけでしょうか」と言った。（孔子は）「自分を修めて朋友と九族《きゅうぞく》を安んずることだ」と言った。（子路は）「それだけでしょうか」と言った。（孔子は）「自分を修めて民草を安んずることだ。自分を修めて民草を安んずるのは、尭《ぎょう》と舜《しゅん》でも難しかったことだ」と言った。

［集解］

［一］孔安国は、「その身を敬《つつし》むのである」と解釈する。

［二］孔安国は、「人は、朋友・九族をいう」と解釈する。

［三］孔安国は、「病は、難というような意味である」と解釈する。

〔参校〕朱熹『論語集注』は、「「人」は、自己のことをいう。「百姓」は万人を包括する。「尭・舜も其れ猶ほ諸《これ》を病《かた》しとす」とは、これ以上のことはあり得ないことを言って、子路を抑制し、逆に身近な所に求めさせたのである」と解する。

46原壌夷俟[一]。子曰、幼而不遜悌、長而無述焉、老而不死、是為賊[二]。以杖叩其脛[三]。

原壌 夷《い》して俟《ま》つ[一]。子曰く、「幼にして遜悌ならず、長じて述ぶること無く(1)、老いて死せず。是れを賊と為す」と[二]。杖を以て其の脛を叩く[三]。

原壌《げんじょう》が膝を立てて座り（孔子を）待っていた。孔子が言った、「幼いころは（年長者に）へりくだらず、成長してからも（徳行がなくて）称賛が聞こえず、年老いてもまだ死なない。これを賊というのだ」と。杖《つえ》でその脛《すね》を叩いた。

[集解]

[一] 馬融は、「原壌は、魯の人で、孔子の古なじみである。夷は、踞《きょ》である。俟は、待である。孔子を立て膝座りして待っていたのである」と解釈する。

[二] 賊は、賊害を為すことである。

[三] 孔安国は、「叩は、撃である。脛は、脚脛（膝から下の骨）である」と解釈する。

（訳注）1無述は、徳行がなく、称賛が聞こえないこと（邢昺『論語注疏』）。

〔参校〕伊藤仁斎『論語古義』は、「風俗を腐敗させ、人倫を害するのは、甚だしい悪である。聖人のように立派な徳がありながらも、古なじみに対してさえ、欠点を咎めて許さなかった」と説く。荻生徂徠『論語徴』は、「孔子が原壌の脛を叩いたのは、戯《たわむ》れにそうしたのである。親しみを込めたのでなければ、どうしてこのようなことをしようか。ここに君子が人と和む徳が現れている」と解する。

47闕党童子将命矣［一］。或問之曰、益者与。子曰、吾見其居於位也［二］、見其与先生並行也、非求益者也。欲速成者也［三］。

闕党の童子 命を将《おこな》ふ［一］。或《ある》ひと之を問ひて曰く、「益する者か」と。子曰く、「吾其の位に居るを見［二］、其の先生と並び行くを見るに、益を求むる者に非ざるなり。速やかに成らんことを欲する者なり」と［三］。

闕《けつ》という郷党の童子が（賓客と主人の言葉の）取り次ぎを行っていた。ある人がこれを尋ねて言った、「進益を求める者であろうか」と。孔子が言った、「わたしは座席にいるところを見、大人たちと並んで行くところを見ましたが、進益を求める者ではありませんでした。速く大人になろうとしている者です」と。

［集解］

［一］馬融は、「闕党《けつとう》の童子 命を将《おこな》ふとは、賓客と主人の語を伝えて出入りすることで

ある」と解釈する。

［二］童子は片隅に座る際に座席がない。成人は座席がある。

［三］包咸は、「先生は、成人のことである。並び行くは、付き従って後にいないことである。礼に背《そむ》いて、速やかに成人になろうとしている者である。すなわち進益を求める者ではない」と解釈する。

衛霊公《えいれいこう》第十五　　凡四十一章　　何晏集解

01衛霊公問陳於孔子[一]。孔子対曰、俎豆之事、則嘗聞之矣[二]。軍旅之事、未之学也[三]。明日、遂行。在陳絶糧。従者病、莫能興[四]。子路慍見曰、君子亦有窮乎。子曰、君子固窮。小人窮、斯濫矣[五]。

衛の霊公 陳《ぢん》を孔子に問ふ[一]。孔子 対《こた》へて曰く、「俎豆(1)の事は、則ち嘗《かつ》て之を聞けり[二]。軍旅の事は、未だ之を学ばざるなり[三]」と。明日、遂に行《さ》る。陳に在り糧 絶《た》たる。従者 病みて能く興《た》つこと莫し[四]。子路 慍《いか》り見えて曰く、「君子も亦た窮すること有るか」と。子曰く、「君子 固より窮す。小人 窮すれば、斯《ここ》に濫《みだ》る」と[五]。

衛《えい》の霊公《れいこう》が（軍隊を並べて）陣（立てする方法）を孔子に尋ねた。孔子は答えて言った、「俎豆《そとう》の事については、わきまえております。（しかし）軍隊の事については、まだ学んでおりません」と。翌日、（孔子は）こうして立ち去った。陳《ちん》にいるときに食糧が途絶えた。（孔子の）従者たちは疲れ果てて立つことができなかった。子路《しろ》は怒りお目通りをして言った、「君子でも困窮することがあるのでしょうか」と。孔子は答えた、「君子でももちろん困窮する。小人は困窮すれば、見境がなくなる」

と。

[集解]

[一] 孔安国《こうあんこく》は、「軍隊を並べて陣立てする方法のことである」と解釈する。

[二] 孔安国は、「俎豆《そとう》は、儀礼に用いる器具である」と解釈する。

[三] 鄭玄《じょうげん》は、「一万二千五百人を軍《ぐん》とし、五百人を旅《りょ》とする。軍旅は末事である。根本が確立していなければ、末事を教えてはならない」と解釈する。

[四] 孔安国は、「従者は、弟子である。興は、起である。孔子は衛を去って、曹《そう》に赴いた。（しかし）曹が受け入れず、さらに宋《そう》に赴いた。（しかしまた）匡人《きょうひと》の難(2)に遭って、さらに陳《ちん》に赴いた(3)。ちょうど呉《ご》が陳を伐ち、陳は乱れた(4)。そのため食糧が不足したのである」と解釈する。

[五] 濫は、溢《いつ》である。君子も当然困窮する時はある。しかし小人のように困窮して見境がなくなり、悪事をはたらくことはない。

（訳注）1俎豆《そとう》は、供物をのせる祭礼用の器具。2匡人の難は、孔子が匡人に陽虎《ようこ》と誤認され、五日間拘留されたこと。子罕《しかん》篇第五章を参照。ただ、『史記』孔子世家では、匡人の難に遭ったとされるのが、宋に赴く以前の定公《ていこう》十四（前四九六）年ごろであり、孔安国注と合わ

ない。宋における孔子の難は、宋の桓魋《かんたい》が孔子を殺そうとして樹を伐った「桓魋の難」である。3『史記』孔子世家では、宋を去った後に鄭に行き、その後に陳に至るとされる。孔安国注では、孔子が鄭に赴いた過程が省略されている。4呉が陳を攻撃したのは、周の敬王《けいおう》二十六（前四九四）年のこと（『史記』孔子世家）。

02子曰、賜也、汝以予為多学而識之者与。対曰、然［一］。非与［二］。曰、非也。予一以貫之［三］。

子曰く、「賜《し》や、汝は予《われ》を以て多く学びて之を識る者と為すか」と。対へて曰く、「然り［一］。非なるか」と［二］。曰く、「非なり。予一《いつ》以て之を貫く(1)」と［三］。

孔子が言った、「賜《し》よ、お前はわたしを多くのことを学んで様々なことを識っているものと思っているのか」と。子貢《しこう》は答えた、「そうです。違うのでしょうか」と。孔子が言った、「そうではない。わたしは一によってすべてを貫いている」と。

［集解］

［一］孔安国は、「然りとは、多くのことを学んで様々なことを識っているということである」と解釈する。

［二］孔安国は、「今もそうではないのかを尋ねている」と解釈する。

［三］善には元があり、事には会がある。[2] 天下は方途を異にして帰着するところを同じくし、思慮を様々にして行き着くところを一つにするのである。[3]（したがって）その元を知ればすべての善が行われる。そのため（孔子は）多く学ぶことを待たずに一によって様々なことを知るのである。[4]

（訳注）1里仁篇第十五章にも、「子曰く、「参や、吾が道は一 以て之を貫く」と」とある。2『周易《しゅうえき》』乾卦《けんか》 文言伝《ぶんげんでん》に、「元なる者は、善の長なり。亨《かう》なる者は、嘉《か》の会なりとある。原義としては、元ははじめ、会は集まるの意。なお、皇侃『論語義疏』では、『周易』の理解を推し進めて、ここでは、元を始のようなもの、会を終のようなものと解釈する。3『周易』繋辞下伝《けいじかでん》に、「子曰く、……天下 帰を同じくして塗《みち》を殊《こと》にし、致《ち》を一にして慮を百にす。天下 何をか思ひ何をか慮《おもんぱか》らん」とあるのを踏まえる。なお、『周易』繋辞下伝の当該部分の韓康伯注には、「夫れ少なれば則ち得、多なれば則ち惑ふ。塗は殊なると雖も、其の帰は則ち同じ。慮は百なりと雖も、其の致は二ならず。苟《かりそめ》に其の要を識るは、博く求むるに在らず。一 以て之を貫けば、慮らずして尽くるなり」とあり、本章が踏まえられている。渡邉義浩「何晏『論語集解』の特徴」（『東洋の思想と宗教』三三、二〇一六年）を参照。4何晏

は、善や事に通底する核心的な原理を把握することで、全体の察知が可能になると解釈する。この時に想定される核心的な原理とは、『周易』が引用されるように「道」である。こうした何晏の思想については、福永光司「何晏の立場――その学問と政治理念――」(『愛知学芸大学研究報告 人文科学』七、一九五八年、『魏晉思想史研究』岩波書店、二〇〇五年に所収)、渡邉義浩「何晏『論語集解』の特徴」(前掲)を参照。

〔参校〕皇侃『論語義疏』は、ある善における理(「一善の理」)によってすべての物事を貫いていると解釈する。邢昺『論語注疏』は、一つの理(「一理」)によってこれに通じていると解釈する。朱熹『論語集注』は、聖人の心は、渾然《こんぜん》たる一理であり、あまねく万事に応じて隅々まで適切に応対し、その働きはそれぞれによって異なっていると解釈する。この解釈は、万物万事にはそれぞれ固有の理があるが、それらの理は究極において一つの理であるとする、朱熹の理一分殊《りいっぶんしゅ》の議論に基づく。

03子曰、由、知徳者鮮矣〔一〕。

子曰く、「由よ、徳を知る者は鮮《すく》なし」と〔一〕。

孔子が言った、「由よ、徳のことが分かる人はほとんどいないのだよ」と。

［集解］

［一］王粛《おうしゅく》は、「君子でも当然困窮するが、子路は怒って（孔子に）お目通りした(1)。そのため子路に徳のことが分かる人はほとんどいないと言った」といっている。

（訳注）1衛霊公《えいれいこう》篇第一章に、「子路 慍りて見えて曰く、「君子も亦た窮すること有るか」と。子曰く、「君子 固より窮す。小人 窮すれば、斯に濫る」と」とある。『論語集解』は、本章をこの時に孔子が発した言葉とする。

04子曰、無為而治者、其舜也与。夫何為哉。恭己正南面而已矣［一］。

子曰く、「無為にして治まる者は、其れ舜なるか(1)。夫《そ》れ何《なに》をか為《な》さんや。己を恭〻しくして正しく南面するのみ」と［一］。

孔子が言った、「無為《むい》によって治めたのは、舜《しゅん》であろう。では何をしたのか。己をつつしみ正しく南を向いていただけである」と。

［集解］

［一］言いたいことは（舜は）官職に任ずるのにふさわしい人々(2)を得た。そのため無為によって治めたということである。

（訳注）1本章は、『論語』のうちでも舜《しゅん》の政治の具体像に触れる唯一の章であり、何晏はこの章を典拠に曹魏《そうぎ》の政治理念として中核にすべき「舜の無為」の重要性を説く。舜の政治に仮託する理由は、曹魏が舜の後裔を称する土徳《どとく》の国家であり、尭《ぎょう》の後裔で火徳《かとく》の国家である漢より禅譲《ぜんじょう》を受けたと自称するためである。舜の無為については、ほかに何晏「景福殿《けいふくでん》賦《のふ》」にも、「先王の允塞を欽み、重華の無為を悦ぶ。……眩《まど》はざるは焉《いづく》にか在る、人を択《えら》ぶに在り」と見える。渡邉義浩「浮き草の貴公子 何晏」（『大久保隆郎教授退官紀念論集 漢意とは何か』東方書店、二〇〇一年、『三国政権の構造と「名士」』汲古書院、二〇〇四年に所収）を参照。2泰伯篇第二十章に、「舜に臣 五人有りて天下 治まる」とあり、その注に、「孔安国曰く、「禹・稷・契《せつ》・皐陶《かうえう》・伯益なり」と」とある。

05子張問行。子曰、言忠信、行篤敬、雖蛮貊之邦行矣。言不忠信、行不篤敬、雖州里行乎哉〔一〕。立則見其参於前也、在輿則見其倚於衡也。夫然後行也〔二〕。子張書諸紳〔三〕。
子張 行はれんことを問ふ。子曰く、「言《ことば》忠信、行《おこなひ》篤敬なれば、蛮貊《ばんばく》の邦と雖も行はれん。言 忠信ならず、行 篤敬ならざれば、州里と雖も行はれんや〔一〕。立ちては則ち其の参《しん》として前に於《お》けるを見、輿《よ》に在りては則ち其の衡《かう》に倚るを見るなり。夫《そ》れ然る後に行はれんや」と[二]。子張 諸《これ》を紳に書す[三]。
子張《しちょう》が（われわれの道が世で）行われる方法について尋ねた。孔子が言った、「言葉が忠実で信用がおけ、行動が真面目で鄭重であれば、野蛮な国々でも行われる。言葉が忠実でなく信用がおけず、行動が真面目でなく鄭重でなければ、（国内の）州や里でも行われようか。立っているときにはそれがちらちらと目の前にあるように見え、車中にいるときにはそれが軛《くびき》に寄り掛かっているように見える。まあそのくらいになれば行われよう」と。子張はこの言葉を紳《しん》（大帯）に書き留めた。

［集解］

［一］鄭玄は、「一万二千五百家を一州とする。五家を一隣とし、五隣を一里とする。行はれんやは、行われないことをいう」と解釈する。

［二］包咸《ほうかん》は、「衡は、扼《くびき》（軛）である。言いたいことは忠信を思うことが、立っているときには常にちらちらと目前にあるのがみえるように思われ、車中にいるときには車の軛《くびき》に寄り掛かっているようであるということである」と解釈する。

［三］孔安国は、「紳は、大帯である」と解釈する。

（訳注）１帯を腰に巻き、その余りの部分を垂らして飾りとしたものを紳という（邢昺『論語注

疏』)。

〔参校〕　皇侃『論語義疏』は、「参は、森のようなものである」とする。これによれば本文は、「立ちては則ち其の参の前に於けるを見る（ように忠信篤敬のことを考える）」と読み、「立っているときには森が自分の前に満ち広がっているのを見る」と解釈される。朱熹『論語集注』は、「参は、そこに赴いて参となることがないようにせよ」の参と同じ。自分と参となることをいう」とする。これによれば本文は、「立ちては則ち其の前に参ずるを見る」と読み、「立っているときには（自分が）忠信篤敬に寄り添って一緒となるのを見る」と解釈される。

06　子曰、直哉、史魚[二]。邦有道如矢、邦無道如矢[二]。君子哉、蘧伯玉。邦有道則仕、邦無道則可巻而懐也[三]。

子曰く、「直なるかな、史魚[二]。邦に道有るにも矢の如く、邦に道無きにも矢の如し[二]。君子なるかな、蘧伯玉。邦に道有れば則ち仕へ、邦に道無ければ則ち巻きて之を懐にす可し」と[三]。

孔子は、「まっすぐだな、史魚は。邦に道が行われているときにも矢のようであるし、邦に道が行われていないときにも矢のようである。君子だな、蘧伯玉《きょはくぎょく》は。邦に道が行われていれば出仕し、邦に道が行われていなければ（才能を）うまくしまいこむことができる」と言った。

［集解］

［一］孔安国は、「衛《えい》の大夫の史鰌《しゆう》である」と解釈する。

［二］孔安国は、「道が行われているときも道が行われていないときも、行いが正直《せいちょく》であることは矢のようである。曲がっていないのである」と解釈する。

［三］包咸は、「巻きて懐にすとは、時の政治に与《くみ》さず、柔順であって人に逆らわないことをいう」と解釈する。

07子曰、可与言而不与言、失人。不可与言而与言之、失言。知者不失人、亦不失言。

子曰く、「与《とも》に言ふ可くして与に言はざれば、人を失ふ。与に言ふ可からずして与に言へば、言を失ふ。知者は人も失はず、亦た言も失はず」と。

孔子が言った、「ともに語るべき相手なのにともに語り合わなければ、人を失う。ともに語るべき相手でないのにともに語り合えば、言葉を失う。知者は人を取り逃がさず、また言葉も失わない」と。

［集解］なし

08子曰、志士・仁人、無求生以害仁。有殺身以成仁［一］。

子曰く、「志士・仁人は、生を求めて以て仁を害《そこ》なふこと無し。身を殺して以て仁を成すこと有り」と［一］。

孔子が言った、「志のある人や仁の人は、命《いのち》惜しさに仁を損なうことはない。我が身を棄てて仁を成し遂げることもある」と。

［集解］

［一］孔安国は、「命惜しさに仁を損なうことはない。死後に仁を成し遂げることもあるので、志のある人や仁の人は、その身を惜しんではいない」と解釈する。

09子貢問為仁。子曰、工欲善其事、必先利其器。居是邦也、事其大夫之賢者、友其士之仁者也［一］。

子貢 仁を為さんことを問ふ。子曰く、「工 其の事を善くせんと欲すれば、必ず先づ其の器を利《と》くす。是の邦に居るや、其の大夫の賢者に事《つか》へ、其の士の仁者を友とす」と[一]。

子貢《しこう》が仁を行うことについて尋ねた。孔子は、「職人がその仕事を立派に仕上げようとすれば、必ずまずその道具を鋭くする。（だから）この邦《くに》にいるなら、そこの大夫の賢者に仕え、そこの士の仁者を友とするのである」と言った。

[集解]

[一] 孔安国は、「言いたいことは職人は鋭い道具を用いるものとし、人は賢人の友を助けとするということである」と解釈する。

10顔淵問為邦。子曰、行夏之時[一]、乗殷之輅[二]、服周之冕[三]。楽則韶舞[四]、放鄭声、遠佞人。鄭声淫、佞人殆[五]。

顔淵 邦を為《をさ》むるを問ふ。子曰く、「夏の時(1)を行ひ[一]、殷の輅《ろ》に乗り[二]、周の冕《べん》を服す[三]。楽は則ち韶舞《せうぶ》し[四]、鄭声(2)を放《はな》ちて、佞人《ねいじん》を遠ざけよ。鄭声《ていせい》は淫《みだ》らにせしめ、佞人は殆《あやふ》くせしむ[五]」と。

顔淵《がんえん》が邦《くに》の治め方について尋ねた。孔子は、「夏《か》の暦を使い、殷《いん》の車に乗り、周《しゅう》の冕冠《べんかん》を身に着ける。音楽は（舜《しゅん》の）韶《しょう》の舞いを行い、鄭《てい》の音楽を退けて、口上手な者を遠ざけよ。鄭の音楽は（人を）淫らにさせ、口上手な者は（人を）危うくさせる」と言った。

［集解］

［一］（夏の暦は）万物の発生が見られるために、（その時期を）四時の始め（である春）とする。夏の暦が分かり易《やす》いために採用するのである。

［二］馬融《ばゆう》は、「殷の車を大輅《たいろ》という。『春秋左氏伝』（桓公 伝二年）には、「大輅（の中）は草むしろの席にし、その倹《つつま》やかさを示す」とある」と解釈する。

［三］包咸は、「冕《べん》は、礼の冠である。周の礼は文であり完備されている。周の冕は黈纊《とうこう》[3]（耳当て）が耳を塞いで、視聴に任せないために採用する」と解釈する。

［四］韶《しょう》は、舜《しゅん》の音楽である。善を尽くし美を尽くしている。[4]そのためこれを採用するのである。

［五］孔安国は、「鄭の音楽や口上手な者も共に人の心を動かすことができる。（その点においては）雅楽《ががく》や賢人と同じだが、人を淫《みだ》らにさせ危うくさせる。そのため退けて遠ざけるべきなのである」と解釈する。

（訳注）1夏の時は、建寅《けんいん》の月（陰暦一月）を正月《せいげつ》とすることをいう（邢昺『論語注疏』）。なお、殷は建丑《けんちゅう》の月（陰暦十二月）を正月とし、周は建子《けんし》の月（陰暦十一月）を正月とする。このような王朝により正朔が循環する説を三統説《さんとうせつ》あるいは三正説《さんせいせつ》と呼ぶ。2鄭声は、鄭の音楽。淫猥《いんわい》で耳を喜ばすものとされる（『礼記』楽記篇）。3黈纊《とうこう》は、冠についた黄色の綿の耳当て。「黈纊 耳を塞ぐ」は、転じて、君主が不必要な言葉を聞かないことの喩えである（『大戴礼《だたいらい》記《き》』子張問入官篇）。4八佾篇第二十五章に、「子 韶を謂ふ、「美を尽くせり、又 善を尽くせり」と」とある。

〔参校〕朱熹『論語集注』は、「夏《か》の時を行ふ」のは、夏の暦の内容の妥当性と、それをもとにした各季節に発する政令の適切さを評価したため、「殷《いん》の輅《ろ》に乗る」のは、殷の車が素朴堅牢で、その姿が貴賤に応じて区別があり、質実で中庸を得ているため、「周《しゅう》の冕《べん》を服す」のは、華やかであっても贅沢とは見なされず、中庸を得ているためであるとする。荻生徂徠『論語徴』は、礼楽を制作するのは革命であり、君子はこれを言うことを忌《い》むため、顔回はただ邦を治めることを質問した。しかし、孔子や顔回の時代は革命の時であり、また天命が降れば顔回も聖人であり得た。そのため孔子は礼楽の制作で答えた、とする。そして、本章について、「夏の時」・「殷の輅」・「周の冕」は礼であり、「韶《しょう》」は楽であるとする。また、

「鄭声《ていせい》」は楽に害があり、「佞人《ねいじん》」は礼に害があるとする。


11子曰、人而無遠慮、必有近憂[一]。

子曰く、「人にして遠き慮《おもんばかり》無くんば、必ず近き憂《うれひ》有り」と[一]。

孔子が言った、「人として遠い先までの思慮が無ければ、きっと近いうちに心配事が起こる」と。

[集解]
[一]王粛は、「君子は患難《かんなん》を考慮して前もってそれを防ぐべきである」と解釈する。

12子曰、已矣乎。吾未見好徳如好色者也。

子曰く、「已《や》んぬるかな(1)。吾 未だ徳を好むこと色を好むが如き者を見ざるなり(2)」と。

孔子が言った、「仕方がないな(久しく見たことがない)。わたしは徳を好むさまがあたかも色事を好むかのような者をまだ見たことがない」と。

[集解]なし
(訳注)1はじめに「已んぬるかな」というのは、久しくもう見ていないことを明らかにしてい

る（皇侃『論語義疏』）。2子罕《しかん》篇第十八章に、「吾 未だ徳を好むこと、色を好むが如き者を見ざるなり」とあり、何晏《かあん》は、「当時の人々が薄徳で、色事にかまけたことを憎んだ。だからこの発言をしたのである」と注をつけている。

〔参校〕朱熹『論語集注』は、「已んぬるかな」は、結局は見ることができないことを嘆いていると解釈する。

13子曰、臧文仲其窃位者与。知柳下恵之賢、而不与立也〔一〕。

子曰く、「臧文仲(1)は其れ位を窃《ぬす》める者か。柳下恵(2)の賢なるを知りて、而も与《とも》に立たざるなり」と〔一〕。

孔子が言った、「臧文仲《ぞうぶんちゅう》は位を盗んだ人であろう。柳下恵《りゅうかけい》の賢であることを知りながら、（推挙して）一緒にお仕えしなかった」と。

〔集解〕

〔一〕孔安国は、「柳下恵は、展禽《てんきん》である。（柳下恵の）賢を知りながら推挙しなかったため、位を盗んだとするのである」と解釈する。

（訳注）1臧文仲《ぞうぶんちゅう》は、大夫。氏を臧孫、名を辰《しん》、字を文仲《ぶんちゅう》という。魯の荘公《そうこう》・閔公《びんこう》・僖公《きこう》・文公《ぶんこう》

に仕えた。斉《せい》や晋《しん》などの大国に圧迫されていた魯をとくに外交面で支えた。功績も多く、後人の評価も高い（『春秋左氏伝』荘公 伝十一年〜哀公 伝二十四年）。2柳下恵は、氏を展《てん》、名を獲《かく》、字を禽《きん》という。柳下に住み、恵と諡《おくりな》されたため、柳下恵という。魯の僖公《きこう》二十六（前六三四）年、斉《せい》の孝公《こうこう》が魯に侵攻した際、臧文仲は柳下恵に頼んで魯との講和を成功させた（『国語』魯語上）。

14子曰、躬自厚、而薄責於人、則遠怨矣[一]。

子曰く、「躬《み》自ら厚くして、人を責むるに薄ければ、則ち怨みに遠ざかる」と[一]。

孔子が言った、「自分自身を（責めることが）厚く、人を責めるのを薄くすれば、怨みごとから遠ざかる」と。

［集解］

［一］孔安国は、「自分自身を責めることが厚く、他人を責めることが薄いのは、怨みや咎《とが》めを遠ざける理由である」と解釈する。

〔参校〕伊藤仁斎『論語古義』は、自分を治めることが厚く、人を責めることが薄いのは、仁者の心の持ち方である、と解釈する。

15子曰、不曰如之何[一]、如之何者、吾末如之何也已矣[二]。

子曰く、「之《これ》を如何《いかん》[一]、之を如何と曰はざる者は、吾れ之を如何ともすること末《な》きのみ」と[二]。

孔子が言った、「どうしようか、どうしようかと言わないような者は、わたしにもどうしようも無い」と。

［集解］

[一] 孔安国は、「之《これ》を如何《いかん》と曰はずとは、どうしようかと言わないことである」と解釈する。

[二] 孔安国は、「之を如何とは、禍難がすでに起こっていることを言う。わたしにもどうしようもできないのである」と解釈する。

16子曰、羣居終日、言不及義、好行小慧。難矣哉[一]。

子曰く、「羣居《ぐんきょ》すること終日、言 義に及ばず、好みて小慧《しょうけい》を行ふ。難《かた》きかな」と[一]。

孔子が言った、「群れ集まること終日、話が義に及ばず、好んで小才を働かせている。大成しないね」と。

［集解］

［一］鄭玄は、「小慧とは、僅《わず》かな才知をいう。難きかなは、最後まで大成することがないのをいう」と解釈する。

17子曰、君子義以為質、礼以行之、遜以出之、信以成之。君子哉［一］。

子曰く、「君子 義 以て質と為し、礼 以て之を行ひ、遜《そん》 以て之を出だし、信 以て之を成す。君子なるかな」と［一］。

孔子が言った、「君子は義をもとにし、礼によって行い、遜によって表し、信によって成し遂げる。君子であるね」と。

［集解］

［一］鄭玄は、「義 以て質と為すとは、素行をいう。遜 以て之を出だすとは、言語をいう」と解釈する。

〔参校〕朱熹『論語集注』に引く程子は、この四句は事柄としては一つであるが、義を根本とするとし、「義を本質とする」のであれば、「礼によって行い、遜によって表し、信によって成し遂げる」と説明する。

18子曰、君子病無能焉、不病人之不己知也［一］。

子曰く、「君子は能無きことを病《うれ》ひ、人の己を知らざることを病へざるなり」と［一］。

孔子が言った、「君子は（自分に）才能の無いことを気にして、人が自分を知らないことを気にかけない」と。

［集解］

［一］包咸は、「君子はただ聖人の道がないことを気にするだけで、人が自分を知らないことを気にかけない」と解釈する。

〔参校〕憲問篇第三十二章に、「子曰く、「人の己を知らざるを患《うれ》へず、己の能くする無きを患ふるなり」と」とある。

19子曰、君子疾没世而名不称焉［一］。

子曰く、「君子は世を没《を》へて(1)名の称せられざるを疾《や》む」と［一］。

孔子が言った、「君子は生涯を終えてから名が称《たた》えられなくなることを病《や》む」と。

［集解］

［一］疾は、病のようなものである。

〔訳注〕1「世を没《を》ふ」とは、身体が没した後をいう（皇侃『論語義疏』）。

〔参校〕朱熹『論語集注』に引く范《はん》氏は、「君子の学は自分の内的要求のために行い、人に認められることを求めない。しかし没するまでその名が称えられないならば、善を行う中身が無かったことがわかる」とする。これにより、「君子は世を没するまで名の称せられざるを疾《にく》む」と読み、「君子は生涯を終えるまで名が称えられないことを憂う」と解釈する。

20子曰、君子求諸己、小人求諸人〔一〕。

子曰く、「君子は諸《これ》を己に求め、小人は諸を人に求む」と〔一〕。

孔子が言った、「君子は自分に求め、小人は他人に求める」と。

〔集解〕

〔一〕君子は自分に求め、小人は他人に求めるのである。

21子曰、君子矜而不争〔一〕、羣而不党〔二〕。

子曰く、「君子は矜《きょう》にして争はず〔一〕、羣《ぐん》して党せず」と〔二〕。

孔子が言った、「君子は謹厳だが争わず、大勢といても私的に助け合わない」と。

［集解］
［一］包咸は、「矜は、矜荘《きょうそう》（慎み深く厳《おごそ》か）である」と解釈する。
［二］孔安国は、「党は、助である。君子は大勢でいても、お互いが私的に助け合うことはない。義によって親しむのである」と解釈する。

22子曰、君子不以言挙人［一］、不以人廃言［二］。
子曰く、「君子は言を以て人を挙げず［一］、人を以て言を廃せず」と［二］。
孔子が言った、「君子は言葉によって人を挙用せず、また人によって言葉を捨てない」と。

［集解］
［一］包咸は、「言葉がある者は必ずしも徳があるとは限らない。そのため言葉によって人を挙用するべきではないのである」と解釈する。
［二］王粛は、「徳がないからといって善言を廃するべきではないのである」と解釈する。

23子貢問曰、有一言而可以終身行之者乎。子曰、其恕乎。己所不欲、勿施於人也［一］。

子貢問ひて曰く、「一言《いちげん》にして以て終身之を行ふ可き者有るか」と。子曰く、「其《そ》れ恕《じょ》か。己の欲せざる所は、人に施すこと勿《な》かれ」と[一]。

子貢が尋ねて言った、「一言で一生行うことができるものがあるでしょうか」と。孔子は言った、「まあ恕だね。自分の望まないことは、人にも行うべきではない」と。

[集解]

[一] 言いたいことは自分の悪むことは、人にも行ってはならないということである。

24子曰、吾之於人也、誰毀誰誉。如有可誉者、其有所試矣[一]。斯民也、三代之所以直道而行也[二]。

子曰く、「吾の人に於けるや、誰《たれ》をか毀《そし》り誰をか誉めん。如《も》し誉《ほ》む可き者有らば、其れ試みる所あらん[一]。斯《こ》の民や、三代の直道にして行ふ所以なり」と[二]。

孔子が言った、「わたしは人に対して、誰を謗《そし》ったり誰を誉めたりしようか。もし誉めることのできる者がいたとすれば、それは検証したうえのことだ。このような対応が民について、夏《か》・殷《いん》・周《しゅう》の時代のようにまっすぐな道によって行っている

（と言える）理由である」と。

〔集解〕

〔一〕包咸は、「誉める者についてはそのたびごとに検証を行っており、根拠もなく誉めることはない」と解釈する。

〔二〕馬融は、「三代は、夏・殷・周である。民に対応することが謗ったり褒めたりしないということは、（孔子には）おもねったところがない。まっすぐな道によって行っているという理由である」と解釈する。

〔参校〕朱熹『論語集注』は、「斯の民」を今の人とし、本文は、「今の民も、まっすぐな道によって行っていた三代の民と同じだからである」と解釈する。

25子曰、吾猶及史之闕文也〔一〕、有馬者借人乘之。今則亡矣夫〔二〕。

子曰く、「吾は猶ほ史の文を闕《か》き〔一〕、馬有る者は人に借して之に乗らしむるに及ばん。今は則ち亡《な》きかな」と〔二〕。

孔子が言った、「わたしは史官が疑わしいことを書かずに空けておき、馬を持つ者が人に貸して乗って（馴《な》らして）もらうというのを見てみたい。今ではもう無くなってしまった」と。

［集解］

［一］包咸は、「古の史官は、字を書く際に疑しいものがあればそれを書かずに空けておき、知者を待った」と解釈する。

［二］包咸は、「馬がいても乗りよくなければ、人に貸して乗って馴らしてもらった。孔子は、人がそのようにしているのを見たのは、今まで一度もなかったと考えた。これを言ったのは、世俗が穿鑿《せんさく》して（1）（勝手に行うことが）多くなっているからである」と解釈する。

（訳注）1穿鑿について、述而篇の包咸注では、「時人 多く穿鑿して妄りに篇籍を作る者有り、故に然《しか》云ふなり」としている。

26子曰、巧言乱徳。小不忍乱大謀［一］。

子曰く、「言を巧《たくみ》にすれば徳を乱《みだ》る。小も忍《しの》びざれば大謀を乱る」と［一］。

孔子が言った、「言葉を巧みにすれば徳を害する。小さいことでも耐え忍ばなければ大きな計画を害する」と。

［集解］

［一］孔安国は、「言葉を巧みにし口をうまくすれば徳義を害する。小さいことでも耐え忍ばなければ大きな計画を害する」と解釈する。

27子曰、衆悪之必察焉、衆好之必察焉［一］。

子曰く、「衆 之を悪《にく》むも必ず察し、衆 之を好むも必ず察す」と［一］。

孔子が言った、「衆人が憎むときも必ず考慮し、衆人が好むときも必ず考慮する」と。

［集解］

［一］王粛は、「衆人がおもねり党する場合もあれば、ある人がひとり立ちしていて群れない場合もある。そのため好悪については必ず考慮すべきなのである」と解釈する。

〔参校〕朱熹『論語集注』に引く楊時は、「ただ仁者だけが正しく人を好悪《こうお》できる。衆人が好悪するからといってその内容を検証しないと、私心に覆われてしまうことがある」という。

28子曰、人能弘道、非道弘人也［一］。

子曰く、「人能く道を弘む。道の人を弘むるに非らざるなり」と〔一〕。

孔子が言った、「人は道を広めることができる。道が人を広めることはない」と。

［集解］

〔一〕王粛は、「才能が大であれば道もそれに随って大となり、才能が小であれば道もそれに随って小となる。そのため（道が）人を広めることはできないのである」と解釈する。

〔参校〕皇侃『論語義疏』は、「道とは、通物の妙である。（道が）物に通じる法則は、もとより通じることのできるものに通じ、通じることのできないものに通じないのである」とする。朱熹『論語集注』は、「人の外に道はなく、道の外に人はない。しかし人心には知覚があるが、道それ自体は働きがない。それゆえ人は道を広められるが、道は人を広めることはできないのである」とする。

29子曰、過而不改、是謂過矣。

子曰く、「過ちて改めざる、是《これ》を過ちと謂ふ」と(1)。

孔子が言った、「過ちを犯して改めない、これを（本当の）過ちという」と。

[集解] なし

（訳注）1人は誰でも過ちがある。過ちを犯して改めることができれば、これより善いことはない。過ちを犯して改めない、これを過ちというのである（邢昺『論語注疏』）。

30子曰、吾嘗終日不食、終夜不寝、以思。無益。不如学也。

子曰く、「吾嘗《かつ》て終日食《く》らはず、終夜寝《い》ねず、以て思ふ。益無し。学ぶに如《し》かざるなり」と。

孔子が言った、「わたしはむかし一日中食事もせず、一晩中寝《ね》もしないで、思索したことがある。（しかし）何も得るところはなかった。（やはり）学問することには及ばない」と

[集解] なし

31子曰、君子謀道不謀食。耕也餒在其中矣、学也祿在其中矣。君子憂道、不憂貧也[一]。

子曰く、「君子は道を謀りて食を謀らず。耕すや餒《う》ゑ其の中に在り。学ぶや祿《ろく》其の中に在り。君子は道を憂へて貧しきを憂へざるなり」と[二]。

孔子が言った、「君子は道を得ようと努めて食を得ることには努めない。（食を得ようとして）耕していても餓《う》えることはある。（道を得ようとして）学んでいれば俸禄はそこに自然に得られる。君子は道のことを心配するが貧しくなることを心配しないのである」と。

［集解］

［一］鄭玄は、「餒は、餓である。言いたいことは人は耕すことを気にかけるが学ばない。そのため餓えるのである。学べば俸禄を得て、耕さなくとも餓えないということである。これは人に学問を勧めている」と解釈する。

32子曰、知及之、仁不能守之、雖得之必失之［一］。知及之、仁能守之、不荘以莅之、則民不敬［二］。知及之、仁能守之、荘以莅之、動之不以礼、未善也［三］。

子曰く、「知 之に及ぶとも、仁 之を守ること能《あた》はざれば、之を得たりと雖も必ず之を失ふ［一］。知 之に及び、仁 能く之を守れども、荘 以て之に莅《のぞ》まざれば、則ち民は敬せず［二］。知 之に及び、仁 能く之を守り、荘 以て之に莅めども、動くに礼を以てせざれば、未だ善ならざるなり」と［三］。

孔子が言った、「知は官を治めるのに十分でも、仁で守ることができなければ、たとえそれを得たとしても必ず失う。知は十分で、仁で守ることができても、威厳をもって臨まなければ、民は敬わない。知は十分で、仁でよく守り、威厳をもって臨んでも、動くのに礼によらなければ、善とはならない」と。

［集解］

［一］包咸は、「知はその官を治めるのに十分でも、仁で守ることができなければ、たとえそれを得たとしても必ず失う」と解釈する。

［二］包咸は、「威厳をもって臨まなければ、民はその上位の者を敬い従うことはない」と解釈する。

［三］王粛は、「行動する際に必ず礼を用いるとその後に善となる」と解釈する。

〔参校〕朱熹『論語集注』は、「知 之に及ぶ」を「此の理を知るに足る」とする。これにより、「知は理を知るのに十分でも、仁で守ることができなければ、たとえそれを得たとしても必ず失う」と解釈する。また、「之を動かす」を「民を動かす」とする。これにより、「之を動かすに礼を以てせざれば、未だ善ならざるなり」と読み、「民を（鼓舞して）興起させるのに礼によらなければ、まだ善とはならない」と解釈する。伊藤仁斎『論語古義』は、

「知 之に及ぶ」を「君の難を知る」とし、これにより、「君主であることの困難を知っていても、仁を守ることができなければ、たとえその位を得たとしても失う」と解釈する。

33子曰、君子不可小知、而可大受也。小人不可大受也、而可小知也〔一〕。

子曰く、「君子は小知す可からざるも、大受《たいじゅ》(1)す可きなり。小人は大受す可からざるも、小知す可きなり」と〔一〕。

孔子が言った、「君子（の道）は僅《わず》かな理解で知ることはできないが、深く受け入れることができる。小人（の道）は僅かな理解で知ることができるが、深く受け入れることはできない」と。

［集解］

〔一〕君子の道は深遠であり、僅かな理解で知ることはできないが、深く受け入れることができる。小人の道は浅近であり、僅かな理解でも知ることはできるが、深く受け入れることはできない。

（訳注）1「大受《たいじゅ》」について、皇侃『論語義疏』には、「（君子の）徳は物を深く潤すことができるため、物がそれを受け入れることも深い」とある。

〔参校〕朱熹『論語集注』は、本章を人を観察する方法をいうとし、「知」は、自分が相手を知ること、「受」は、相手が受けとめることとする。そして、「君子は重要でない事にあっては必ずしも見るべきものはないようであるが、その能力と徳は重要な仕事を任せるに足る。小人は任せるには器量が浅く狭いが、必ずしも取るべき長所が一つもないという訳ではない」と解釈する。

34 子曰、民之於仁也、甚於水火[一]。水火吾見踏而死者矣。未見踏仁而死者也[二]。

子曰く、「民の仁に於《お》けるや、水火《すいか》よりも甚だし(1)[一]。水火は吾 踏《ふ》みて死する者を見る。未だ仁を踏みて死する者を見ざるなり」と[二]。

孔子が言った、「民における仁は、水や火よりもまさっているものである。水や火についてはわたしは踏み込んで死ぬ人も見た。（しかし）仁に踏み込んで死んだ人は見たことがない」と。

[集解]

[一] 馬融は、「水や火と仁とは、どれも民が仰いで生きるものである。（なかでも）仁は最もまさっているものである」と解釈する。

［二］馬融は、「水や火に踏み込むと人が死ぬときがある。仁に踏み込んだとしても人が死んだことはないのである」と解釈する。

〔訳注〕1皇侃『論語義疏』によれば、甚《はなは》だしは、勝つというような意味である。水や火がなければ食事をすることができず、仁がなければ恩義がないが、この三つのうちでも仁が最も重要である、という。

〔参校〕朱熹『論語集注』は、水や火と仁とは、どちらも民が生存するためのものであるが、水や火は自分の外の物で、仁は自分に具《そな》わるものである。水や火がなければ人の身に害があるのに過ぎないが、仁でなければ本来の心を失ってしまう、とする。

35子曰、当仁、不譲於師［一］。

子曰く、「仁に当たりては、師にも譲らず」と［一］。

孔子が言った、「仁（を行う）に当たっては、先生にも遠慮はいらない」と。

［集解］

［一］孔安国は、「仁を行うに当たっては、先生にもまったく遠慮はいらない。仁を行うことは急がなければならないのである」と解釈する。

〔参校〕朱熹『論語集注』に引く程子《ていし》は、仁は自分の問題であるから、遠慮することはない、とする。

36子曰、君子貞而不諒［一］。

子曰く、「君子は貞にして諒《まこと》ならず」と［一］。

孔子が言った、「君子は（その道を）正しくしていて（言葉は必ずしも）真実ではない」と。

〔集解〕

［一］孔安国は、「貞は、正である。諒は、信である。君子は、その道を正しくするのであり、言葉は必ずしも真実をいう訳ではない」と解釈する。

〔参校〕朱熹『論語集注』は、「貞」は、正しさを知って堅く守ること、「諒」は、是非をきちんと識別せずに信じようとだけすること、とする。荻生徂徠『論語徴』は、「貞」は、女性の貞のように、内面を維持しているものが変わらないこと、「諒」は、信じられることを人に求めること、とする。

37子曰、事君、敬其事而後其食〔一〕。

子曰く、「君に事ふるには、其の事を敬《つつし》みて其の食を後にす」と〔一〕。

孔子が言った、「主君に仕えるには、その仕事を慎重にして俸禄のことは後回しにする」と。

〔集解〕

〔一〕孔安国は、「まず力を尽くしてその後に俸禄を得るのである」と解釈する。

38子曰、有教無類〔一〕。

子曰く、「教へ有りて類無し」と〔一〕。

孔子が言った、「教育を受けることについては差別はない」と。

〔集解〕

〔一〕馬融は、「言いたいことは人が教えを受けることについては、差別がないということである」と解釈する。

〔参校〕朱熹『論語集注』は、人の性はみな善であるが、善と悪の類別が生じるのは、気習に染まるからである。それゆえ君子の教化があれば、人々はみな善に復帰できて、悪である類をそれ以上論ずるには及ばなくなるとする。これにより、「教えがあると（みな善に復帰するので善と悪の）類別はなくなる」と解釈する。

39子曰、道不同、不相為謀。

子曰く、「道同じからざれば、相為《ため》に謀《はか》らず」と。

孔子が言った、「道が同じでなければ、互いに相談しあわない」と。

［集解］なし

40子曰、辞達而已矣［一］。

子曰く、「辞は達するのみ」と［一］。

孔子が言った、「言葉は(1)（事実に）到達すればよい」と。

［集解］

［一］すべての事は十分であることを越えることはない。言葉についても（事実に）到達すれば十分である。着飾られた言葉を用いないのである。

（訳注）1言語というのは、言葉を事実に到達させるものである。その言葉を美しく珍しいもの

にして、事実を越えてはならないのである（皇侃『論語義疏』）。

〔参校〕朱熹『論語集注』は、「言葉は（意味が）通じさえすればよい」と解釈する。

41師冕見［一］。及階、子曰、階也。及席也、子曰、席也。皆坐、子告之曰、某在斯、某在斯［二］。師冕出。子張問曰、与師言之道与。子曰、然。固相師之道也。［三］。

師の冕 見ゆ［一］。階に及ぶや、子曰く、「階なり」と。席に及ぶや、子曰く、「席なり」と。皆 坐すや、子 之に告げて曰く、「某は斯《ここ》に在り、某は斯に在り」と［二］。師の冕 出づ。子張 問ひて曰く、「師と言ふの道か」と。子曰く、「然り。固《もと》より師を相《みちび》くの道なり」と［三］。

楽師《がくし》の冕《べん》が会いにきた。階段まで来ると、孔子が言った、「階段です」と。席まで来ると、孔子が言った、「席です」と。みんなが座ると、孔子が教えて言った、「だれそれはそこに、だれそれはそこに」と。楽師の冕が退出した。子張が尋ねて言った、「楽師と語るときの作法でしょうか」と。孔子が言った、「そうだ。もちろん楽師を導く作法である」と。

［集解］

［一］孔安国は、「師は、楽師で目の見えない者である。名は冕である」と解釈する。

［二］孔安国は、「次々とすべてに渉って座っている人の姓名といる場所を告げた」と解釈する。

［三］馬融は、「相は、導である」と解釈する。

季氏《きし》第十六　凡十四章　何晏集解

01季子将伐顓臾。冉有・季路見於孔子曰、季氏将有事於顓臾[一]。孔子曰、求、無乃爾是過与[二]。夫顓臾、昔者先王以為東蒙主[三]。且在邦域之中矣[四]。是社稷之臣也。何以為伐也[五]。冉有曰、夫子欲之。吾二臣者、皆不欲也[六]。孔子曰、求、周任有言。曰、陳力就列、不能者止[七]。危而不持、顚而不扶、則将焉用彼相矣[八]。且爾言過矣。虎兕出於柙、亀玉毀櫝中、是誰之過与[九]。冉有曰、今夫顓臾固而近於費[一〇]。今不取、後世必為子孫憂。孔子曰、求、君子疾夫[一一]。舍曰欲之、而必更為之辞[一二]。丘也聞、有国有家者、不患寡而患不均[一三]、不患貧而患不安[一四]。蓋均無貧、和無寡、安無傾[一五]。夫如是。故遠人不服、則修文徳以来之、既来之、則安之。今由与求也、相夫子、遠人不服、而不能来也、邦分崩離析、而不能守也[一六]。而謀動干戈於邦内[一七]。吾恐季孫之憂、不在於顓臾、而在蕭牆之内也[一八]。

季氏 将《まさ》に顓臾《せんゆ》(1)を伐たんとす。冉有《ぜんゆう》・季路《きろ》 孔子に見《まみ》えて曰く、「季氏 将に顓臾に事《こと》有らんとす」と[一]。孔子曰く、「求よ、乃ち爾《なんぢ》は是れ過《あやま》てること無からんか[二]。夫《そ》れ顓臾は、昔者《むかし》 先王 以て東蒙(2)の主と為す[三]。且つ邦域の中に在り[四]。是れ社稷の臣なり。何《なに》を以《もっ》て伐つことを為《な》さんや」と[五]。冉有曰く、「夫子 之を欲す。吾二臣者《は》、皆《とも》に欲せざるなり」と〔六〕。孔子曰く、「求よ、周任(3)に言有り。曰く、「力を陳《の》べて列に就き、能《あた》はざれば止む」と〔七〕。危ふきも持せず、顛《たふ》るも扶《たす》けずんば、則ち将《は》た焉《いづく》んぞ彼の相を用ひん(4)〔八〕。且《か》つ爾《なんぢ》の言は過てり。虎兕《こじ》柙《かう》より出で、亀玉 櫝《とく》中に毀《こぼ》てば、是れ誰《たれ》の過ちぞや」と〔九〕。冉有曰く、「今 夫《か》の顓臾は固くして費に近し〔一〇〕。今 取らずんば、後世 必ず子孫の憂ひと為らん」と。孔子曰く、「求よ、君子は夫《かれ》を疾む〔一一〕。之を欲すと曰ふを舎《す》て、必ず更に之が辞を為す(5)〔一二〕。丘や聞く、「国を有《たも》ち家を有つ者は、寡《すくな》きを患《うれ》へずして均しからざるを患へ〔一三〕、貧しきを患へずして安からざるを患ふ」と〔一四〕。蓋《けだ》し均しければ貧しきこと無く、和すれば寡なきこと無く、安ければ傾くこと無し〔一五〕。夫れ是《かく》の如し。故に遠人 服せざれば、則ち文徳を修めて以て之を来たし、既に之を来たせば、則ち之を安んず。今 由と求とは、夫子を相《たす》くるに、遠人は服せざるも、来たす能はず、邦は分崩離析するも、守る能はざるなり〔一六〕。而して干戈《かんくわ》を邦内に動かさんことを謀る〔一七〕。吾れ恐らくは季孫の憂ひは、顓臾に在らずして、蕭牆《せうしやう》の内に在らんことを」と〔一八〕。

（魯の）季氏《きし》が顓臾《せんゆ》を伐とうとしていた。冉有《ぜんゆう》と季路《きろ》は孔子にお目にかかって言った、「季氏が顓臾に事を起こそうとしております」と。孔子が言った、「（冉）求《きゅう》よ、もしやお前の（教化が）過っていたのではないか。そもそも顓臾は、むかし先王が東蒙《とうもう》（を祀ること）を掌らせていた。そのうえ（魯の附庸《ふよう》として）領内に置かれている。つまり（すでに）魯国の臣下なのだ。どうして伐《う》とうとするのか」と。冉有が言った、「あの方がそうしたいのです。わたしたち二人は、ともにしたくはありません」と。孔子が言った、「求よ、周任《しゅうじん》に立派な言葉がある。それには、「力を尽くして官位に就き、できなければ止める」とある。（君主が）危うくても支えず、（君主が）つまずいても助けないのであれば、どうしてその相《しょう》を用いよう。しかもお前の言葉は間違っている。虎や犀《さい》が檻《おり》から逃げ出し、亀の甲《こうら》や宝玉が箱の中で壊れたら、これは誰の過ちであろう」と。冉有が言った、「今あの顓臾は堅固な備えで（季氏の封邑である）費《ひ》にも近接しております。今のうちに取らなければ、後世には必ず子孫の憂いとなるでしょう」と。孔子が言った、「求よ、君子はお前のような物言いを嫌う。（お前は季氏が）顓臾を欲していると言わず、そのためにまた言辞を弄《ろう》している。丘《わたし》はこう聞いている、「国を保つ諸侯《しょこう》や家を保つ卿《けい》・大夫《たいふ》は、（土地や領民が）少ないことを憂えず（政治が）公平でないことを憂え、貧しいことを憂えず（民が）安寧でないことを憂う」と。思うに（政治と教化が）公平であれば貧しいことはなく、（上下が）和合すれば少ないことはなく、（貧富が共に）安寧であれば傾くこともない。このようなものなのである。このため遠方の者が従わなければ、文徳を修めてそれを帰服させ、帰服したなら、これを安寧にする。いま季由と冉求は、あの方を補佐するのに、遠方の者は従わないのに、帰服させられず、国は分かれ崩れようとしているのに、守れない。しかも戦争を国内で起こそうとしている。吾《わたし》が恐れるのは季孫の憂いは、顓臾にはなく、屏の内側（の家臣）にあることである」と。

［集解］

［一］孔安国《こうあんこく》は、「顓臾は、宓義《ふくぎ》(6)の後裔であり、風姓の国である。もともと魯の附庸《ふよう》であり、当時は魯に臣属していた。季氏は顓臾の地に執着しており、滅ぼしてそれを保有しようとしていた。冉有と季路は季氏の臣下であり、やって来て孔子に（そのことを）告げたのである」と解釈する。

［二］孔安国は、「冉求《ぜんきゅう》は季氏の家宰《かさい》であり、季氏の家産を助け、季氏のために取りたてていた。(7)そのため孔子はひそかに冉求の教化（のあり方）を疑ったのである」と解釈する。

［三］孔安国は、「（先王は顓臾に）蒙山《もうざん》を祀《まつ》ることを掌らせていた」と解釈する。

［四］孔安国は、「魯は七百里の邦である。顓臾は（魯の）附庸《ふよう》であり、その領域内におかれていた」と解釈する。

［五］孔安国は、「すでに魯に属しており、魯国の臣下となっている。（それなのに）どうして顓臾を滅ぼすことがあるのか」と解釈する。

［六］孔安国は、「（冉有は季氏が顓臾を伐とうとする）過《あやま》ちを季氏に負わせた」と解釈する。

［七］馬融《ばゆう》は、「周任《しゅうじん》は、古《いにしえ》の優れた官吏である。言いたいことは能力を出し尽くし、自分の力量を推し測って、その官位に就くべきである。できなければ（官位に就くのを）止めなければならないということである」と解釈する。

［八］包咸《ほうかん》は、「言いたいことは人を補佐する者は、（君主が）危ういのを支えて（君主が）つまずくのを助けられなければならない。もしできなければ、どうして相であれようかということである」と解釈する。

［九］馬融は、「柙《こう》は、檻《おり》である。櫝《とく》は、櫝《はこ》である。（虎や犀《さい》が逃げ出したり、亀の甲や宝玉が壊れたりするのは）掌《つかさど》り守る者の過ちではないのか（ということである）」と解釈

する。

[一〇] 馬融は、「固しとは、城郭が堅牢であり、軍備が整っていることをいう。費は、季氏の封邑である」と解釈する。

[一一] 孔安国は、「お前のような物言いを嫌っている」と解釈する。

[一二] 孔安国は、「季氏が私利を貪《むさぼ》ろうとしていると説明せず、また他の言辞を弄《ろう》するのは、（君子の）嫌うところである」と解釈する。

[一三] 孔安国は、「国（を保つ）とは、諸侯《しょこう》のことであり、家（を保つ）とは、卿《けい》・大夫《たいふ》のことである。（諸侯や卿・大夫は）土地や領民の少なさを憂えず、政治が公平でないことを憂える」と解釈する。

[一四] 孔安国は、「民を安寧《あんねい》にできないのを憂えるだけである。民が安寧であれば国は豊かになる」と解釈する。

[一五] 包咸は、「政治と教化が公平であれば、貧しくない。上下が和合《わごう》すれば、少ないことを憂えない。貧しい者も富める者も安寧であれば、傾くことはない」と解釈する。

[一六] 孔安国は、「民に二心《にしん》があるのを分といい、（民が）去ろうとするのを崩と曰ひ、（民を）集められないのを離析《りせき》という」と解釈する。

〔一七〕孔安国は、「干は、楯である。戈は、戟である」と解釈する。

〔一八〕鄭玄《じょうげん》は、「蕭《しょう》という言葉は粛である。蕭牆《しょうしょう》とは、屏をいう。君臣が対面する礼では、屏に至って恭敬《きょうけい》を行う。このためにこれを蕭牆という。（孔子の言葉とおり）後に季氏の家臣の陽虎《ようこ》(9)が、果たして季桓子《きかんし》(10)を監禁した」と解釈する。

（訳注）1顓臾《せんゆ》は、魯の附庸《ふよう》。附庸は、周の諸侯の爵位である五等爵《ごとうしゃく》に当たらず、領有する土地も五十里以下で諸侯に満たないもの（『漢書』地理志上）。顓臾は、季氏《きし》の封邑と近く、そのため季氏はこれを攻めて併呑しようとしたのである（皇侃『論語義疏』）。『春秋左氏伝』僖《ぎ》公《こう》伝二十一年に、「顓臾は、風姓である」とあり、杜預注《どよちゅう》に、「顓臾は、泰山《たいさん》の南、武陽県《ぶようけん》の東北にある」とある。2東蒙《とうもう》は、蒙山。蒙山は（魯の）東にあるので、東蒙という（皇侃『論語義疏』・邢昺『論語注疏』）。3周任《しゅうじん》は、周の大夫（邢昺『論語注疏』）。『春秋左氏伝』隠公伝六年・昭公伝五年にも周任の言が見える。4言いたいことは、相というのは、その君主が危うくなっているのを支え、その君主がつまずくのを助けるべきである。もしそうでなければ、どうして相となっているのかということである（邢昺『論語注疏』）。5冉有は、季氏が私欲を貪《むさぼ》るために攻めようとしているとは言わない。これが「之を欲すと曰ふを舎《す》つ」である。しかも、顓臾は堅固な備えで費にも近いと解釈する。これ自体は本当である。

これが「必ず之が辞を為る」である（皇侃『論語義疏』）。6宓義《ふくぎ》は、伝説上の帝王。三皇の一人。姓は風。伏義・庖義なども表記される。7先進篇第十六章に、「季氏 周公より冨む。而して求や、之が為に聚斂して之に附益す」とある。その注には、「孔安国曰く、「冉求 季氏の宰爲《た》りて、之が為に賦税を急にするなり」と」とある。8周制では、諸侯は五百里の封地だが、魯は周公の功労により七百里を下賜されていた。9陽虎《ようこ》は、春秋魯の人。陽貨ともいう。季平子に仕え、季桓子のころには政事を専らにした。しかし、三桓氏を打倒しようとして敗れ、斉に出奔した。その容貌は孔子に似ていたという（『史記』巻四十七 孔子世家）。10季桓子は、三桓の一である季孫氏の第六代。姓は姫《き》、氏は季孫《きそん》、名は斯《し》、謚は桓。季桓子の時期に陽虎の乱が起こった（『史記』孔子世家）。陽虎が季桓子の家臣である仲 梁《ちゅうりょう》懐《かい》を捕らえ、それにより季桓子が怒ったが、逆に定公《ていこう》五（前五〇六）年に、陽虎は季桓子らを監禁して仲 梁 懐《ちゅうりょうかい》を追放した（『春秋左氏伝』定公 伝五年）。

〔参校〕朱熹『論語集注』は、「遠人」は顓臾のことをいうとし、「分崩離析」は、三家が国君の領地を四分の一を単位に分裂させ、家臣たちがしばしば離反したことをいうとする。また、「吾れ恐らくは季孫の憂ひは、顓臾に在らずして、蕭牆の内に在らんことを」について、孔子は国内の動乱が勃発していくことを恐れていると解釈し、その後に哀公《あいこう》が越《えつ》に魯《ろ》を伐たせて季氏を排除しようとしたことを例にあげる。

02孔子曰、天下有道、則礼楽・征伐自天子出。天下無道、則礼楽・征伐自諸侯出。自諸侯出、蓋十世希不失矣[一]。自大夫出、五世希不失矣[二]。陪臣執国命、三世希不失矣[三]。天下有道、則政不在大夫[四]。天下有道、則庶人不議[五]。

孔子曰く、天下に道有れば、則ち礼楽・征伐は天子より出づ。天下に道無くんば、則ち礼楽・征伐は諸侯より出づ。諸侯より出づれば、蓋し十世にして失はざること希《すく》なし[一]。大夫より出づれば、五世にして失はざること希なし[二]。陪臣《ばいしん》国命を執れば、三世にして失はざること希なし[三]。天下に道有れば、則ち政は大夫に在らず[四]。天下に道有れば、則ち庶人は議せず[五]。

孔子が言った、「天下に道があれば、礼楽や征伐は天子から起こる。天下に道がなければ、礼楽や征伐は諸侯から起こる。諸侯から起これば、おおよそ十代までに失敗しないものは少ない。大夫から起これば、五代までに失敗しないものは少ない。家臣が国政を握れば、三代までに失敗しないものは少ない。天下に道があれば、政治は大夫に握られない。天下に道があれば、庶民は批判しない」と。

[集解]

[一] 孔安国は、「希は、少である。周の幽王《ゆうおう》は犬戎《けんじゅう》に殺され(1)、平王《へいおう》(2)は東遷して、周が始めて微弱となった。(こうして)諸侯が自ら礼楽を作り、単独で征伐することが、隠《いん》公《こう》(3)から始まった。昭公《しょうこう》(4)に至り十代(5)となって政事を失い、(昭公は)乾侯《けんこう》の地で死んだ」と解釈する。

[二] 孔安国は、「季文子《きぶんし》(6)は初めて政事を得て、季桓子《きかんし》に至り五代(7)となって、家臣の陽虎《ようこ》に監禁された」と解釈する。

[三] 馬融は、「陪は、重である。(陪臣とは)家臣をいう。陽氏は季氏の家臣となり、陽虎《ようこ》に至り三代となって(斉に)出奔した」と解釈する。

[四] 孔安国は、「政事を定めることは君主によるためである」と解釈する。

[五] 孔安国は、「(庶民は)批判することがない」と解釈する。

(訳注) 1幽王《ゆうおう》は、周の第十二代君主で、西周最後の君主。褒姒《ほうじ》を寵愛し、皇后の申后《しんこう》を廃した。申后の父である申侯《しんこう》は、繒《そう》や犬戎《けんじゅう》と共に幽王を攻め、幽王は驪山《りざん》で殺された(『史記』周本紀)。犬戎は、西周と抗争した異民族。はじめ周に服属していたが、康王《こうおう》のときに離反し、穆王《ぼくおう》が西征して五王を太原《たいげん》に移して以降、その侵略は激しくなる。のち、宣王《せんおう》の討伐を受

けて勢力を弱めたが、宣王の子の幽王が失政を犯すと、中侯と結んでこれを攻め殺し、渭《い》水《すい》・合水《ごうすい》一帯に跳梁した（『史記』周本紀）。2平王《へいおう》は、周の第十三代君主で、東周《とうしゅう》最初の君主。幽王のもとの太子で申后《しんこう》の子。幽王の死後、申侯らが即位させた。平王の時に、鎬《こう》京《けい》から東遷して雒邑《らくゆう》を都とした（『史記』周本紀）。3隠公《いんこう》は、魯の第十四代君主。名は息姑《そくこ》。父の恵公《けいこう》の嫡子であった允《いん》（桓公《かんこう》）が幼かったため、魯の国人は息姑に政治を代行させた。そのため隠公はあくまで摂政であり、即位をしたとは言われない。隠公が君主を代行していた期間は、隣国との関係が良好であった（『史記』魯周公世家）。4昭公《しょうこう》は、魯の第二十三代君主。名は稠《ちゅう》。当時、勢力を伸ばしていた季氏を攻撃したことで、その徒党の反撃に遭い、斉《せい》に亡命した。その後、晉に移ったが、魯に帰れず、そのまま晉の乾侯《けんこう》で没した（『史記』魯周公世家）。5十代とは、隠公が一、桓公が二、荘公《そうこう》が三、閔公《びんこう》が四、僖公《きこう》が五、文公《ぶんこう》が六、宣公《せんこう》が七、成公《せいこう》が八、襄公《じょうこう》が九、昭公が十である（皇侃『論語義疏』）。6季文子《きぶんし》は、魯の大夫。季孫氏の三代目。名は行父《こうほ》。宣公・成公・襄公の相となった。その倹約により忠と評された（『春秋左氏伝』成公 伝十六年・襄公 伝五年）。7五代とは、季文子が一、季武子《きぶし》が二、季悼子《きとうし》が三、季平子《きへいし》が四、季桓子《きかんし》が五である（皇侃『論語義疏』）。

03孔子曰、祿之去公室五世矣［一］。政逮大夫四世矣［二］。故夫三桓之子孫微矣［三］。

孔子曰く、「祿の公室を去ること五世なり［一］。政の大夫に逮《およ》ぶこと四世なり［二］。故に夫の三桓の子孫は微なり」と［三］。

孔子が言った、「（魯は）爵祿《しゃくろく》（を賜与する権威）が公室を離れてから五代になる。政事が大夫に移ってから四代になる。だからあの三桓《さんかん》の子孫も衰えたのだ」と。

［集解］

［一］鄭玄は、「（孔子が）これを言った時は、魯の定公《ていこう》の（治世の）初めである。魯は東《とう》門襄仲《もんじょうちゅう》(1)が文公(2)の子の赤《せき》(3)を殺して宣公《せんこう》(4)を立てて以来、政事が大夫に移っていた。爵祿が君主から出ていないのは、定公に至り五代(5)となっていた」と解釈する。

［二］鄭玄は、「（四世は）季文子《きぶんし》・季武子(6)・季悼子(7)・季平子(8)である」と解釈する。

［三］孔安国は、「三桓(9)というものは、仲孫・叔孫・季孫（の三家）をいう。三卿はすべて桓公(10)から出た。そのため三桓というのである。仲孫氏はその氏を改めて孟孫《もうそん》氏と称した。哀公《あいこう》に至るとすべて衰えた」と解釈する。

（訳注）1東門襄仲《とうもんじょうちゅう》は、魯の卿《けい》。荘公《そうこう》の子。名は遂《すい》。僖《き》公《こう》・文公に仕えて卿となる。文公が卒した後、太子の悪《お》およびその弟の視《し》を殺して、庶長子の倭《わ》（宣公）を立てた（『春秋左氏伝』

文公 伝十八年）。2文公《ぶんこう》は、魯の第十九代君主。名は興《こう》。攻め込んできた狄《てき》を打ち破り、長狄《ちょうてき》の橋如《きょうじょ》を捕らえた（『史記』魯周公世家）。3赤《せき》は、文公の太子の悪。『春秋公羊伝《くようでん》』では、赤につくる。襄仲《じょうちゅう》に殺された（『春秋左氏伝』文公 伝十八年）。4宣公《せんこう》は、魯の第二十代君主。名は倭。公私ともに襄仲に仕える。これより、三桓の力が強くなった（『史記』魯周公世家）。5宣公が一、成公《せいこう》が二、襄公《じょうこう》が三、昭公が四、定公が五である（皇侃『論語義疏』）。6季武《きぶ》子《し》は、魯の大夫。季孫宿《きそんしゅく》。公室の軍を三分して三軍を設け、三桓《さんかん》がそれぞれ一軍ずつ統御し、合わせてその民に税役を課すよう軍制改革を行った。これにより、魯の公室はますます弱体化した（『史記』魯周公世家・『春秋左氏伝』襄公 伝十一年）。7季悼子《きとうし》は、魯の大夫。季孫《きそん》紇《こつ》。季武子の庶子だが、父に寵愛され、臧武仲《ぞうぶちゅう》の策によって兄を差し置いて後継者となった。父の季武子より先に没した（『春秋左氏伝』襄公 伝二十三年・昭公 伝十二年）。8季平子《きへいし》は、魯の大夫。季孫意如《きそんいじょ》。昭公《しょうこう》二十五（前五一七）年、昭公は季氏を攻めたが、孟孫《もうそん》氏・叔孫《しゅくそん》氏が救援したことにより、逆に昭公が斉に亡命した（『春秋左氏伝』昭公 伝二十五年）。9三桓《さんかん》は、魯の大夫である三つの家のこと。魯の桓公から別れたため、三桓と称される。桓公の嫡子は荘公となり、庶子の慶父《けいほ》・叔牙《しゅくが》・季友《きゆう》の子孫がそれぞれ仲孫・叔孫・季孫の三氏となった。仲孫氏は後世、庶子の中での長子を指す孟《もう》を用い、孟孫氏と改めた（『史記』魯周公世家）。10桓公《かんこう》は、魯の第十五代君主。名は允《いん》。恵公の嫡子であったが、恵公は桓公が幼いうちに死んだので、元の継嗣である隠公が先に位を継いだ。後に隠公を殺して公位に即いた（『史記』魯周公世家）。

〔参校〕朱熹『論語集注』は、四世について、季武子・季悼子・季平子・季桓子として、季文子を数えない。

04孔子曰、益者三友、損者三友。友直、友諒、友多聞、益矣。友便辟〔一〕、友善柔〔二〕、友便佞、損矣〔三〕。

孔子曰く、「益者は三友、損者は三友。直を友とし、諒を友とし、多聞を友とする(1)は、益なり。便辟《べんぺき》を友とし〔一〕、善柔を友とし(2)〔二〕、便佞《べんねい》を友とするは、損なり」と〔三〕。

孔子が言った、「有益であるのは三種の友であり、損害を被るのは三種の友である。正直《せいちょく》な人を友にし、誠信の人を友にし、博学の人を友にするのは、有益である。諂《へつら》う人を友にし、顔色を和《やわ》らげる人を友にし、（媚びることに）口達者な人を友にするのは、損害を被る」と。

［集解］

［一］馬融は、「（便辟は）たくみに諂《へつら》い人の嫌がることを避けて、用いられるのを求めることである」と解釈する。

［二］馬融は、「（善柔は）顔色を和らげることである」と解釈する。

［三］鄭玄は、「便は、辨《べん》である。媚びることに口達者であることをいう」と解釈する。

（訳注）1直とは正直《せいちょく》をいい、諒とは誠信をいい、多聞とは博学をいう（邢昺『論語注疏』）。2善柔とは、面柔《めんじゅう》（顔色を和らげること）をいう。顔色を和らげて人を誘う者である（邢昺『論語注疏』）。

05孔子曰、益者三楽、損者三楽。楽節礼楽［一］、楽道人之善、楽多賢友、益矣。楽驕楽［二］、楽佚遊［三］、楽宴楽、損矣［四］。

孔子曰く、「益者は三楽、損者は三楽。礼楽を節することを楽しみ［一］、人の善を導《い》ふことを楽しみ、賢友多きを楽しむは、益なり。驕楽を楽しみ［二］、佚遊《いつゆう》を楽しみ［三］、宴楽を楽しむは、損なり」と［四］。

孔子が言った、「有益であるのは三種の楽しみであり、損害を被るのは三種の楽しみである。（動くときには）礼楽に適《かな》うことを楽しみ、人の美点を言うことを楽しみ、優れた友の多いことを楽しむのは、有益である。好き勝手に振る舞うことを楽しみ、時節に合わない外出を楽しみ、酒に溺れることを楽しむのは、損害を被る」と。

［集解］

［一］（礼楽を節すは）動くときには礼楽の節度を得ることである。

［二］孔安国は、「（驕楽は）高貴であることを頼んで自分勝手に振る舞うことである」と解釈する。

［三］王肅《おうしゅく》は、「佚遊は、出入するのに時節を弁《わきま》えないことである」と解釈する。

［四］孔安国は、「宴楽は、酒に沈み職務を捨て過まり乱れることである。三つのことは、自ら損害を被る道である」と解釈する。

06孔子曰、侍於君子有三愆［一］。言未及之而言、謂之躁［二］。言及之不言、謂之隠［三］。未見顔色而言、謂之瞽［四］。

孔子曰く、「君子に侍するに三愆《けん》有り［一］。言 未だ之に及ばずして言ふ、之を躁《さう》と謂《い》ふ［二］。言 之に及びて言はざる、之を隠と謂ふ［三］。未だ顔色を見ずして言ふ、之を瞽《こ》と謂ふ」と［四］。

孔子が言った、「君子に付き従う時には三種の過ちがある。まだ言うべきではないのに言う、これを躁《そう》という。言うべきなのに言わない、これを隠という。（君子の）顔色を見ないで言う、これを瞽《こ》という」と。

［集解］

［一］孔安国は、「愆《けん》は、過である」と解釈する。

［二］鄭玄は、「躁《そう》は、落ち着かないことである」と解釈する。

［三］孔安国は、「隠は、隠して思いを尽くさないことである」と解釈する。

［四］周生烈《しゅうせいれつ》は、「君子が志向するところを見ず、最初から（自分の）気持ちを先にして語る者は、（顔色を窺えておらず）目が見えない人のようである」と解釈する。


07孔子曰、君子有三戒。少之時、血気未定、戒之在色。及其壮也、血気方剛、戒之在闘。及其老也、血気既衰、戒之在得［一］。

孔子曰く、「君子に三戒あり。少[1]き時は、血気 未だ定まらず、之を戒むること色に在り。其の壮《さかん》[2]なるに及びてや、血気 方に剛なり、之を戒むること闘に在り。其の老[3]いたるに及びてや、血気 既に衰ふ、之を戒むること得に在り」と［一］。

孔子が言った、「君子には三つの戒めがある。若いときは、血気がまだ定まっていないので、戒めは女色にある。壮年になると、血気が剛強になっているので、戒めは争いにある。老年になると、血気はもう衰えるので、戒めは欲にある」と。

［集解］

［一］孔安国は、「得は、貪《むさぼ》りとることである」と解釈する。

（訳注）1少は、二十九歳以下をいう（邢昺『論語注疏』）。2壮は、三十歳以上をいう（皇侃『論語義疏』）。3老は、五十歳以上をいう（皇侃『論語義疏』・邢昺『論語注疏』）。

08孔子曰、君子有三畏。畏天命［一］、畏大人［二］、畏聖人之言［三］。小人不知天命而不畏也［四］、狎大人［五］、侮聖人之言［六］。

孔子曰く、「君子に三畏《い》有り。(1)天命(2)を畏《おそ》れ［一］、大人《たいじん》を畏れ［二］、聖人の言を畏る［三］。小人は天命を知らずして畏れず［四］、大人に狎れ［五］、聖人の言を侮る」と［六］。

孔子が言った、「君子には三つの心服するものがある。天命に心服し、大人《たいじん》に心服し、聖人の言葉に心服する。小人は天命を知らないで心服せず、大人を狎れ軽んじ、聖人の言葉を侮る」と。

［集解］

［一］吉に従い凶に逆らうのが、天の命である。

［二］大人は、聖人である。天地とその徳を合する者である。

［三］深遠であり理解し易《やす》くないのが、聖人の言葉である。

［四］（天の法網は）広く粗い。そのため（小人は）心服することを知らないのである。

［五］（大人は）まっすぐでありほしいままにしない。そのため（小人は）これを狎れ軽んずるのである。

［六］（聖人の言葉は）僅かな理解によって知ることができない。そのため（小人は）これを侮るのである。

（訳注）1畏《い》は、心服することである（皇侃『論語義疏』・邢昺『論語注疏』）。2天命《てんめい》は、善をなせばそれに多くの幸福を与え、不善をなせばそれに多くの災いを与える（皇侃『論語義疏』・邢昺『論語注疏』）。

〔参校〕朱熹『論語集注』は、「畏」は畏怖の念が強いことであるとする。


09孔子曰、生而知之者、上也。学而知之者、次也。困而学之、又其次也［一］。困而不学民、斯為下矣。

孔子曰く、「生まれながらにして之を知る者は、上なり。学びて之を知る者は、次なり。困《くる》しみて之を学ぶは、又た其の次なり［一］。困しみて学ばざるは民、斯《これ》を下と為す」と。

孔子が言った、「生まれながらに知っている者は、上である。学んで知る者は、その次である。行き詰まって学ぶのは、またその次である。行き詰まっても学ぼうとしないのは民であり、下である」と。

［集解］

［一］孔安国は、「困とは、通じないところがあることをいう」と解釈する。

10孔子曰、君子有九思。視思明、聴思聴、色思温、貌思恭、言思忠、事思敬、疑思問、忿思難、見得思義。

孔子曰く、「君子に九思あり。視るには明を思ひ(1)、聴くには聡を思ひ(2)、色には温を思ひ(3)、貌には恭を思ひ(4)、言には忠を思ひ(5)、事には敬を思ひ(6)、疑はしきには問を思ひ(7)、忿《いか》るには難を思ひ(8)、得るを見ては義を思ふ(9)」と。

孔子が言った、「君子には九つの思うことがある。見るときにははっきり見ようと思い、聞くときにははっきりと聞こうと思い、顔つきは穏やかであろうと思い、容貌は恭々しくあろうと思い、言葉は誠実であろうと思い、事を行うには慎重であろうと思い、疑わしいことは問うことを思い、怒るときには（あとの）面倒を思い、利益を前にしたときは義を思う」と。

［集解］なし

（訳注）1目で様々なものを見る場合には、とりとめなくすることはなく、ただはっきり見ようと思う（皇侃『論語義疏』）。2耳で様々なことを聴く場合には、不確実にすることはなく、ただはっきり聞こうと思う（皇侃『論語義疏』）。3平時の顔つきは、厳しくすることはなく、ただ温和であろうと思う（皇侃『論語義疏』）。4物に接するときの容貌は、背《そむ》くことはなく、ただ恭《うや》々しくあろうと思う（皇侃『論語義疏』）。5言葉を発する場合には、嘘をつくことはなく、ただ忠心を尽くそうと思う（皇侃『論語義疏』）。6様々なことを行う場合には、傲慢になることはなく、ただ慎重であろうと思う（皇侃『論語義疏』）。7心に疑しいものがある場合には、自ら決断することはなく、それを有識者に尋ねようと思う（皇侃『論語義疏』）。8相手に間違ったことがあり、わたしに接したときには、わたしは必ず相手に怒る。しかし、

怒りの心により相手に報復せず、差し迫った難儀が降りかかるのではないかと思うべきである。一朝の怒りは、自身から親族に及ぶのが難しい（皇侃『論語義疏』）。9義がないのに富貴を得るのは、浮かんだ雲のようなものである。自分が利益を得られそうな場合には、義を思うべきである（皇侃『論語義疏』）。

11孔子曰、見善如不及、見不善如探湯。吾見其人矣、吾聞其語矣〔一〕。隠居以求其志、行義以達其道。吾聞其語矣、未見其人也。

孔子曰く、「善を見ては及ばざるが如くし(1)、不善を見ては湯《たう》を探るが如くす。吾 其の人を見、吾 其の語を聞く〔一〕。隠居して以て其の志を求め、義を行ひて以て其の道を達す。吾 其の語を聞くも、未だ其の人を見ざるなり」と。

孔子が言った、「善を見れば追い付けないかのように（それにむかおうと）し、不善を見れば熱湯に手を入れるかのように（急いで悪いものを避けようと）する。わたしはそういう人を見たし、わたしはそうした言葉を聞いた。隠居してその志を貫き、義を行ってその道を達する。わたしはそうした言葉は聞いたが、そういう人は見たことがない」と。

［集解］

［一］孔安国は、「湯を探るは、悪いものを避けることが速やかであるのを喩《たと》えている」と解釈する。

〔訳注〕1「善を見ては及ばざるが如くす」とは、常に善をなすことに勤めてやまないのをいう（邢昺『論語注疏』）。

〔参校〕皇侃『論語義疏』は、後半の句について、ただ昔に伯夷《はくい》・叔斉《しゅくせい》がいてそのようであったことを聞くのみであるため、其の語を聞くといい、当時の世にはもうそのような人はいないため、未だ其の人を見ずといったとする。朱熹『論語集注』は、後半の句について、ただ伊尹《いいん》や太公望《たいこうぼう》のような人のみが、それに該当する。当時は顔回などもまたこれに近かったが、隠れて世間に現れず、そのうえ不幸にも夭折《ようせつ》したため、孔子はこのように言ったとする。

12 斉景公有馬千駟。死之日、民無得而称焉［一］。伯夷・叔斉餓于首陽之下［二］。民到于今称之。其斯之謂与［三］。

斉の景公は馬千駟《し》有り。死するの日、民 得て称すること無し［一］。伯夷・叔斉(1)は首陽の下に餓《う》う[二]。民 今に到るまで之を称す。其《そ》れ斯《これ》を之れ謂ふか[三]。
斉《せい》の景公《けいこう》は四千頭の馬を持っていた。（しかし）死んだとき、民は称えることがなかった。伯夷《はくい》と叔斉《しゅくせい》は首陽山《しゅようざん》のふもとで飢え死にした。（しかし）民は今に至るまでこれを称えている。（徳によって称えられるとは）まあこういうことを言うのだろう。

[集解]

[一] 孔安国は、「千駟《せんし》は、四千頭である」と解釈する。

[二] 馬融は、「首陽山は、河東《かとう》郡蒲坂《ほはん》県、華山《かざん》の北、黄河のほとりの内側にある」と解釈する。

[三] 王粛《おうしゅく》は、「これはいわゆる徳によって称えられるということである」と解釈する。

（訳注）1伯夷《はくい》・叔斉《しゅくせい》は、殷末・周初の兄弟。ともに孤竹《こちく》国の王子で、兄の伯夷は父の遺志により王位を弟の叔斉に譲ろうとしたが、叔斉は長幼の序によって受けなかった。王座を譲り合い、ついに国を出奔した二人は周に身を寄せたが、周の武王が、殷の臣下でありながら紂王《ちゅうおう》を討伐しようとしたことを不忠であるとなじった。殷が滅亡すると、周の粟《ぞく》を食べることを恥じ、首陽山《しゅよう》に入って薇《わらび》を食べて生活したが、やがて餓死したという（『史記』伯夷

列伝）。何晏の当時には、伯夷・叔斉への批判も存在したことは、吉川忠夫「歴史のなかの伯夷叔斉」（『東洋の思想と宗教』三二、二〇一五年）を参照。

〔参校〕朱熹『論語集注』は、「其れ斯を之れ謂ふか」の前に、顔淵篇第十章の「誠に富を以てせず、亦た祇《まさ》に異を以てす」が入るとする。これによれば、本文は、「（人が称えるのは）富のためではなく、俗人と異なるところにある。まあこういうことを言うのだろう」という意味になる。また、本章の冒頭には、「孔子曰」の字がなくてはならず、錯簡が多いとする。

13陳亢問於伯魚曰、子亦有異聞乎〔一〕。対曰、未也。嘗独立〔二〕、鯉趨而過庭。曰、学詩乎。対曰、未也。曰、不学詩無以言也。鯉退而学詩。他日又独立、鯉趨而過庭。曰、学礼乎。対曰、未也。不学礼無以立也。鯉退而学礼。聞斯二。陳亢退喜曰、問一得三、聞詩、聞礼、又聞君子之遠其子也。

陳亢（1） 伯魚（2）に問ひて曰く、「子も亦た異聞有るか」と〔一〕。対へて曰く、「未《いま》だし。嘗《かつ》て独り立つに〔二〕、鯉 趨《はし》りて庭を過ぐ。曰く、「詩を学びたるか」と。対へて曰く、「未だし」と。曰く、「詩を学ばずんば、以て言ふこと無し」と。鯉 退《しりぞ》きて詩を学ぶ。他日 又 独り立つに、鯉 趨りて庭を過ぐ。曰く、「礼を学びたるか」と。対へて曰く、

「未だし」と。「礼を学ばずんば、以て立つこと無し」と。鯉 退きて礼を学ぶ。斯《こ》の二を聞けり」と。陳亢 退き喜びて曰く、「一を問ひて三を得たり。詩を聞き、礼を聞き、又 君子の其の子を遠ざくるを聞く」と。

陳亢《ちんこう》が（孔子の子である）伯魚《はくぎょ》に尋ねて言った、「あなたはもしや何か変わったことを教えられましたか」と。（伯魚は）答えて言った、「いいえ。以前（父上が）一人で立っていたとき、鯉《わたし》は小走りをして庭を通りました。（すると父上が）言いました、「詩を学んだのか」と。（鯉《わたし》は）答えて言いました、「いいえ」と。（すると父上が）言いました、「詩を学ばなければ、（人に）ものを言うことができない」と。（そこで）鯉《わたし》は退いて詩を学びました。別の日にまた一人で立っていたとき、鯉《わたし》は小走りをして庭を通りました。（すると父上が）言いました、「礼を学んだのか」と。（鯉《わたし》は）答えて言いました、「いいえ」と。（すると父上が言いました）「礼を学ばなければ、（人として）立つことができない」と。（そこで）鯉《わたし》は退いて礼を学びました。この二つのことを教えられました」と。陳亢は退出すると喜んで言った、「一つを尋ねて三つを聞くことができた。詩（の重要性）を教えられ、礼（の重要性）を教えられ、また君子が自分の子を遠ざけることを教えられた」と。

〔集解〕

〔一〕馬融は、「(陳亢は)伯魚が孔子の子なので、教わったものがきっと特殊であっただろうと思ったのである」と解釈する。

〔二〕孔安国は、「独り立つとは、孔子のことをいう」と解釈する。

〔訳注〕1陳亢《ちんこう》は、弟子。姓を陳、名を亢、字を子元《しげん》あるいは子禽《しきん》といい、孔子より四十歳年少(『孔子家語』七十二弟子解)。『論語』には、子貢や伯魚との問答が見える。2伯魚《はくぎょ》は、孔子の子。名は鯉《り》。先進篇第七章を参照。

〔参校〕『孟子《もうじ》』離婁《りろう》章句上に、「公孫丑《こうそんちゅう》が言った、「君子は(自分の)子に教育をしないということですが、どういうことですか」と。孟子が言った、「自然の成り行きとして行えないのである。教えるのには正しい道理をもってするが、正しい道理をもってして実行しなかったら、怒ることになる。怒るとかえって(義を)そこなうことになる。(そうなると子の方も)父上はわたしに教えるのに正しい道理をもってするのに、父上自身は正しいという訳ではないということになる。これは父子が互いにそこなうということである」と」とある。朱熹『論語集注』は、孔子が自分の子を教える際には、門人と異なることがなかった。そのため、陳亢は自分の子を遠ざけるとみなした、とする。

14邦君之妻、君称之曰夫人。夫人自称曰小童。邦人称之曰君夫人。称諸異邦曰寡小君。異邦人称之亦曰君夫人也［一］。

邦君の妻、君 之を称して夫人と曰ふ。夫人 自ら称して小童と曰ふ。邦人 之を称して君夫人と曰ふ。諸《これ》を異邦に称して寡小君と曰ふ。異邦の人 之を称して亦た君夫人と曰ふなり［一］。

邦君《ほうくん》の妻について、君がこれを呼ぶときには夫人《ふじん》という。夫人が自分を呼ぶときには小童《しょうどう》という。邦人《ほうじん》がそれを呼ぶときには君夫人《くんふじん》という。それを異邦に向かって呼ぶときには寡小君《かしょうくん》という。異邦人《いほうじん》がそれを呼ぶときにはやはり君夫人《くんふじん》という。

［集解］

［一］孔安国は、「小君は、君の夫人の呼び方である。異国に対してへりくだるので、寡小君という。その当時、諸侯の嫡《てき》と妾《しょう》が正しくなく、呼び方は明らかでなかった。そのため孔子は正しくその礼を言ったのである」と解釈する。

〔参校〕朱熹『論語集注』に引く呉棫《ごよく》は、『論語』の中のかかる類の語は、すべていかなる意味かわからない。古《いにしえ》がこうだったのか、それとも孔子がこのように言ったことがあったのか、考えようがない、とする。荻生徂徠《おぎゅうそらい》『論語徴《ろんごちょう》』は、呉棫の議論は的外れである。周の礼で

『礼記』などに載せるものは、孔子がこれを述べ、それによって門人が書くことができたものである。孔子以前は書物がなかった。孔子の道は先王《せんおう》の道であって、孔子は先王の道を隠すことはなかった。それゆえ当時の門人たちは、先王の礼と孔子の言行とを差別することはなかったのである、とする。

陽貨《ようか》第十七　凡廿四章　何晏集解

01陽貨欲見孔子。孔子不見[一]。帰孔子豚[二]。孔子時其亡也、而往拜之。遇諸塗[三]。謂孔子曰、来。予与爾言。曰、懐其宝而迷其邦、可謂仁乎。曰、不可[四]。好従事而亟失時、可謂智乎。曰、不可[五]。日月逝矣。歳不我与[六]。孔子曰、諾。吾将仕矣[七]

陽貨(1)孔子を見んと欲す。孔子見ず[一]。孔子に豚(2)を帰《おく》る[二]。孔子其の亡《な》きを時として、往きて之を拝す。諸《これ》に塗《みち》に遇ふ[三]。孔子に謂ひて曰く、「来れ。予《われ》爾《なんぢ》と言はん」と。曰く、「其の宝《はう》を懐きて其の邦を迷はすは、仁と謂ふ可きか」と。曰く、「不可なり」と[四]。「事に従ふを好みて亟〻《しばしば》時を失ふは、智と謂ふ可きか」と。曰く、「不可なり」と[五]。「日月は逝《ゆ》く。歳は我と与《とも》ならず」と[六]。孔子曰く、「諾。吾 将に仕へんとす」と[七]。

陽貨《ようか》は孔子《こうし》と会おうとした。孔子は会わなかった。（そこで陽貨は）孔子に豚《ごん》を贈っ（て、返礼に来させようとし）た。孔子は陽貨がいない時をうかがって、訪ねて返礼した。（しかし）陽貨に道中出くわした。（陽貨が）孔子に言った、「来なさい。わたしはあなたと話したい」と。（陽貨が言った）「その宝を懐にいれその邦《くに》を迷わせるのは、仁と言えようか」と。（孔子が言った）「言えません」と。（陽貨が言った）「政治にたずさわるのを好みながらも度々時宜を失しているのは、智と言えようか」と。（孔子が言った）「言えません」と。（陽貨が言った）「月日は過ぎ去る。歳月はわたしたちを待ってはくれない」と。孔子は「ええ。わたしは（然るべき方に）仕えようと思っているのです」と言った。

［集解］

［一］孔安国《こうあんこく》は、「陽貨《ようか》は、陽虎《ようこ》である。季氏《きし》の家臣であり魯《ろ》国の政事を専横していた。孔子と会って（自分に）仕官させようとした」と解釈する。

［二］孔安国は、「（贈り物に）行って返礼をさせようとした。(3) そのため孔子に豚《ごん》を贈ったのである」と解釈する。

［三］孔安国は、「塗《と》は、道である。道路で互いに鉢合わせたのである」と解釈する。

［四］馬融《ばゆう》は、「言いたいことは孔子が仕えないことは、つまり宝物を懐に抱くということである。国が治まっていないのを知っていて政治を行わないのは、邦を混迷させるということである」と解釈する。

［五］孔安国は、「言いたいことは孔子はせわしなくして、政事にたずさわるのを好み、

しかし度々かなわず時宜《じぎ》を失している。智恵があるとは言えないということである」と解釈する。

〔六〕馬融は、「（孔子の）年齢は老い、歳月は往き過ぎた。急いで仕えるべきである」と解釈する。

〔七〕孔安国は、「肯定の返事によって被害を免れたのである」と解釈する。

（訳注）1陽貨《ようか》は、魯の季桓子《きかんし》の家臣。邢昺『論語注疏』によれば、姓を陽、名を虎《こ》、字を貨という。魯の政治を専横し、主君である季氏を殺す計画を立てたが失敗し、斉《せい》・宋《そう》と逃れ続け、晉《しん》の趙氏のもとで落ち着いた（『春秋左氏伝』定公 伝五年から定公 伝九年）。2豚《ごん》は、ブタの小さいもの（邢昺『論語注疏』）。3礼では、大夫が士に贈り物をし、士が受け取れなかった場合には、士は大夫の家に出向いて拝謝することになっていた（『礼記《らいき》』玉藻篇）。

〔参校〕皇侃《おうがん》『論語義疏《ろんごぎそ》』は、「宝は、道のようなものである」といい、邢昺《けいへい》『論語注疏《ろんごちゅうそ》』・朱《しゅ》熹《き》『論語集注《ろんごしゅうちゅう》』は、宝を「道徳」のこととする。

02子曰、性相近也。習相遠也〔一〕。

子曰く、「性(1)は相 近きなり。習《ならひ》は相 遠きなり」と〔一〕。

孔子が言った、「性は互いに近いものである。習いは互いに遠いものである」と。

〔集解〕

〔一〕孔安国は、「君子は学習したことを重んじるのである」と解釈する。

（訳注）1性は、公冶長篇第十三章の何晏注に「性とは、人の受けて以て生ずる所なり」とあり、先天的なものであるとしている。

〔参校〕皇侃『論語義疏』は、性が近いとは、無善無悪である点では同じであるが、濃いと薄いとの異なりがあることを指すとする。朱熹『論語集注』は、これは気質《きしつ》の性をいうとする程子《ていし》の説をあげた後、「性は、気質を兼ねて言ったものである。気質の性はもとより美悪の違いがある。しかしその最初について言えば、皆 大きくはかけ離れていない」ため「相 近い」とする。伊藤仁斎《いとうじんさい》『論語古義《ろんごこぎ》』は、「性には大きな差がある」が、「四端を持っている点では同じ」であるため「相 近い」と述べる。

03子曰、唯上智与下愚不移〔一〕。

子曰く、「唯だ上智と下愚とは移らず」と〔一〕。

孔子が言った、「ただ上智《じょうち》と下愚《かぐ》は変わらない」と。

〔集解〕

〔一〕孔安国は、「上智《じょうち》（の人）には無理に悪事をなさせることはできない。下愚《かぐ》（の人）は強引に賢者にならせることはできない」と解釈する。

〔参校〕皇侃『論語義疏』は、「賢愚には万品があり」、上は聖、下は愚、その中間については品は異なるがひとつとみなして、大別すれば三に別れると述べる。性三品《せいさんぴん》説である。人は生まれる際、「天地・陰陽・氛氳《ふんうん》の気を受ける」が、その「気には清濁があり、純粋な清の気を受ければ聖人になり、純粋な濁の気を受ければ愚人になる」。「聖人は純粋に清であるため、攪拌《かくはん》しても濁らず」、故に移らないのであるとする。魏晋南北朝《ぎしんなんぼくちょう》期における性三品説については、渡邉義浩「九品中正制度と性三品説」（『三国志研究』一、二〇〇六年、『西晋「儒教国家」と貴族制』汲古書院、二〇一〇年に所収）を参照。邢昺『論語注疏』は、習いによって性が上に行ったり下に行ったりするのは中人だけであるとし、悪を為させられない上知の聖人と、賢を為させられない下愚の人については、中人のように性は近く習いは遠いというものではないとする。朱熹『論語集注』は、程子《ていし》を引き、「性を語れば、皆 善である。その才《さい》を語れば、下愚が移らないということがある」とする。

04子之武城、聞絃歌之声［一］。夫子莞爾而笑曰［二］、割鶏焉用牛刀［三］。子游対曰、昔者、偃也聞諸夫子。曰、君子学道則愛人、小人学道則易使［四］。子曰、二三子［五］、偃之言是也。前言戯之耳［六］。

子 武城(1)に之《ゆ》き、絃歌(2)の声を聞く［一］。夫子 莞爾《くわんじ》として笑ひて曰く［二］、「鶏を割くに焉《いづく》んぞ牛刀(3)を用ひん」と［三］。子游(4) 対へて曰く、「昔者《むかし》、偃《えん》や諸《これ》を夫子に聞けり。曰く、「君子 道を学べば則ち人を愛し、小人 道を学べば則ち使ひ易し」と」と［四］。子曰く、「二三子［五］、偃の言は是なり。前の言は之に戯《たはむ》るるのみ」と［六］。

孔子が（子游《しゆう》の治める）武城《ぶじょう》に行き、絃歌《げんか》の響きを聞いた。先生はにこりと笑って言った、「鶏をさばくのにどうして牛刀《ぎゅうとう》を用いるのか」と。子游が答えた、「むかし、偃《わたし》はこのことを夫子から伺いました。仰るに、「君子が道を学べば人を愛し、小人が道を学べば使いやすくなる」と」と。孔子が言った、「君たち、偃《えん》の言葉は正しい。先ほどの言葉はふざけただけである」と。

［集解］

［一］ 孔安国は、「（このとき）子游《しゆう》が武城《ぶじょう》の宰《さい》であった」と解釈する。

［二］ 莞爾《かんじ》は、わずかに笑った顔つきである。

〔三〕孔安国は、「言いたいことは小（さな邑）を治めるのに、どうして（礼楽という）大道《たいどう》を用いる必要があるのかということである」と解釈する。
〔四〕孔安国は、「道とは、礼楽をいう。楽はこれにより人々を和合させ、人々は調和すれば使いやすくなる」と解釈する。
〔五〕孔安国は、「（孔子に）従って同行する者たちである」と解釈する。
〔六〕孔安国は、「小（さな邑）を治めるのに大道を用いていると言って戯れた」と解釈する。

（訳注）1武城《ぶじょう》は、魯の邑の名である（邢昺『論語注疏』）。2絃歌《げんか》は、琴瑟《きんしつ》を弾き、詩を吟《ぎん》じること（『周礼《しゅらい》』春官 小師）。3牛刀《ぎゅうとう》は、大刀である。鶏を割くには、鶏刀を用いるべきである（皇侃『論語義疏』）。4子游《しゆう》は、弟子。先進篇第二章を参照。

〔参校〕皇侃『論語義疏』は、「絃歌の声を聞く」について、人家から弦歌の響きが聞こえたという説と、子游が弦歌によって民を教化しているのを聞いたという説の両説を載せる。邢昺『論語注疏』は後者を採用する。また、『論語義疏』は、牛刀を子游の大才の喩《たと》えとする。

05公山不擾以費畔。召。子欲往〔一〕。子路不悦。曰、末之也已。何必公山氏之也〔二〕。

子曰、夫召我者、而豈徒哉。如有用我者、吾其為東周乎[三]。

公山不擾(1)費を以て畔《そむ》く。召す。子 往かんと欲す[一]。子路(2)悦ばず。曰く、「之《ゆ》くこと未《な》(3)ければ已む。何ぞ必ずしも公山氏に之れ之《ゆ》かんや」と[二]。子曰く、「夫れ我を召す者は、豈に徒《むな》(4)しからんや。如《も》し我を用ふる者有らば、吾 其れ東に周を為さんか」と[三]。

公山不擾《こうざんふじょう》が(治めている)費を拠点に反乱を起こした。(不擾が孔子を)招いた。孔子は行こうとした。子路《しろ》は喜ばなかった。(子路は)言った、「行くべきでないなら止《や》めるだけです。どうして必ずしも公山氏(のところ)に行かねばならないのですか」と。孔子が言った、「そもそもわたしを召す者は、無駄にそんなことをするだろうか。もしもわたしを用いる者がいれば、わたしは東(の魯)に周《しゅう》(の道)を敷こう」と言った。

[集解]

[一] 孔安国は、「不擾は、季氏《きし》の宰である。陽虎と共に季桓子《きかんし》を捕らえ、そして孔子を招いたのである」と解釈する。

[二] 孔安国は、「之は、適《ゆ》くである。行くべきでなければ止めるだけである。どうして

必ずしも公山氏（のところ）に行かねばならないということがあろうか」と解釈する。

[三] 周の道を東方(5)に興す。それで東に周（の道を敷く）と言うのである。

（訳注）1公山不擾《こうざんふじょう》は、季孫《きそん》氏の采邑である費《ひ》の宰。姓を公山、名を不擾、字を子洩《しせつ》といい、『春秋左氏伝』や『史記』孔子世家では名を不狃《ふじゅう》に作る。陽虎《ようこ》を頼っていたが、かれが出奔した後は、子路《しろ》が三桓の都である費・郈《こう》・成《せい》を壊そうとしたことに反対し、費を率いて魯を襲った。その時司寇《しこう》であった孔子の指揮により費は敗走し、不擾は斉《せい》に逃れた。そののち呉《ご》に身を寄せたが、呉が魯を攻めることには反対したという（『春秋左氏伝』定公伝五年から哀公伝八年）。2子路は、弟子。先進篇第二章を参照。3末は、無である（邢昺『論語注疏』）。4徒は、空である（皇侃『論語義疏』・邢昺『論語注疏』）。5東方について、皇侃『論語義疏』は、西にある周に対して、東にある魯のこととする説と、周室が洛邑《らくゆう》に東遷したことを指す説の二説を挙げる。邢昺『論語注疏』も東方は魯である、とすることから、ここでは魯を指すと解釈した。

06子張問仁於孔子。孔子対曰、能行五者於天下為仁矣。請問之。曰、恭・寛・信・敏・恵。恭則不侮[一]。寛則得衆。信則人任焉。敏則有功[二]。恵則足以使人。

子張(1) 仁を孔子に問ふ。孔子 対へて曰く、「能く五者を天下に行ふを仁と為す」と。之を請ひ問ふ。曰く、「恭・寛・信・敏・恵なり。恭なれば則ち侮《あなど》られず[一]。寛なれば則ち衆を得。信なれば則ち人に任ぜらる。敏なれば則ち功有り[二]。恵なれば則ち以て人を使ふに足る」と。

子張《しちょう》が仁について孔子に尋ねた。孔子は答えて言った、「五つのものを天下に行えることを仁とする」と。（子張は）その内容を尋ねた。（孔子が言った）「恭《きょう》・寛《かん》・信《しん》・敏《びん》・恵《けい》である。恭であれば侮られない。寛であれば衆人の心を得る。信であれば人に任せられる。敏であれば功績がある。恵であれば人を使うに足りる」と。

［集解］

［一］孔安国は、「侮り馬鹿にされない」と解釈する。

［二］孔安国は、「仕事に対処するのが素早ければ、多く功績をあげられる」と解釈する。

（訳注）1子張《しちょう》は、弟子。先進篇第十五章を参照。

07佛肹召。子欲往[一]。子路曰、昔者、由也聞諸夫子。曰、親於其身為不善者、君子不入[二]。佛肹以中牟叛。子之往也、如之何。子曰、然。有是言。曰、不曰堅乎、磨而不磷。不曰白乎、涅而不緇［三］。吾豈匏瓜也哉。焉能繫而不食［四］。

胇肹(1)召す。子 往かんと欲す［一］。子路曰く、「昔者《むかし》、由や諸《これ》を夫子に聞けり。曰く、「親ら其の身に於て不善を為す者には、君子 入らず」と［二］。胇肹は中牟を以て叛く。子の往くや、之を如何《いかん》」と。子曰く、「然り。是の言有り(2)。曰く、「堅きを曰はずや、磨けども磷《うすろ》がず。白きを曰はずや、涅《くろ》(3)めども緇《くろ》まず」と［三］。吾 豈に匏瓜ならんや。焉んぞ能く繫《かか》りて食はれざらん」と［四］。

胇肹《ひつきつ》が（孔子を中牟に）招いた。孔子は行こうとした。子路が言った、「むかし、由《わたし》はこの言葉を先生から伺いました。「自分からその身で不善を行う者（の国）には、君子は入っていかない」と。胇肹は（自分の治める）中牟《ちゅうぼう》を率いて反乱を起こしました。先生が行かれるのは、どうしたことでしょう」と。孔子が言った、「そうだな。（だが）こういう言葉もある。「（真に）堅いことを言ったのではないか、磨いても薄くならないとは。（真に）白いことを言ったのではないか、黒染めしても黒くならないとは」と。わたしは匏《ひさご》ではない。どうしてぶら下がったまま食べられずにおれようか」と。

［集解］

［一］孔安国は、「（中牟は）晋の大夫である趙簡子《ちょうかんし》の邑宰である」と解釈する。

［二］孔安国は、「その国に入らない」と解釈する。

［三］孔安国は、「磷《りん》は、薄である。涅《でつ》は、黒色に染められるものである。言いたいことは真に堅いものは、それを磨いても薄くはならない。真に白いものは、それを涅色《くろ》に染めても黒くはならないということである。君子は濁乱の中にあっても、濁乱では汚すことはできないことを喩えているのである」と解釈する。

［四］匏《はう》は、瓠《ひさご》である。言いたいことは匏瓜《ひさご》がひとところに掛かっていられるのは、食べられないからである。わたしはもともと物を食べる。（食べ物を求めて）東西南北に行かねばならず、食べられない物のようにひとところに掛かって留まっていることはできないということである。


（訳注）1 肸肹《ひつきつ》は、晋《しん》の趙簡子《ちょうかんし》の采邑《さいゆう》である中牟《ちゅうぼう》の宰。中牟を率いて反乱を起こした（『史記』孔子世家）。2「是の言」は、前の言葉を指すと解釈することも多いが、佐藤一斎《さとういっさい》『論語欄外書』に従い、後ろの言葉を指すと考えた。3 涅《でつ》は、水中の黒土で、黒い色に染められる（邢昺『論語注疏』）。4 趙簡子は、春秋晋《しん》の大夫。趙鞅《ちょうおう》。簡は諡《おくりな》。周の敬王《けいおう》をまもり、魯の陽虎を受け入れて手厚く歓迎した。范《はん》・中行《ちゅうこう》の二氏を討ち、晋の国政を掌握し、趙の勢力を確

立した（『史記』趙世家）。5東西南北は、『礼記《らいき》』檀弓《だんぐう》篇上に、「孔子 既に防に合葬するを得たり。曰く、「吾 之を聞く、古は墓して墳せずと。今 丘や東西南北の人なり。以て識さざる可からざるなり」と。是に於て之を封ず」とあるのに基づく。

08子曰、由也、汝聞六言・六蔽矣乎[一]。対曰、未也。居。吾語汝[二]。好仁不好学、其蔽也愚[三]。好智不好学、其蔽也蕩[四]。好信不好学、其蔽也賊[五]。好直不好学、其蔽也絞。好勇不好学、其蔽也乱。好剛不好学、其蔽也狂[六]。

子曰く、「由や、汝 六言・六蔽を聞けるか」と[一]。対へて曰く、「未だしなり」と。「居れ。吾 汝に語らん[二]。仁を好みて学を好まざれば、其の蔽や愚なり[三]。智を好みて学を好まざれば、其の蔽や蕩《たう》なり[四]。信を好みて学を好まざれば、其の蔽や賊なり[五]。直を好みて学を好まざれば、其の蔽や絞[1]なり。勇を好みて学を好まざれば、其の蔽や乱[2]なり。剛を好みて学を好まざれば、其の蔽や狂なり」と[六]。

孔子が言った、「由よ、お前は六言《りくげん》と六蔽《りくへい》について聞いたことがあるか」と。（子路は）答えて言った、「まだございません」と。（孔子が言った）「座りなさい。わたしがお前に話そう。仁を好んでも学ぶことを好まなければ、愚《ぐ》という弊害がある。智を好んでも学ぶことを好まなければ、蕩《とう》（留まるものがない）という弊害がある。信を好んでも学ぶことを好まなければ、賊《ぞく》という弊害がある。直を好んでも学ぶことを好まなければ、絞《こう》（他人の非を謗る）という弊害がある。勇を好んでいても学ぶことを好まなければ、乱《らん》という弊害がある。剛を好んでも学ぶことを好まなければ、狂《きょう》という弊害がある」と。

［集解］

［一］六言《りくげん》と六蔽《りくへい》というものは、下の六つの事である。仁・智・信・直・勇・剛を言うのである。

［二］孔安国は、「子路は立ち上がって答えた。(3) そのため席に戻らせたのである」と解釈する。

［三］孔安国は、「仁者は物を愛するが、その物をはかる基準を知らねば、愚である」と解釈する。

［四］孔安国は、「蕩は、行って留まるものが無いことである」と解釈する。

［五］孔安国は、「父子が互いのために（相手の罪を）隠し合う(4) ことを知らないたぐいである」と解釈する。

〔六〕孔安国は、「狂は、やたらに人に衝突する」と解釈する。

〔訳注〕1絞《こう》は、刺のようなものである。他人の非を譏《そし》り責め、自分の直を実現するのである（皇侃『論語義疏』）。2乱は、皇侃『論語義疏』・邢昺『論語注疏』によれば、乱をおこすこと。3教えを受ける際には、立ち上がるのが礼である（『礼記《らいき》』曲礼《きょくらい》篇上）。4子路篇第十八章を踏まえている。

〔参校〕朱熹『論語集注』は、「蕩」は際限が無くなること、「賊」は他者に傷つけられること、「勇」は剛が発動したもの、「剛」は勇の本体、「狂」は騒がしく軽率なこととする。

09子曰、小子何莫学夫詩〔一〕。詩可以興〔二〕、可以観〔三〕、可以羣〔四〕、可以怨〔五〕。邇之事父、遠之事君〔六〕、多識於鳥獣草木之名。子謂伯魚曰、女為周南・邵南矣乎。人而不為周南・邵南、其猶正牆面而立也与〔七〕。

子曰く、「小子 何《なん》ぞ夫《か》の詩を学ぶこと莫き〔一〕。詩は以て興《きょう》す可く〔二〕、以て観る可く〔三〕、以て羣す可く〔四〕、以て怨《そし》る可し〔五〕。之を邇《ちか》くしては父に事へ、之を遠くしては君に事へ〔六〕、多く鳥獣草木の名を識る」と。子 伯魚(1)に謂ひて曰く、「女《なんぢ》 周南・邵南(2)を為《まな》び(3)たるか。人にして周南・邵南を為ばざれば、其れ猶ほ正しく牆《しやう》に面して立つがごときか」と[七]。

孔子が、「諸君はどうしてあの『詩』を学ばないのだろう。詩は喩《たと》えることができ、（世俗の盛衰を）見ることができ、集ま（り切磋琢磨す）ることができ、（政治を）風刺することができる。近いところでは父に仕え、遠いところでは君主に仕え、鳥獣草木の名前をたくさん知ることができる」と。孔子が伯魚《はくぎょ》に言って、「お前は周南《しゅうなん》と邵南《しょうなん》（の詩）を学んだのか。人として周南と邵南を学ばなければ、（王の教化の初めが分からず）あたかも牆《かきね》に真っ直ぐに面と向かって立つようなものであろう」とした。

[集解]

[一] 包咸は、「小子は、門人である」と解釈する。

[二] 孔安国は、「興《きょう》は、たとえを引いて同類を連ねることである」と解釈する。

[三] 鄭玄は、「観は、世俗の盛衰を観察することである」と解釈する。

[四] 孔安国は、「羣《ぐん》は、（そこに一緒に）居て互いに切磋琢磨することである」と解釈する。

[五] 孔安国は、「怨は、上の政治を風刺することである」と解釈する。

［六］孔安国は、「邇《じ》は、近である」と解釈する。

［七］馬融は、「周南《しゅうなん》・邵南《しょうなん》は、（『詩経』）国風《こくふう》の始まりである。（その第一の詩である関《かん》雎《しょ》は、后妃により）淑女が君子に嫁がせられる（ことを歌う）。（これは夫婦関係を言うため、君臣・父子・夫婦の道である）三綱《さんこう》の初めであり(4)、（すなわち）王の教化の初めである。このため人として学ばなければ、牆《かきね》に面して立つようなものである」と解釈する。

（訳注）1伯魚《はくぎょ》は、孔子の息子、名は鯉《り》。弟子でもあった。季氏《きし》篇第十三章を参照。2周南《しゅうなん》・邵《しょう》南《なん》（召南）は、『詩経』国風《こくふう》に収められた十五国風の第一と第二。周の建国に功績があった周公旦《しゅうこうたん》と召公奭《しょうこうせき》が封建された周と邵（召）の地の詩を集めている。3為は、学ぶというような意味である（皇侃『論語義疏』・邢昺『論語注疏』）。季氏篇第十三章において、伯魚は孔子から「詩を学びたるか」と問われている。4邢昺『論語注疏』によれば、夫婦があってその後に父子があり、父子の後に君臣があるため、夫婦の道が三綱の初めであるという。

〔参校〕朱熹『論語集注』は、「興《おこ》る」を志と意識を触発して発動させること、「観」を善し悪しを省察すること、「羣」を調和して流されないこと、「怨」を怨んでも怒らないこととする。また、「正しく牆に面して立つ」とは、「至近の地についても、一物も見えず、一歩も行けないことを言う」とする。

10子曰、礼云礼云、玉帛云乎哉〔一〕。楽云楽云、鐘鼓云乎哉〔二〕。

子曰く、「礼と云ひ礼と云ふ、玉帛を云はんや〔一〕。楽と云ひ楽と云ふ、鐘鼓を云はんや」と〔二〕。

孔子が、「礼だ礼だと言うが、玉《ぎょく》や帛《はく》のことを言っているのではない。楽だ楽だと言うが、鐘《しょう》や鼓《こ》のことを言っているのではない」と言った。

〔集解〕

〔一〕鄭玄は、「玉は、珪璋《けいしょう》(1)のたぐいである。帛は、束帛《そくはく》(2)のたぐいである。言いたいことは礼は単にこの玉や帛を崇《あが》めるだけのものではないということである。(礼が)尊ぶものは、その君主を安らかにさせ民を治めることを尊ぶのである」と解釈する。

〔二〕馬融は、「楽が貴ぶものは、風俗を変化させることである。鐘や鼓だけを言うのではないのである」と解釈する。

(訳注)1珪璋《けいしょう》は、儀礼に用いる玉の飾り。2束帛《そくはく》は、聘問の際の礼物である束にした絹。

11子曰、色厲而内荏〔一〕、譬諸小人、其猶穿窬之盗也与〔二〕。

子曰く、「色 厲《はげ》しくして内荏《やはら》かなるは〔一〕、諸《これ》を小人に譬ふれば、其れ猶ほ穿窬《せんゆ》の盗のごときか」と〔二〕。

孔子が言った、「外見では厳粛で内心では媚《こ》び諂《へつら》っているのは、これを小人に喩《たと》えると、あたかも（他人の家に）忍び込む泥棒のようなものであろうか」と。

［集解］

［一］孔安国は、「荏《じん》は、柔である。外見では厳粛で内心では媚《こ》び諂《へつら》う者を言う」と解釈する。

［二］孔安国は、「人柄がこのようであることは、あたかも小人が盗心を抱いているようなものである。穿《せん》は、壁に穴を開けること。窬《ゆ》は、牆《かき》を飛び越えることである」と解釈する。

〔参校〕皇侃『論語義疏』は、「穿窬の盗のごとし」について、「外形では常に進んで物を取ろうとしているが、内心は常に人を畏れ、常に逃げ道を考えている」こととする。邢昺『論語注疏』は、「穿窬の盗のごとし」について、「外には正しさを持つが、内では常に壁に穴を開け、牆を飛び越えるような盗みの心がある」こととする。朱熹『論語集注』は、「穿窬の盗のごとし」について、「その実質が無く名声を盗み取って、常に人に（それを）知られるのを畏れる」こととする。

12子曰、郷原徳之賊也［一］。

子曰く、「郷ひとに原《たづ》ぬるは徳の賊なり」と［一］。

孔子が言った、「郷人に尋ねるのは徳の賊である」と。

［集解］

［一］周生烈《しゅうせいれつ》は、「行った先の郷ごとに、そこの人情を尋ね、それを自分の思いとして、これに対応する。こうした者は徳を損ない乱すものである」と解釈する。一説に、「郷は、向である。古字では同じである。言っている意味は人が剛毅であることができず、他人に対面するたびに、相手の意向を尋ね、媚《こ》び諂《へつら》って相手に合わせるということである。これが徳を損なう理由と言うのである」と解釈する。

〔参校〕皇侃『論語義疏』は、行く先々の郷里で、事前にその土地の人情を尋ねて、備えることであるとする。また或説として張憑《ちょうひょう》を引き、「郷原は、原壌《げんじょう》である。孔子の郷の人で、それで郷原と言うのである」と述べる。朱熹『論語集注』は、「原は、愿（まじめ）である」として、『孟子《もうじ》』尽心章句下《じんしんしょうくげ》に基づき、「郷原は、郷人の実直な者である。時流に同化し汚濁に合わせて世間に媚びる。それゆえ郷人の中では、実直とばかり称賛されるのである。孔子は徳に似ているが徳ではなく、逆に徳を乱すがゆえに、徳を損なう者として、深くこれを憎んだ」と述べる。

13子曰、道聴而塗説、徳之棄也[一]。

子曰く、「道に聴きて塗《みち》に説くは、徳を之れ棄つるなり」と[一]。

孔子が言った、「道ばたで聞いて（そのことをそのまま）道ばたで教えるのは、徳を棄てる行為である」と。

[集解]

[一] 馬融は、「あることを道ばたで聞いて、すぐに伝えてそのことを教える」と解釈する。

〔参校〕皇侃『論語義疏』・邢昺『論語注疏』は、「人の師は必ず温故知新《おんこちしん》して、研究して長く学習し、その後にようやく人に説を伝えられる」とし、道ばたで聞くことは「必ず多くでたらめで、それゆえ（それを取る者は）有徳者から棄てられ、（また）自分から徳を棄てる」とする。

14子曰、鄙夫可与事君哉[一]。其未得之、患得之[二]。既得之、患失之。苟患失、無所不至矣[三]。

子曰く、「鄙夫(1)は与《とも》に君に事《つか》ふ可けんや[一]。其の未だ之(2)を得ざれば、之《これ》を得んことを患《うれ》ふ[二]。既に之を得れば、之を失はんことを患ふ。苟《いやし》くも失はんことを患へば、至らざる所無し」と[三]。

孔子が言った、「卑しい人とは共に君に仕えることができようか。卑しい人はまだ地位を得られていないと、これを得られないことを心配する。すでに地位を得ていると、それを失うことを心配する。失うことを心配していると、（どんな悪事でも）やらないことはない」と。

〔集解〕

［一］孔安国は、「ともに君に仕えられないことを言う」と解釈する。

［二］之を得んことを患ふとは、これを得られないことを憂うることである。楚《そ》の俗語である。

［三］鄭玄は、「至らないことはないとは、よこしまな媚《こ》び諂《へつら》いについても行わないことがないことを言うのである」と解釈する。

（訳注）1鄙夫《ひふ》は、凡鄙《ぼんひ》（凡庸で卑しい）の人（皇侃『論語義疏』）。2之《これ》は、邢昺『論語注疏』と皇侃『論語義疏』とともに、君に仕えることとするが、ここでは君に仕えた結果の地位であると解釈する。

［参校］『荀子《じゅんし》』子道篇には、「小人者其未得也、則憂不得。既已得之、又恐失之」とあり、『説《ぜい》苑《えん》』雑言篇には、「子路問孔子曰、君子亦有憂乎。孔子曰、無也。君子之脩其行未得、則楽其意。既已得、又楽其知。是以有終生之楽、無一日之憂。小人則不然、其未之得則憂不得、既已得之又恐失之。是以有終身之憂、無一日之楽也」とあり、『潜夫論《せんぷろん》』愛日篇には、「孔子病夫、未之得也、患不得之。既得之、患失之者」とあるように、魏晉以前の本には、「憂（患）」と「得」の間に「不」がある。何晏は、「楚の俗言」と説明するが、内野台嶺《うちのたいれい》『四書新釈・論語』下巻（賢文館、一九三九年）は「患」の下、「得」の上に、「不」の字があったのかも知れないと指摘する。

15子曰、古者民有三疾。今也或是之亡也［一］。古之狂也、肆［二］。今之狂也、蕩［三］。古之矜也、廉[四]。今之矜也、忿戻[五]。古之愚也、直。今之愚也、詐而已矣。

子曰く、「古者《いにしへ》民に三疾有り。今や或いは是れ之れ亡《な》きなり[一]。古の狂や、肆《し》なり[二]。今の狂や、蕩なり[三]。古の矜《きょう》や、廉なり[四]。今の矜や、忿戻《ふんれい》なり[五]。古の愚や、直(1)なり。今の愚や、詐(2)なるのみ」と。

孔子が言った、「古《いにしえ》は民に三つの疾《やまい》があった。今はたいがいこの古の疾は無く（別の疾に）なった。古の狂《きょう》は、肆《し》（我が強いという疾）であった。今の狂は、蕩《とう》（移り気という疾）である。古の矜《きょう》は、廉《れん》（角があるという疾）であった。今の矜は、忿戻《ふんれい》（怒りっぽいという疾）である。古の愚《ぐ》は、直（直情径行という疾）であった。今の愚は、詐《さ》（嘘つきという疾）なだけである」と。

[集解]

[一] 包咸は、「古《いにしえ》の民の疾は、現在（の病）と異なることを言うのである」と解釈する。

[二] 包咸は、「肆《し》は、意向を尽くし断固として言い通すのである」と解釈する。

[三] 孔安国は、「蕩《とう》は、落ち着く所がない」と解釈する。

[四] 馬融は、「（廉は）角がある」と解釈する。

[五] 孔安国は、「（忿戻は）道理を憎んで多く怒る」と解釈する。

〔訳注〕1直《ちょく》は、皇侃『論語義疏』によれば、直情径行である。2詐《さ》は、皇侃『論語義疏』によれば、可否を知らずに、ただ詐《いつわ》って自分を利するのを望むことである。

〔参校〕朱熹『論語集注』は、「気がそのバランスを失えば疾になる。それゆえ気の受け方が偏った者もまた疾と言う」とし、「狂」は、志向願望が高すぎること、「肆」は、小節にこだわらないこと、「蕩」であれば大原則を踏み越えてしまうとする。「矜」は、自分を謹むことが厳格すぎること、「廉」は、角が尖っていること、「忿戻」であれば争いになってしまうとする。「愚」は、暗愚で蒙昧なこと、「直」は、直情径行でやりとげること、「詐」であれば私心を挟んででたらめを言うとする。

16子曰、悪紫之奪朱〔一〕。悪鄭声之乱雅楽〔二〕。悪利口之覆邦家〔三〕。

子曰く、「紫の朱を奪ふを悪《にく》む〔一〕。鄭声(1)の雅楽(2)を乱るを悪む〔二〕。利口の邦家を覆すを悪む」と〔三〕。

孔子が言った、「紫が朱を妨げ奪うことを憎む。鄭の音楽が正しい音楽を乱すことを憎む。口達者が国家を転覆させることを憎む」と。

〔集解〕

［一］孔安国は、「朱は、正色(3)である。紫は、間色(4)であるが好まれるものである。紫色が正しくないのに好まれ正色を妨げ奪うことを憎む」と解釈する。

［二］包咸は、「鄭声《ていせい》は、ふしだらな音楽の哀愁を誘うものである。鄭声が正しい音楽を妨げ奪うことを憎むのである」と解釈する。

［三］孔安国は、「口達者な人は言葉が多く実質が少ない。もし時の君主を喜ばせ媚びれば、その国家を傾け転覆させる」と解釈する。

（訳注）1鄭声《ていせい》は、鄭の国の淫靡《いんび》な音楽。衛霊公篇第十章参照。2雅楽《ががく》は、皇侃『論語義疏』によれば、正しい音楽。3正色《せいしょく》は、邢昺『論語注疏』によれば、青・赤・黄・白・黒のこと。五つの方角（中央と東西南北）に配当される。4間色は、邢昺『論語注疏』によれば、緑・紅・碧・紫・駵黄《りゅうこう》のことで、緑は青と黄の、紅は赤と白の、碧は青と白の、紫は赤と黒の、駵黄は黄と黒の間の色である。


17子曰、予欲無言。子貢曰、子如不言、則小子何述焉［一］。子曰、天何言哉。四時行焉、百物生焉。天何言哉。

子曰く、「予《われ》言ふこと無からんと欲す」と。子貢(1)曰く、「子如《も》し言はずんば、則ち小子[2] 何をか述べん」と[二]。子曰く、「天 何をか言はんや。四時は行なわれ、百物は生ず。天 何をか言はんや」と。

孔子が言った「わたしは（何も）言うまいと思う」と。子貢が言った、「先生がもし仰らなければ、門人も何を言いましょうか」と。孔子が言った、「天は何を言うだろうか。（それでも）四季は巡り、万物は生育する。天は何を言うだろうか」と。

[集解]

[一] 言葉が有益であることは少ない。それゆえ言うまいと思ったのである。

（訳注）1子貢《しこう》は、弟子。先進篇第二章を参照。2小子《しょうし》は、弟子である（邢昺『論語注疏』）。

〔参校〕皇侃『論語義疏』及び邢昺『論語注疏』は、「小子 何をか述べん」について、弟子たちが孔子の言葉を伝え述べることとする。『論語義疏』は、「天は終始言わずに事は行われている。だからわたしも言わずに教えを行いたいと思った」とする。伊藤仁斎『論語古義』は、「学ぶ者が言語に求めず、日常での実徳に務めることを望んでいるのである」とする。荻生徂徠『論語徴』は、「孔子は、礼楽は言葉で尽くすことができないことを明らかにしたのである」とする。

18孺悲欲見孔子。孔子辞之以疾。将命者出戸。取瑟而歌、使之聞之[一]。

孺悲(1)孔子に見《まみ》えんと欲す。孔子 之を辞するに疾《やまひ》を以てす。命を将《つた》ふる者(2)戸を出づ。瑟を取りて歌ひ、之をして之を聞かしむ[一]。

孺悲《じゅひ》が孔子に面会しようとした。孔子はこれを断るのに病気を理由にした。（孺悲の）使者が戸口を出た。（孔子は）瑟を取って歌い、使者にそれを聞かせた。

［集解］

［一］孺悲は、魯の人である。孔子は会いたくなかった。それゆえ断るのに病気を理由にした。孺悲の命を受けた使者が自分（が病ではないこと）を分からなかったため、それで歌って使者に悟らせた。孺悲に考えさせるためである。

（訳注）1孺悲《じゅひ》は、魯の人。『礼記《らいき》』雑記《ざっき》篇に、哀公《あいこう》がかれを孔子のもとへ行かせて士喪礼《しそうれい》を学ばせたことが見える。2「命を将《つた》ふる者」は、主人が言葉を伝えて行き来させるもの（『儀《ぎ》礼《らい》』士相見礼篇）。使者。邢昺『論語注疏』は、将を奉として、奉命の意とする（邢昺『論語注疏』）。

〔参校〕皇侃『論語義疏』は、「（孔子は）孺悲が（孔子の）病気が治ったかと問い、また自分を召すことを止めないかもしれないと思い、それゆえ瑟《しつ》を取り歌って、使者にそれを聞かせ、孔子の断りのための病気は真実ではないと知らせた」とする。朱熹『論語集注』は、「孺悲は、魯の人である。以前、士喪礼を孔子に学んだ。この時になり、必ずや罪を得ることがあったのだろう。それゆえ断るのに病気を理由とし、また自分が病気ではないことを分からせ、そうして孺悲を戒め教えたのである」と述べる。

19宰我問、三年之喪、期已久矣。君子三年不為礼、礼必壊。三年不為楽、楽必崩。旧穀既没、新穀既升。鑽燧改火。期可已矣［一］。子曰、食夫稲也、衣夫錦也、於女安乎。曰、安之。女安則為之。夫君子之居喪、食旨不甘、聞楽不楽、居処不安、故不為也。今女安則為之［二］。宰我出。子曰、予之不仁也。子生三年、然後免於父母之懐［三］。夫三年之喪、天下之通喪也［四］。予也、有三年之愛於其父母乎［五］。

宰我 問ふ、「三年の喪(1)は、期《き》にして已に久し。君子 三年 礼を為さざれば、礼 必ず壊《やぶ》る。三年 楽《がく》を為さざれば、楽 必ず崩る。旧穀 既に没《つ》き(2)、新穀 既に升《みの》る。鑽燧(3)して火を改む(4)。期にして可なるのみ」と［一］。子曰く、「夫《か》の稲を食らひ、夫の錦を衣《き》るや、女《なんぢ》に於て安からんや」と。曰く、「安し」と。「女 安ければ則ち之を為せ。夫《そ》れ君子の喪に居るや、旨《うま》きを食らへども甘《うま》からず、楽《がく》を聞けども楽《たの》しからず、居処に安からず、故に為さざるなり。今 女《なんぢ》 安ければ則ち之を為せ」と[二]。宰我 出づ。子曰く、「予の不仁なるや。子 生まれて三年にして、然る後に父母の懐を免《まぬが》る[三]。夫れ三年の喪は天下の通喪なり[四]。予や、三年の愛 其の父母より有らんか」と[五]。

宰我《さいが》が尋ねた、「三年の喪については、一年でもすでに長いものです。君子が三年間礼を行なわなければ、礼は必ず壊れます。三年間楽を行なわなければ、楽は必ず崩れます。去年の穀物は尽きて、今年の穀物が実っております。鑽燧《さんすい》して火（おこしに用いる木）を新たにします（が、その種類も一年で一巡します）。一年でよろしいでしょう」と。孔子が言った、「（一年経ったら）うまい米を食べ、美しい錦を着て、お前にとって平気なのか」と。（宰我が）言った、「平気です」と。（孔子が言った）「お前が平気ならばそれをしなさい。そもそも君子が喪に服している時は、うまいものを食べてもうまくない、音楽を聞いても楽しくない、居るべき所にいても落ち着かない、だからそれをしないのだ。おまえが平気ならばそれをしなさい」と。宰我が退出した。孔子が言った、「予《よ》（宰我）の不仁なことよ。子が生まれて三年経って、その後に父母の懐《ふところ》を離れる。そもそも（父母への）三年の喪は天下の（身分を）貫く喪礼である。予《よ》も三年の愛をその父母から（受けたことが）あるだろうに」と。

［集解］

［一］馬融は、「『周書《しゅうじょ》』の月令《がつりょう》篇に、火（を燧《おこ》すのに用いる木材）を変えることが記されている。春には楡《にれ》と柳の火を取り、夏には棗《なつめ》と杏《あんず》の火を取り、季夏(5)には桑《くわ》と柘《やまぐわ》の火を取り、秋には柞《ははそ》と楢《なら》の火を取り、冬には槐《えんじゅ》と檀《まゆみ》の火を取る。一年の中で、火をきりもみするのにそれぞれ（の季節で）木材を異にする。それで火を改めると言うのである」と解釈する。

［二］孔安国は、「旨《し》は、美（うまい）である。宰我が親に対して仁の無いことを責めた。それで再びお前が平気ならばそれをしなさいと言った」と解釈する。

［三］馬融は、「子は生まれてまだ三歳にならないうちは、父母によって懐《ふところ》に抱かれる」と解釈する。

［四］孔安国は、「天子から庶人まで貫く」と解釈する。

［五］孔安国は、「言いたいことは子は父母に対して、その徳に報いようとしても、天は極まりない（ように徳は限りなく大きい）ということである。そして宰予も、三年の愛（を受けたこと）があったのである」と解釈する。

（訳注）1三年の喪は、父と、父亡《な》き後の母の死に対する喪。この期間、あらゆる仕事が行えず、衣食住すべて礼の規定に則って、粗末な生活をする。『礼記《らいき》』間伝《かんでん》篇に詳しい。また『礼記』三年問《さんねんもん》篇によれば、三年の喪は「再期《さいき》」、すなわち足掛け三年（鄭玄は二十七ヵ月とし、王粛は二十五ヵ月とする）である。「期」は一年間のこと。2没は、郷党篇第一章の「没階」に付された孔安国注によれば、尽である。3鑽燧《さんすい》は、木をきりもみして火を取ること（皇侃『論語義疏』）。鑽はきりもみすること、燧は火を取る道具のこと。4火を改むは、四季ごとにきりもみに使う木の種類が変わるが、皇侃『論語義疏』によれば、一年でそれが一周すること。5季夏《きか》は、夏を一ヵ月毎に孟夏《もうか》・仲夏《ちゅうか》・季夏に分けたうちの最後の季節。皇侃『論語義疏』はこれを五行の中の土《ど》に当たるとする。その場合には、夏の土用《どよう》（夏の終わりの十八日間）を指すことになる。

20子曰、飽食終日、無所用心、難矣哉。不有博弈者乎。為之、猶賢乎已〔一〕。

子曰く、「飽くまで食《く》らひて終日、心を用ふる所無ければ、難《かた》きかな(1)。博奕(2)なる者有らずや。之《これ》を為すは、猶ほ已《や》むに賢《まさ》れり(3)」と〔二〕。

孔子が言った、「腹一杯で一日中、心を尽くす先がなければ、（欲を抑えるのは）難しいこと。博奕《はくえき》というものがあるではないか。これらをするのは、何もしないよりはよい」と。

［集解］

［一］その人が拠り所として喜ぶものがなければ、ふしだらな欲を生じるためである。

（訳注）1難《かた》きかなは、皇侃『論語義疏』によれば、仕事が無く腹がいっぱいであると、必ず計画を練って法に背《そむ》いたことをするため、落ち着いていることが難しいということである。2博奕《はくえき》は、盤上でこまを用いて対戦する遊戯の一種。博弈とも記す。皇侃『論語義疏』によれば、博は、すごろくのことで、十二の棊《こま》を対峙させ、采《さいころ》を投げる遊びで、奕は、囲棊《いき》（囲碁）である。『礼記《らいき》』大学篇には、「小人 閑居して不善を為し、至らざる所無し」とある。孔子はこの遊戯に消極的な評価を下しているが、後漢の班固「弈旨《えきし》」（『藝文類聚』巻七十四 巧藝部に所収）は、博奕が天文・陰陽・政治・軍事などに通じ、古今の情状を具備するものとして、肯定的に捉える。一方、三国孫呉《そんご》の韋昭《いしょう》「博弈論」は、博弈の無益性、およびそれに興じる労力を詩書や射御など別のものに向けるべきことを主張しており、否定的な評価を下している。詳しくは、髙橋康浩「韋昭「博弈論」と儒教的理念」（『三国志研究』五、二〇一〇年）を参照。3賢は、勝である（邢昺『論語注疏』）。

21子路曰、君子尚勇乎。子曰、君子義以為上。君子有勇而無義、為乱。小人有勇而無義、為盗。

子路曰く、「君子 勇を尚《たふと》ぶか」と。子曰く、「君子 義もて以て上と為す。君子 勇有りて義無ければ、乱を為す。小人 勇有りて義無ければ、盗を為す」と。

子路が言った、「君子は勇を尊びますか」と。孔子が言った、「君子は義を（勇より）上とする。君子は勇があり義がなければ、乱をおこす。小人は勇があり義がなければ、盗みをする」と。

［集解］なし

〔参校〕邢昺『論語注疏』及び朱熹『論語集注』は、君子と小人について、位にあるかどうかという身分のことであるとする。

22子貢問曰、君子亦有悪乎。子曰、有悪。悪称人之悪者〔一〕。悪居下流而訕上者〔二〕。悪勇而無礼者。悪果敢而窒者〔三〕。曰、賜也、亦有悪也。悪徼以為智者〔四〕。悪不遜以為勇者。悪訐以為直者〔五〕。

子貢 問ひて曰く、「君子も亦た悪《にく》むこと有るか」と。子曰く、「悪むこと有り。人の悪を称する者を悪む〔一〕。下流に居りて上を訕《そし》る者を悪む〔二〕。勇にして礼無き者を悪む。果敢にして窒《ふさ》(1)ぐ者を悪む」と〔三〕。曰く、「賜や、亦た悪むこと有るなり。徼《かす》めて以て智と為す者を悪む〔四〕。不遜にして以て勇と為す者を悪む。訐《あば》きて以て直と為す者を悪む」と〔五〕。

子貢が尋ねて言った、「君子にも憎むことがありますか」と。孔子が言った、「憎むことがある。他人の悪いところを言い立てる者を憎む。下位に居ながら上の人を非難する者を憎む。勇はあるが礼がない者を憎む。果敢であって（人の道を）ふさぐ者を憎む」と。（子貢が）言った、「賜《わたし》も、同じく憎むことがあります。（他人の考えを）かすめ取ってそれにより智とする者を憎みます。不遜であってそれにより勇とする者を憎みます。（他人の秘密を）暴き立ててそれにより直とする者を憎みます」と。

〔集解〕

〔一〕包咸は、「好んで人の悪を言いふらす、このため悪とするのである」と解釈する。

〔二〕孔安国は、「訕《せん》は、そしることである」と解釈する。

〔三〕馬融は、「窒《ちつ》は、ふさぐことである」と解釈する。

［四］孔安国は、「傲《きょう》は、抄である。人の意見をかすめ取ってそれにより自分のものであるとする」と解釈する。

［五］包咸は、「訐《けつ》とは、人の秘密をとがめ暴くことを言う」と解釈する。

（訳注）1窒《ふさ》ぐについて、皇侃『論語義疏』は、人の道理をふさぐこととし、邢昺『論語注疏』は、人の善道をふさぐこととする。

〔参校〕皇侃『論語義疏』の引く江熙《こうき》の説と邢昺『論語注疏』では、「君子」を「夫子」（孔子）であるとする。朱熹『論語集注』は「傲」は、のぞき見ることとする。また、「曰、賜也、亦有悪也」を孔子の言葉とし、子貢の言葉は「悪傲」以下であるとする。「開成石経《かいせいせきけい》」では、「曰、賜也、亦有悪乎」につくり、その場合には、孔子の言葉とする方が一般的であろう。

23子曰、唯女子与小人為難養也。近之則不遜。遠之則有怨。

子曰く、「唯だ女子と小人とは養ひ難しと為すなり。之を近づくれば則ち不遜たり。之を遠ざくれば則ち怨み有り」と。

孔子が言った、「女性と小人とだけは養い難いと言える。かれらを近づければ不遜になる。かれらを遠ざければ怨みを持つ」と。

〔集解〕なし

〔参校〕邢昺『論語注疏』は、「ここで女子と言うのは、女性のだいたいを挙げているだけである。その性が賢明な女性や、文徳の母の類に関しては、言われている対象ではない」とする。

朱熹『論語集注』は、「女子」は婢妾《ひしょう》のこと、「小人」は、奴隷や下人のこととする。

24子曰、年四十而見悪焉、其終也已〔一〕。

子曰く、「年 四十にして悪《にく》まるるは、其れ終はるのみ」と〔一〕。

孔子が言った、「年齢が四十であって憎まれるのでは、お終いである」と。

〔集解〕

〔一〕鄭玄は、「年齢が不惑《ふわく》になっていて他人に憎まれるのであれば、最後まで善行は無いのである」と解釈する。

微子《びし》第十八　凡十一章　何晏集解

01微子去之、箕子為之奴、比干諫而死［一］。孔子曰、殷有三仁焉［二］。

微子(1)之を去り、箕子(2)之が奴《ど》と爲り、比干(3)諫めて死せり［一］。孔子曰く、「殷に三仁有り」と［二］。

微子《びし》は殷《いん》を去り、箕子《きし》は奴隷となり、比干《ひかん》は（紂王《ちゅうおう》を）諫めて死んだ。孔子《こうし》が言った、「殷には三人の仁者がいた」と。

［集解］

［一］馬融《ばゆう》は、「微《び》と箕《き》は、二国の名である。子《し》は、爵位《しゃくい》である。微子は、紂王(4)の庶兄である。箕子と比干は、紂王の諸父《おじ》である。微子は紂王の無道を見て、早々に殷を去った。箕子は狂人のふりをして奴隷となり、比干は諫言したことで、殺害された」と解釈する。

［二］馬融は、「仁者は人を愛するものである。三人の行為はそれぞれ異なるが、いずれも同じく仁と称しうる。（それはかれらの行動が）いずれも乱を憂慮して民を安《やす》んずることにあったからである」と解釈する。

（訳注）1微子《びし》は、殷の紂王《ちゅうおう》の庶兄である微子啓《びしけい》。帝乙《ていいつ》の長子であったが、母が卑賤であるため、

後嗣に立てられなかった。殷の滅亡後、殷の故都商邱《しょうきゅう》に封ぜられて宋《そう》を立てた（『史記』宋微子世家）。２箕子《きし》は、殷末の王子。紂王のおじにあたる。紂王の太師《たいし》となり、その無道を諫めたが、かえって疎んぜられた。殷が滅亡すると、朝鮮半島西北部に亡命して、箕子朝鮮を建国したとされる（『史記』殷本紀）。３比干は、殷末の王子。紂王を諫めたが聞き入れられず、かえって聖人の胸には七つの穴があるかどうかを調べるために、紂王に胸を剖《さ》かれて殺された（『史記』殷本紀）。４紂王《ちゅうおう》は、殷最後の王である帝辛《ていしん》。紂は諡号《しごう》で、その悪行から人々がつけたものと言われる。人並みはずれた資質を持ち、その力は猛獣を組み伏せるほどであり、その知は臣下の諫言を言い負かすほどであった、という（『史記』殷本紀）。殷末の甲骨資料によると、帝辛は積極的に人方《じんほう》を征伐して、山東半島の経営に力を注いでいる隙に、西方から進撃した周に都を攻略されたようである。紂王の悪行の多くは、後世に付加されたものである。

〔参校〕朱熹《しゅき》『論語集注《ろんごしっちゅう》』は、「三人の行動は同じではなかったが、同じく至誠と悲哀の感情から出たものであった。それゆえ、愛の理に悖《もと》らず、心の徳を全うしたのである」と説く。

02柳下恵為士師［一］、三黜。人曰、子未可以去乎。曰、直道而事人、焉往而不三黜［二］。

枉道而事人、何必去父母之邦。

柳下恵(1) 士師と爲り[一]、三たび黜《しりぞ》けらる。人曰く、「子《し》 未だ以て去る可からざるか」と。曰く、「道を直《なほ》くして人に事《つか》ふれば、焉《いづ》くに往きても三たび黜けられざらん[二]。道を枉げて人に事ふれば、何ぞ必ずしも父母の邦を去らん」と。

柳《りゅう》 下恵《かけい》は(獄訟《ごくしょう》を管轄する)士師《しし》となったが、三度退けられた。ある人が言った、「あなたはまだ(魯を)去れないのですか」と。(柳下恵が)言った、「道を真っ直ぐに貫いて人に仕えるのであれば、どこに行っても三度は退けられるものである。道をゆがめて人に仕えるのであれば、どうして父母のいる邦国を去る必要があろうか」と。

[集解]

[一] 孔安国《こうあんこく》は、「士師《しし》は、獄訟を職掌とする官である」と解釈する。

[二] 孔安国は、「いやしくも道を真っ直ぐにして人に仕えれば、あらゆる国で、いずれも三度は退けられるに違いない」と解釈する。

(訳注) 1柳下恵は弟子。衛霊公篇第十三章を参照。

〔参校〕 朱熹『論語集注』に引く胡寅《こいん》の説に、「ここには必ず孔子の批評があったはずだが、失われたのであろう」とある。伊藤仁斎《いとうじんさい》『論語古義《ろんごこぎ》』は、孔子が柳下恵の仁を称えたものと解する。一方、荻生徂徠《おぎゅうそらい》『論語徴《ろんごちょう》』は、仁斎の説を否定し、柳下恵は強いて言えば知者であろうと述べる。

03斉景公待孔子曰、若季氏、則吾不能。以季・孟之間待之〔一〕。曰、吾老矣。不能用也。孔子行〔二〕。

斉の景公 孔子を待ちて曰く、「季氏の若《ごと》くするは、則ち吾 能はず(1)。季・孟の間を以て之を待たん」と〔一〕。曰く、「吾は老いたり。用ふること能はざるなり」と。孔子 行《さ》る〔二〕。

斉《せい》の景公《けいこう》が孔子を待遇するときに言った、「（魯《ろ》の）季氏《きし》のように（厚く待遇）することは、わたしにはできない。季氏と孟氏《もうし》の中間で待遇しよう」と。（のちに景公が）言った、「わたしは老いた。（あなたを）登用することはできない」と。孔子は（斉を）去った。

〔集解〕

〔一〕孔安国は、「魯の三卿は、季氏が上卿であり、最も尊貴である。孟氏は下卿であり、政事に任用されていない。孔子を二者の中間の待遇にしようとしたことをいう」と解釈する。

[二] 聖道は成就しにくいものであり、それゆえ、「（わたしは）老いた。（あなたを）登用することはできない」といったのである。

（訳注）1「吾 能はず」とは、邢昺『論語注疏』は、景公は孔子を魯の季氏のような上卿の位で待遇しようとしたが、当時の斉《せい》は田氏《でんし》の専政があったためにできなかったとする。

〔参校〕朱熹『論語集注』は、「（孔子は）待遇の軽重に関係なく、ただ用いられなかったから斉を去ったのである」と説く。

04斉人帰女楽。季桓子受之、三日不朝。孔子行[一]。

斉人 女楽(1)を帰《おく》る。季桓子 之を受けしめ、三日 朝せず。孔子 行《さ》る[一]。

斉《せい》の人が女性歌舞隊を贈った。季桓子《きかんし》はこれを受け取らせ、三日も朝政を取りやめた。孔子は（魯を）去った。

[集解]

[一] 孔安国は、「桓子は、季孫斯《きそんし》である。定公《ていこう》に斉《せい》の女性歌舞隊を受け取らせ、君臣と

もにこれを見物して、朝政を取りやめたこと三日であった」と解釈する。

（訳注）１女楽は、女伎《じょぎ》（皇侃『論語義疏』）。すなわち、女性の歌舞隊。また、皇侃『論語義疏』によれば、このとき、孔子は魯におり、斉は魯が強国になるのを畏れた。それゆえ女楽を贈り、孔子が魯を去るように仕向けたとする。『史記』孔子世家では、これを魯の定公《ていこう》十四（前四九六）年、孔子が五十六歳のときの出来事としている。

05楚狂接輿、歌而過孔子之門［一］。曰、鳳兮鳳兮、何徳之衰也［二］。往者不可諫也［三］。来者猶可追也［四］。已而已而、今之従政者殆而［五］。孔子下、欲与之言。趨而避之、不得与之言［六］。

楚の狂たる接輿、歌ひて孔子の門を過《よ》ぎる［一］。曰く、「鳳よ鳳よ、何ぞ徳の衰へたる［二］。往く者《こと》は諫む可からざるなり［三］。来たる者《こと》(1)は猶ほ追ふ可きなり［四］。已《や》みなん已みなん、今の政に従ふ者《こと》は殆《あやふ》し」と［五］。孔子下りて、之と言はんと欲す。趨《はし》りて之を避く。之と言ふを得ず［六］。

楚《そ》の狂人である接輿《せつよ》が、歌いながら孔子たち一門（の側）を通り過ぎた。（接輿が）言った、「鳳《おおとり》よ鳳よ、何と徳の衰えたことよ。過ぎ去ったことは諫めることができない。これからのことはまだ間に合う。やめよやめよ、いま政治に関わるのは危うい」と。孔子は（車から）下りて、かれと話をしようとした。（接輿は）小走りして避けた。かれと語すことはできなかった。

［集解］

［一］孔安国は、「接輿《せつよ》は、楚の人である。狂人のふりをしつつやって来て歌い、孔子に痛切に感じさせようとした」と解釈する。

［二］孔安国は、「孔子を鳳鳥《おおとり》になぞらえたのである。鳳鳥は聖君（の到来）を待ってから出現する。孔子が（各地を）巡り歩き（諸侯が聖君に）適《かな》うことを求めたのを批判した。それゆえ衰えたというのである」と解釈する。

［三］孔安国は、「過去に行ったことは、もはや諫止することができない」と解釈する。

［四］孔安国は、「今より以後、まだ間に合うので自分から止め、乱を避けて隠遁すべきである」と解釈する。

［五］孔安国は、「已《や》みなんとは、世の乱れがすでにひどく、もはや治められないことをいう。（已みなんを）繰り返して言うのは、非常に哀れんでいるからである」と解釈する。

〔六〕包咸《ほうかん》は、「下は、車を下りることである」と解釈する。

（訳注）1来たる者は、まだ訪れていない出来事（皇侃『論語義疏』）。

〔参校〕朱熹『論語集注』は、「孔子が車を下りたのは、接輿《せつよ》に出処進退の考え方を教えようとしたからである。接輿は自分を正しいと思っていた。それゆえ孔子の話を聞くのを望まず避けたのである」と説く。荻生徂徠『論語徴』は、「孔子が接輿と話そうとしたのは、その狂人のふりを見抜いていたからである。接輿が走って避けたのは、狂人のふりを悟られたくなかったからである」と解する。

06長沮・桀溺耦而耕。孔子過之、使子路問津焉〔一〕。長沮曰、夫執輿者為誰。子路曰、為孔丘。曰、是魯孔丘与。対曰、是也。曰、是知津矣〔二〕。問於桀溺。桀溺曰、子為誰。曰、為仲由。曰、是魯孔丘之徒与。対曰、然。曰、滔滔者、天下皆是也。而誰以易之〔三〕。且而与其従避人之士也、豈若従避世之士哉〔四〕。耰而不輟〔五〕。子路行以告。夫子憮然曰〔六〕、鳥獣不可与同羣也〔七〕。吾非斯人之徒与、而誰与〔八〕。天下有道、丘不与易也〔九〕。

長沮《ちゃうそ》・桀溺《けつでき》耦《ぐう》して耕す。孔子之を過《よ》ぐるに、子路をして津《しん》を問はしむ〔一〕。長沮曰く、「夫《か》の輿《よ》を執る者は誰と為す」と。子路曰く、「孔丘と為す」と。曰く、「是れ魯の孔丘か」と。対へて曰く、「是れなり」と。曰く、「是れならば津を知らん」と[二]。桀溺に問ふ。桀溺曰く、「子は誰《たれ》と為す」と。曰く、「仲由と為す」と。曰く、「是れ魯の孔丘の徒なるか」と。対へて曰く、「然り」と。曰く、「滔滔《たうたう》たる者あるも、天下 皆 是れなり。(1)而《なんぢ》誰と以《とも》にか之を易《か》へん[三]。且つ而《なんぢ》は其の人を避くるの士に従ふよりは、豈《あ》に世を避くるの士に従ふに若《し》かんや」と[四]。耰《いう》して輟《や》めず[五]。子路 行《さ》りて以て告ぐ。夫子 憮然(2)として曰く[六]、「鳥獣とは与《とも》に羣《むれ》を同じくす可からざるなり[七]。吾は斯《こ》の人の徒と与にするに非ずして、誰と与にかせん[八]。天下に道有らば、丘 与に易へざるなり」と[九]。

長沮《ちょうそ》・桀溺《けつでき》が二人並んで耕していた。孔子がこの側を通り過ぎたとき、子路《しろ》に命じて渡し場の在処《ありか》を尋ねさせた。長沮が言った、「あの車の手綱を持っている人は誰か」と。子路が言った、「孔丘《こうきゅう》です」と。(長沮が)言った、「それは魯の孔丘のことか」と。(子路が)答えて言った、「そうです」と。(長沮が)言った、「それならば(天下を巡り歩いているのだから)渡し場を知っているだろう」と。(子路は)桀溺に尋ねた。桀溺が言った、「あんたは誰か」と。(子路が)言った、「仲由《ちゅうゆう》です」

と。（桀溺が）言った、「それでは魯の孔丘の弟子なのか」と。（子路が）答えて言った、「そのとおりです」と。（桀溺が）言った、「（孔子が）めぐり流れても、天下すべてこのようである。あんたは誰と一緒にこれを変えるというのか。それにあんたは（孔子のような）人を避ける士に従うよりも、（われらのような）世を避ける士に従った方がましではないかね」と。（長沮たちは）種に土をかぶせることをやめなかった。子路は立ち去るとこのことを（孔子に）告げた。先生はがっかりして言った、「鳥や獣とは一緒に群れを作ることはできない。わたしは人間の仲間と一緒にいるのでなければ、誰と一緒にいようか。天下に道が行われていれば、丘《わたし》がともに変える必要はないのだ」と。

［集解］

［一］鄭玄は、「長沮《ちょうそ》・桀溺《けつでき》は、隠者である。耜《すき》の幅は五寸であり、二耜《し》を（一つの）耦《ぐう》とする。津《しん》は、（河水を）渡る場所である」と解釈する。

［二］馬融は、「しばしば（孔子が川のように）めぐり流れているので、おのずと渡し場の在処《ありか》を知ることをいう」と解釈する。

［三］孔安国は、「滔滔《とうとう》とは、めぐり流れるさまである。言いたいことは今の天下の乱れ

はどこでも同じであるから、この地を捨てあの地に行くのは空しいだけである。それゆえ、「誰と以にか之を易へん」といったのである」と解釈する。

［四］士には人を避ける法があり、世を避けるの法がある。長沮・桀溺は、孔子を士と見なし、人を避ける法に従っていると思った。自分たちを士と見なすのは、世を避ける法に従っている者だからである。

［五］鄭玄は、「耰《ゆう》は、種を（土で）覆うことである。輟《てつ》は、止である。種を覆うことをやめず、渡し場のある所を告げなかったのである」と解釈する。

［六］（孔子が憮然としたのは、渡し場の在処を知りたいという）自分の願いを叶えられず、それどころか（長沮たちが）自分を批判したためである。

［七］孔安国は、「山林に隠居するのは、鳥や獣と群れを同じくすることである」と解釈する。

［八］孔安国は、「わたし（孔子）は自ら天下の人たちと群れを同じくするのが当然である。どうして人のもとを去って鳥や獣に従って暮らすことができようか」と解釈する。

［九］孔安国は、「言いたいことは天下に道が行われていれば、孔丘がみなと一緒に変える必要はない。自分（の道）が大きく他人は小さいため（自らが行うの）である」と

解釈する。

（訳注）1「天下 皆 是れなり」とは、皇侃『論語義疏』によれば、一切がみな悪になったことをいい、邢昺『論語注疏』によれば、道が行われなくなったことをいう。ここでは、邢昺『論語注疏』の解釈に従う。2憮然《ぶぜん》は、皇侃『論語義疏』によれば、驚愕のさまであり、邢昺『論語注疏』によれば、失意のさまである。ここでは、邢昺『論語注疏』の解釈に従う。

〔参校〕朱熹『論語集注』は、「ともに社会を形成すべきものは、人間である。どうして人を絶ち世を逃れて自分だけを高潔としてよいものであろうか。天下がもし平らかに治っているのなら、わたしがこれを変える必要はない。まさに天下に道が行われていないために、道によって変えようと望んでいるだけである」と説く。

07子路従而後、遇丈人以杖荷篠〔一〕。子路問曰、子見夫子乎。丈人曰、四体不勤、五穀不分、孰為夫子〔二〕。植其杖而芸〔三〕。子路拱而立〔四〕。止子路宿、殺雞為黍而食之、見其二子焉。明日、子路行以告。子曰、隠者也。使子路反見之。至則行矣〔五〕。子路曰、不仕無義〔六〕。長幼之節、不可廃也。君臣之義、如之何其可廃也〔七〕。欲潔其身而乱大倫〔八〕。君子之仕也、行其義也。道之不行也、已知之矣〔九〕。

子路 従ひて後るるや、丈人《ぢやうじん》の杖《つゑ》を以て篠《あじか》を荷《にな》ふに遇ふ［一］。子路問ひて曰く、「子夫子《し》を見るか」と。丈人曰く、「四体 勤めず、五穀 分かたず、（1）孰《たれ》をか夫子と為さん」と［二］。其の杖に植《よ》りて芸《くさぎ》る［三］。子路 拱《きょう》して立つ［四］。子路を止めて宿せしめ、雞《けい》を殺し黍《しょ》を爲《つく》りて之に食はしめ、其の二子を見《まみ》えしむ。明日、子路 行りて以て告ぐ。子曰く、「隠者なり」と。子路をして反《かへ》りて之に見えしむ。至れば則ち行る《さ》［五］。子路曰く、（2）「仕へざれば義無し［六］。長幼の節は、廃す可からざるなり。君臣の義は、之を如何《いかん》ぞ其れ廃す可けんや［七］。其の身を潔くせんと欲して大倫を乱る［八］。君子の仕ふるや、其の義を行ふなり。道の行はれざるや、已に之を知れり」と［九］。

子路が（孔子に）付き従うも遅れ、杖《つえ》をつき篠《あじか》を背負った老人に出会った。子路が尋ねて言った、「あなたは先生を見かけましたか」と。老人が言った、「四肢を働かせず、五穀の種まきもしない（ような男について）、誰を先生というのか」と。その杖によって草取りをした。子路は（答えようがなく）拱手《きょうしゅ》して立っていた。（老人は）子路を引き止めて宿泊させ、鶏を殺して黍《きび》（の飯）を作ってかれに食べさせ、二人の子を会わせた。翌日、子路は立ち去って（孔子に）告げた。孔子が言った、「（その老人は）隠者である」と。子路に引き返して老人に会わせようとした。行ってみると（老人は）立ち去っていた。子路は（孔子の言葉を伝えて）言った、「仕えなければ（君臣の）義はありません。（ですが）長幼の節義は、棄てることができません。（それならば）君臣の義は、どうして棄てられましょうか。（ご老人は）その身を清潔にしようとして大いなる道理を乱しています。君子が出仕するのは、（君臣の）義を行うためです。道が行われていないことは、すでに承知しています」と。

［集解］

［一］包咸は、「丈人《じょうじん》は、老人である。篠《あじか》は、竹の器の名である」と解釈する。

［二］包咸は、「丈人は、「四体を勤労させず、五穀の種まきもしないのに、誰を先生と呼んで探しているのか」といったのである」と解釈する。

［三］孔安国は、「植は、倚《よ》るである。草を取り除くことを芸《うん》という」と解釈する。

［四］答える内容が分からなかったのである。

［五］孔安国は、「子路が引き返してその家に行ったが、老人は出掛けていて不在であった」と解釈する。

［六］鄭玄は、「伝言を残して老人の二人の子に告げたのである」と解釈する。

［七］孔安国は、「言いたいことはあなたは父子が互いに養い合って（長幼の節義を）捨

てられないことを知っている。（なればこそ）かえって君臣の義を捨てることができようか」と解釈する。

〔八〕包咸は、「倫は、道であり、理である」と解釈する。

〔九〕包咸は、「言いたいことは君子が出仕するのは、君臣の義を行うためである。自ら必ずしも道を行うことはできない。孔子の道が用いられていないのは、自分ですでにそれを承知している」と解釈する。

〔訳注〕1分は、播種《はんしゅ》（皇侃『論語義疏』）。種まきのこと。2「子路曰く」以下は、孔子が子路を通じて老人に語った言葉である（皇侃『論語義疏』・邢昺『論語注疏』）。

〔参校〕朱熹『論語集注』は、「人の大倫には五つある。「父子の間には親があり、君臣の間には義があり、夫婦の間には別があり、長幼の間には序があり、朋友の間には信がある」というのがそうである。出仕するのは君臣の義を行うためである。それゆえ道が行われていないことを知っても出仕を拒否すべきではない。しかし、義というからには、事の可否や身の去就も、いいかげんにすべきではない。それゆえ、「身を潔くしようとして大倫を乱る」という具合でなかったとしても、義を忘れて俸祿に汲々としてよいわけではない」と説く。

08逸民、伯夷・叔斉・虞仲・夷逸・朱張・柳下恵・少連[一]。子曰、不降其志、不辱其身者、伯夷・叔斉与[二]。謂柳下恵・少連、降志辱身矣、言中倫、行中慮。其斯而已矣[三]。謂虞仲・夷逸、隠居放言[四]、身中清、廃中権[五]。我則異於是、無可無不可[六]。

逸民は、伯夷・叔斉・虞仲①・夷逸②・朱張③・柳下恵・少連④あり[一]。子曰く、「其の志を降さず、其の身を辱めざる者は、伯夷・叔斉か」と[二]。柳下恵・少連を謂ふ、「志を降し身を辱むるも、言は倫に中《あ》たり、行《おこなひ》は慮に中たる。其《そ》れ斯《こ》れのみ」と[三]。虞仲・夷逸を謂ふ、「隠居し言を放《お》きて[四]、身は清に中たり、廃は権に中たる[五]。我は則ち是れに異なり、可も無く不可も無し」と[六]。

逸民には、伯夷《はくい》・叔斉《しゅくせい》・虞仲《ぐちゅう》・夷逸《いいつ》・朱張《しゅちょう》・柳下恵《りゅうかけい》・少連《しょうれん》がいる。孔子が言った、「その志を屈することなく、その身を辱めなかった者は、伯夷・叔斉であろうか」と。柳下恵・少連について言った、「志を屈して身を辱めたが、発言は倫理に適《かな》い、行動は思慮に適っていた。それだけはよい」と。虞仲・夷逸について言った、「隠れ住んで（当世の務めについて）口にせず、身は純潔に適い、世の捨て方は権道《けんどう》に合致していた。わたしはこの人たちと異なり、（出処進退に拘泥せず）可もなく不可もない」と。

［集解］

［一］逸民《いつみん》とは、節行がすぐれて抜きんでている者のことである。包咸は、「この七人は、みな逸民の賢者である」と解釈する。

［二］鄭玄は、「己《おのれ》の心を真っ直ぐにして、凡庸な君主の朝廷に参内しないことをいう」と解釈する。

［三］孔安国は、「ただよく発言が倫理に適《かな》い、行動が思慮に適うさまは、このようである」と解釈する。

［四］包咸は、「放《ほう》は、置である。決して当世の事務を口にしない」と解釈する。

［五］馬融は、「清は、純潔である。世の混乱に遭い、自ら世を捨てて憂患《ゆうかん》から逃れたことで、権道《けんどう》に合致した」と解釈する。

［六］馬融は、「必ずしも進まず、必ずしも退かず、ただ義に適う行動をするだけである」と解釈する。

（訳注）1虞仲《ぐちゅう》は、仲雍《ちゅうよう》。周の古公亶父《ここうたんぽ》の次子。兄の太伯《たいはく》（泰伯）とともに荊蛮《けいばん》に行き、兄のあと呉君《ごくん》となった（『史記』呉太伯世家）。2夷逸《いいつ》は、周の逸民。隠居して仕えなかったという

（『論語注疏』憲問篇）。3朱張《しゅちょう》は、周の逸民。皇侃『論語義疏』に引く王弼《おうひつ》の説によれば、字を子弓《しきゅう》といい、荀子《じゅんし》が孔子になぞらえられた人物とし、本章で朱張についての言及がないのは、出処進退のあり方が明らかに孔子と重なるからであるという。4少連《しょうれん》は、東夷《とうい》の人。喪の服し方が礼に違わなかったことを孔子に評価された（『礼記《らいき》』雑記篇下）。皇侃『論語義疏』によれば、魯に仕えたという。

〔参校〕朱熹『論語集注』は、「逸民」を、世間から見棄てられた無位の人と捉える。また、「無可無不可」について、『孟子』公孫丑章句上を踏まえつつ、「孔子は仕えるべきであれば仕え、止まるべきであれば止まり、ゆっくりすべきであればゆっくりし、速くすべきであれば速くした」と説き、「これが可も無く不可も無しということである」と解釈する。なお、荻生徂徠『論語徴』は、朱熹が『孟子』を引用したことを誤りとする。

09大師摯適斉。亜飯干適楚〔一〕。三飯繚適蔡。四飯缺適秦〔二〕。鼓方叔入于河〔三〕。播鞀武入于漢〔四〕。少師陽・撃磬襄入于海〔五〕。

大師の摯①は斉に適《ゆ》く。亜飯の干②は楚に適く〔一〕。三飯の繚は蔡に適く。四飯の缺《けつ》は秦に適く〔二〕。鼓の方叔は河に入る〔三〕。播鞀③の武は漢④に入る〔四〕。少師の陽・撃磬の襄は海[5]に入る[五]。

大師《たいし》の摯《し》は斉《せい》に行った。二度目の食事時に演奏する楽師の干《かん》は楚に行った。三飯《さんはん》（という楽章を演奏する楽師）の繚《りょう》は蔡《さい》に行った。四飯《しはん》（という楽章を演奏する楽師）の缺《けつ》は秦《しん》に行った。太鼓奏者の方叔《ほうしゅく》は河内《かだい》の地に行った。振りつづみ奏者の武《ぶ》は漢《かん》中《ちゅう》の地に行った。少師《しょうし》の陽《よう》・磬《けい》の奏者の襄《じょう》は天下のいずこかに行った。

［集解］

［一］孔安国は、「亜は、次である。次飯（二度目の食事）の楽師である。摯・干は、いずれも名である」と解釈する。

［二］包咸は、「三飯・四飯は、楽章の名である。それぞれ（演奏する）楽師を異にする。繚・缺は、いずれも名である」と解釈する。

［三］包咸は、「鼓は、鼓を撃つ者である。方叔は、名である。入るとは、河内にいることをいう」と解釈する。

［四］孔安国は、「播は、揺のような意味である。武は、名である」と解釈する。

［五］孔安国は、「魯の哀公のとき、礼は廃《すた》れて楽は崩れ、楽人はみな去った。陽・襄は、いずれも名である」と解釈する。

（訳注）1摯《し》は、魯の楽師。大師《たいし》は、楽官の長のこと。哀公《あいこう》のとき、礼楽が崩壊したため、魯を去り斉《せい》に向かったという（『論語注疏』微子篇）。泰伯篇第十五章に既出。2干《かん》は、魯の楽師。本章に名の見える楽師たちの詳しい事跡は不明。ちなみに、『漢書』古今人表では、大師の摯を含め八人すべてが上の下（智人）に序列されている。3播鞀《はしょう》は、振りつづみ。鼓のような形をしているが小さく、両脇に耳が付いており、柄を持って揺らせば、脇の耳が揺れて鼓を打つ（邢昺『論語注疏』）。4漢は、漢中《かんちゅう》（邢昺『論語注疏』）。現在の陝西省南部にあたる。5海は、海内《かいだい》（天下）のこと（皇侃『論語義疏』・邢昺『論語注疏』）。

〔参校〕皇侃『論語義疏』は、亜飯・三飯・四飯について、古の天子・諸侯が飡《そん》（食事）をするときには、音楽を演奏し、食事ごとに楽人がいたとする。亜飯の干は、第二の食事のときの楽人、三飯の繚は、第三の食事のときの楽人、四飯の缺は、第四の食事のときの楽人である。邢昺『論語注疏』もほぼ同じ解釈である。朱熹『論語集注』は、亜飯以下は、音楽に合わせて食事を勧める官のこととする。また、「海」を「海島」のこととし、陽・襄は海中の島に去って行ったと解する。伊藤仁斎『論語古義』は、「大師の摯以下の人たちが四方へ散って行ったのは、魯でさえも乱れて、仕えるに値しなくなったからであろう」と述べる。

10周公語魯公曰[一]、君子不施其親[二]。不使大臣怨乎不以[三]。故旧無大故、則不棄也。無求備於一人[四]。

周公 魯公(1)に語りて曰く[一]、「君子は其の親を施《か》へず[二]。大臣をして以《もち》ひられざるを怨みしめず[三]。故旧 大故無ければ、則ち棄てざるなり。備はらんことを一人に求むること無かれ」と[四]。

周公《しゅうこう》が魯公《ろこう》(の伯禽《はくきん》)に語った、「君子は(他人の親族により)自分の親族と取り替えない。大臣には(自分の意見を)聞き入れて用いられないと怨ませてはならない。旧友に悪逆な行いがなければ、見棄てない。一人に対してすべてが備わることを求めてはならない」と。

[集解]

[一] 孔安国は、「魯公は、周公の子の伯禽《はくきん》である。魯に封建されたのである」と解釈する。

[二] 孔安国は、「施は、易である。他人の親族により自分の親族と取り替えたりしない」と解釈する。

[三] 孔安国は、「以は、用である。聞き入れ用いられないことを怨むのである」と解釈

する。

［四］孔安国は、「大故とは、悪逆のことをいう」と解釈する。

（訳注）1魯公は、ここでは伯禽《はくきん》。周公旦《しゅうこうたん》の子。武王が崩御すると、周公が成王の摂政となったため、代わりに封地の魯に赴いて政務を見た（『史記』魯周公世家）。

〔参校〕この章について、邢昺『論語注疏』・朱熹『論語集注』は、周公が魯へ赴く伯禽に対して訓戒《くんかい》を述べたものとする。また、朱熹『論語集注』は、「施（テキストによっては「弛」につくる）」を「遺棄する」の意味に解する。荻生徂徠『論語徴』は、朱熹の「遺棄する」という解釈を否定し、韓愈《かんゆ》『論語筆解《ろんごひっかい》』にいう「弛慢する」の意味が正しいとする。

11周有八士、伯達・伯适・仲突・仲忽・叔夜・叔夏・季随・季騧［一］。

周に八士有り(1)。伯達・伯适・仲突・仲忽・叔夜・叔夏・季随・季騧なり［一］。

周に八人の士がいた。伯達《はくたつ》・伯适《はくかつ》・仲突《ちゅうとつ》・仲忽《ちゅうこつ》・叔夜《しゅくや》・叔夏《しゅくか》・季随《きずい》・季騧《きか》である。

［集解］

［一］包咸は、「周のとき、（ある人が）四度の出産をして八子をもうけ、（その子は）みな立派な士となった。それゆえ記録したのである」と解釈する。

〔訳注〕1八士について、邢昺『論語注疏』に引く鄭玄の説では、成王《せいおう》のときの人物とし、劉《りゅう》向《きょう》・馬融の説では宣王のときの人物とする。いずれにせよ、八人の事跡は不詳。

〔参校〕伊藤仁斎『論語古義』は、「四度の出産で八人の子を生んだというが、非常に異様なことで、おそらく信じてはいけない。ただ、周のときにはすぐれた人物が多かったことを言ったに過ぎない」と説く。荻生徂徠『論語徴』は、「本章は『論語』の内容と関係ない。古人がたまたま古人の一、二言を得て、記録しておこうと思い、『論語』の篇末の空いている箇所に記したのであろう」と述べる。

子《し》張《ちょう》第十九　凡廿五章　何晏集解

01子張曰、士見危致命［一］、見得思義、祭思敬、喪思哀。其可已矣。

子張(1)曰く、「士は危ふきを見ては命を致し［一］、得る(2)を見ては義を思ひ、祭りには敬を思ひ、喪には哀を思ふ。其《そ》れ可ならんのみ」と。

子《し》張《ちょう》が言った、「士は危難を見れば命を惜しまず、（利益や爵禄を）得ることを見れば道義を思い（それから受け取り）、祭祀には敬うことを思い、喪には哀しみを思う。それでよかろう」と。

［集解］

［一］　孔安国《こうあんこく》は、「命を致すとは、その身を惜しまないことである」と解釈する。

（訳注）1子張《しちょう》は、顓孫師《せんそんし》の字。孔子の弟子。先進篇第十五章を参照。2得るとは、禄を得ること（皇侃『論語義疏』）。または、利益と爵禄を得ること（邢昺『論語注疏』）。

〔参校〕朱熹『論語集注』は、「ここにいう四者は、自己を確立する大節である。一つでも至らぬものがあれば、その他は見るに足りない。それゆえ士がこのようであり得れば、ほぼ問題はない」と解釈する。

02子張曰、執徳不弘、信道不篤、焉能為有。焉能為亡［一］。

子張曰く、「徳を執ること弘からず、道を信ずること篤からずんば、焉《いづく》んぞ能く有りと為さん。焉んぞ能く亡《な》しと為さん」と［一］。

子張が言った、「徳を守ることが広くなく、道を信じることが篤くなければ、どうして（その人が）存在しているといえようか。どうして（その人が）存在しないといえようか」と。

［集解］

［一］孔安国は、「軽んじたり重んじたり（と評価）するまでもないことをいう」と解釈する。

〔参校〕皇侃『論語義疏』は、前章とこの章を合わせて一つの章と見なしている。

03子夏之門人問交於子張［一］。子張曰、子夏云何。対曰、子夏曰、可者与之、其不可者距之。子張曰、異乎吾所聞。君子尊賢而容衆、嘉善而矜不能。我大賢与、於人何所不容。我不賢与、人将距我。如之何其距人也［二］。

子夏(1)の門人 交はりを子張に問ふ［一］。子張曰く、「子夏は何をか云へる」と。対へて曰く、「子夏曰く、「可なる者には之に与《くみ》し、其の不可なる者には之を距《ふせ》がん」と」と。子張曰く、「吾が聞く所に異なれり。君子は賢を尊びて衆を容れ、善を嘉して不能を矜《あは》れむ。我の大賢ならんか、人に於て何の容《い》れざる所あらん。我の不賢ならんか、人将《まさ》に我を距《ふせ》がんとす。之を如何《いかん》ぞ其れ人を距がんや」と〔二〕。

子夏《しか》の弟子が交際について子張《しちょう》に尋ねた。子張が言った、「子夏は何と言ったのか」と。（弟子が）答えて言った、「子夏先生は、「良い人とは仲間になり、良くない人は拒《こば》みなさい」とおっしゃいました」と。子張が言った、「わたしが聞いたこととは違う。君子は賢い人を尊びながらも多くの人を受け容れ、善人を褒めながらも（善行の）できない人を憐れむものである。自分が立派な賢人であれば、誰に対しても寛容でいられるだろう。自分が賢人でなければ、他人は自分を拒もうとするだろう。どうして（自分から）人を拒もうか」と。

［集解］

［一］孔安国は、「人と交際するときのあり方について尋ねたのである」と解釈する。

［二］包咸《ほうかん》は、「友人との交際には子夏のようにすべきである。広い交際には子張のようにすべきである」と解釈する。

（訳注）1子夏《しか》は、卜商《ぼくしょう》の字。孔子の弟子。先進篇第二章を参照。2可なる者とは、邢昺『論語注疏』によれば、賢であるか否かを基準とする。したがって、不可なる者とは、賢ではない人をいう。

〔参校〕朱熹『論語集注』は、「子夏の言葉は性急偏狭《へんきょう》であり、子張がこれを批判したのは正しい。だが、子張の言葉も高遠すぎる弊害がある」と述べる。伊藤仁斎『論語古義』は、子張が「吾が聞く所」というのは、孔子の言葉であり、朱熹がそれを高遠すぎるというはおかしい、とする。

04子夏曰、雖小道、必有可観者焉[一]。致遠恐泥[二]。是以君子不為也。

子夏曰く、「小道と雖も、必ず観る可き者有り[一]。遠きを致《いた》すには泥《なず》まんことを恐る[二]。是《ここ》を以て君子は為さざるなり」と。

子夏が言った、「小道であっても、必ず見るべきものがある。深奥に到達するにあたり滞って通じないことを恐れる。それゆえ君子は行わないのである」と。

［集解］

［一］小道《しょうどう》とは、異端《いたん》をいう。

［二］包咸は、「滞って通じないことである」と解釈する。

〔参校〕為政《いせい》篇第十六章に、「子曰く、異端を攻《をさ》むるは、斯れ害あるのみ」とある。皇侃『論語義疏』は、「小道」を諸子百家の書をいうとする。朱熹『論語集注』は、「小道」を農学・医学・卜筮《ぼくぜい》の類と解釈する。荻生徂徠『論語徴』は、「小道」についての朱熹の解釈を肯定する。その上で、「何晏は（小道を）異端とし、伊藤仁斎もこれに基づく。しかし諸子百家は子夏の当時にはない。ただ今の世には、諸子百家はこのとおり見るべきものがある。仏教や道家も必ず見るべきものがある」と説く。

05子夏曰、日知其所亡［一］、月無忘其所能。可謂好学也已矣。

子夏曰く、「日〻に其の亡《な》き所を知り［一］、月〻に其の能《よ》くする所を忘るること無し。学を好むと謂ふ可きのみ」と。

子夏が言った、「日々に（まだ聞いていい）なかったことを知り、月々に覚えたことを忘れない。学問を好むといえよう」と。

［集解］

［一］孔安国は、「日々にまだ聞いていなかったことを知る」と解釈する。

〔参校〕荻生徂徠『論語徴』は、「孔子は温故知新（為政篇第十一章）をいい、人に教える者についてこのように言及した。子夏は学ぶ者について温故のみをいい、知新にまで及んでいない。それなのに後世の儒者は深く求めすぎて、一言で言い尽くしていると捉えたがる」と述べる。

06子夏曰、博学而篤志〔一〕、切問而近思〔二〕。仁在其中矣。

子夏曰く、「博く学びて篤く志《し》り〔一〕、切に問ひて近く思ふ〔二〕。仁は其の中に在り」と。

子夏が言った、「広く学んでしっかりと覚え、厳しく問い質《ただ》して身近なことを考える。仁はその中にあるものだ」と。

〔集解〕

〔一〕孔安国は、「広く学んでしっかり覚えることである」と解釈する。

〔二〕切に問ふとは、厳しく自分が学んでまだ理解していない事柄を問うことである。近く思ふとは、手近な自分の聞き及んでいる事柄を思案することである。広くまだ学んでいないことを問い、遠くのまだ通達していないことを思案すれば、習ったことについて精通せず、思案したことについて理解が及ばないのである。

〔参校〕朱熹『論語集注』は、「この四者（博学・篤志・切問・近思）はすべて学問思弁のことだけである。努力実践して仁を実現することには及んでいない。しかしこれらに従事すれば、心は外に馳《は》せてしまわず、内面で涵養《かんよう》するものがおのずと熟していく。それゆえ「仁はその中にある」というのである」と解釈する。

07子夏曰、百工居肆以成其事。君子学以致其道［一］。

子夏曰く、「百工(1)は肆(2)に居て以て其の事を成す。君子は学びて以て其の道を致す」と［一］。

子夏が言った、「技師たちは工房にいてその仕事を成し遂げる。君子は学問をしてその道を極める」と。

［集解］

［一］包咸は、「技師たちが工房にいれば仕事が完成していくさまは、君子が学問をして道を確立するようなものであることをいう」と解釈する。

（訳注）1百工《ひゃくこう》は、巧師（皇侃『論語義疏』）。すなわち技師のこと。2肆《し》は、官府の工房のこと（邢昺『論語注疏』）。

〔参校〕皇侃『論語義疏』は、前章とこの章を合わせて一つの章と見なす。

08子夏曰、小人之過也、必文［一］。

子夏曰く、「小人の過《あやま》つや、必ず文《かざ》る」と［一］。

子夏が言った、「小人が過ちを犯したとき、必ず上辺を取り繕う」と。

［集解］

［一］孔安国は、「過ちを取り繕って、実情を言わないのである」と解釈する。

09子夏曰、君子有三変。望之儼然。即之也温。聴其言也厲［一］。

子夏曰く、「君子に三変有り。之を望めば儼然たり。之に即《つ》けば温《おん》たり。其の言を聴けば厲《れい》たり」と［一］。

子夏が言った、「君子には三つの変化がある。遠くから見ればおごそかである。そばに寄れば温和である。その言葉を聴けば厳正である」と。

［集解］

［一］鄭玄は、「厲は、厳正である」と解釈する。

〔参校〕邢昺『論語注疏』は、常人の場合、遠望すれば怠けていることが多く、近づいてみれば顔つきは険しく、その言辞を聴けば邪《よこしま》なものが多い。逆に君子の場合、遠望すれば衣冠を正して、目つきを尊くし、常に儼然《げんぜん》としている。近づいてみれば顔つきは温和《おんわ》で、その言辞を聴けば、厳正にして邪なところがないとする。伊藤仁斎『論語古義』は、「遠くから見て儼然としているのは、礼が備わっているからである。近くにいて穏やかであるのは、仁が明らかだからである。その言葉が厳正であるのは、義が現れているからである。盛徳が極まり、その光輝の明らかなさまは、このようなものである」と述べる。

10子夏曰、君子信而後労其民。未信則以為厲己也〔一〕。信而後諫。未信則以為謗己也。

子夏曰く、「君子は信ぜられて後に其の民を労す。未だ信ぜられざれば則ち以て己を厲《や》ましむと為すなり〔一〕。信ぜられて後に諫む。未だ信ぜられざれば則ち以て己を謗ると為すなり」と。

子夏が言った、「上にある者は信用されてから民を使役する。まだ信用されていないと（民は）自分たちを苦しめていると思う。（上にある者に対しては）信用されてから諫める。まだ信用されていないと（上にある者は）自分を誹謗していると思う」

と。

［集解］

［一］王粛《おうしゅく》は、「厲は、病である」と解釈する。

〔訳注〕1君子は、ここでは国君のこと〈皇侃『論語義疏』〉。なお、邢昺『論語注疏』は国君に限定せず、上位にある者と解する。ここでは、邢昺『論語注疏』に従った。

〔参校〕荻生徂徠『論語徴』は、「孟子にこの義を知らしめたら、議論好きという欠点が、あれほどひどくはならなかったであろう。後世では仏教の〈信を重視する〉方がまだこの意味を分かっている」と述べる。

11子夏曰、大徳不踰閑［一］。小徳出入可也［二］。

子夏曰く、「大徳[1]は閑《のり》を踰《こ》えず［一］。小徳[2]は出入して可なり」と［二］。

子夏が言った、「大徳（の人）は法則を踏み外すことがない。小徳（の人）は踏み外そうとしても戻るので差し支えない」と。

［集解］

［一］孔安国は、「閑《かん》は、法のような意味である」と解釈する。

［二］　孔安国は、「小徳（の人）は法を踏み外すことができない。それゆえ「踏み外しても戻るので差し支えない」というのである」と解釈する。

（訳注）1大徳《だいとく》は、上賢《じょうけん》以上の人（皇侃『論語義疏』）。2小徳《しょうとく》は、中賢以下の人（皇侃『論語義疏』）。もしくは次賢の人（邢昺『論語注疏』）。

〔参校〕朱熹『論語集注』は、「大徳」・「小徳」をそれぞれ大節・小節の意味に解し、「閑」を闌《らん》（柵のこと）の意味とする。その上で、「人がまず大原則を身につければ、小さな節義がすべて理に合致しなくても害はない」と解釈する。

12子游曰、子夏之門人小子、当洒掃・応対・進退、則可矣。抑末也。本之則無。如之何［一］。子夏聞之曰、噫［二］、言游過矣。君子之道、孰先伝焉、孰後倦焉［三］。譬諸草木区以別矣［四］。君子之道、焉可誣也［五］。有始有卒者、其唯聖人乎［六］。

子游(1)曰く、「子夏の門人小子(2)は、洒掃《さいそう》・応対・進退に当たりては、則ち可なり。抑〻末なり。之を本《もと》づくれ(3)ば則ち無し。之を如何《いかん》せん」と［一］。子夏 之を聞きて曰く、「噫《ああ》［二］、言游 過《あやま》てり。君子の道は、孰《たれ》か先に伝へ、孰か後に倦《う》まん［三］。諸《これ》を草木の区にして以て別あるに譬《たと》ふ［四］。君子の道は、焉《いづく》んぞ誣《し》ふ可けんや［五］。始め有り卒《を》はり有る者は、其れ唯だ聖人か(4)」と[六]。
子游《しゆう》が言った、「子夏の弟子たちは、清掃・(賓客の)応対・(儀礼における)進退についてては、十分である。(しかし)そもそも(これらは)末節のことである。根本(である先王の道)については何もない。どうしたものであろう」と。子夏がこれを聞いて言った、「ああ、言游《げんゆう》(子游)は間違っている。君子の道は、誰が先に伝え、誰が後で怠《おこた》るものであろうか。これを草木に種類があって異なることに譬《たと》えるのである。君子の道は、どうして欺《あざむ》けようか。始めがあり終わりがある者は、聖人だけであろう」と。

[集解]

[一] 包咸は、「言いたいことは子夏の弟子たちは、賓客に応対し、威儀や礼節を修めることについて十分である。しかしこれらは末節のことにすぎない。根本を蔑《ないがし》ろにしてはならない。それゆえ、「根本については何もない。どうしたものであろう」というのである」と解釈する。

[二] 孔安国は、「噫《ああ》は、心の不平の声である」と解釈する。

[三] 包咸は、「言いたいことは先に大業を伝えた者は、必ず先に飽きる。それゆえわた

しの弟子には、先に小事を教え、後に大道を教えようとする」と解釈する。

〔四〕馬融は、「言いたいことは大道と小道は異なるものである。たとえるなら草や木が種類を異にして区別があるようなものである。学問は順序どおりに行うべきであることをいう」と解釈する。

〔五〕馬融は、「君子の道は、（子游に）我が弟子はただ清掃ができるだけであると誣言《ぶげん》させるであろうか」と解釈する。

〔六〕孔安国は、「始めから終わりまで一貫するのは、聖人だけである」と解釈する。

（訳注）1子游は、言偃《げんえん》の字。孔子の弟子。先進篇第二章を参照。2門人小子《もんじんしょうし》は、弟子（皇侃『論語義疏』・邢昺『論語注疏』）。3本づくとは、先王《せんおう》の道に基づくこと（皇侃『論語義疏』・邢昺『論語注疏』）。4「始め有り卒《を》はり有る者は、其れ唯だ聖人か」とは、聖人だけは始めから終わりまで学問に飽きることがないため、先に大道を学ぶことができるという意味である（皇侃『論語義疏』）。

〔参校〕朱熹『論語集注』は、「孰《いづ》れをか先にして伝へ、孰れをか後にして倦まん」と読み、その上で、「君子の道は、末を優先させてそれを伝授するのでも、本を後回しにして教えるのに飽きるのでもない。学ぶ者の到達点にはもともと浅深の差がある。そのことは草木に大小があり、その種類には本来区別があるようなものである。もしその浅深を考慮せず、その生熟を問題にせず、高遠な内容を無理に語るようであれば、相手を欺《あざむ》くことである。君子の道はこのようでよいであろうか。終始や本末が一貫しているというようなことは、ただ聖人だけがそうなのである。どうしてこれを弟子たちに強要できようか」と解釈する。

13子夏曰、仕而優則学［一］。学而優則仕。

子夏曰く、「仕へて優なれば則ち学ぶ(1)［一］。学びて優なれば則ち仕ふ」と。

子夏が言った、「出仕して余力があれば（先王の遺文を）学ぶ。学んで余力があれば出仕する」と。

［集解］

［一］馬融は、「（公務を）行って余力があれば、（先王の）遺文《いぶん》を学ぶべきである」と解釈する。

（訳注）1学ぶとは、先王の典訓《てんくん》を学ぶこと（皇侃『論語義疏』）。また、先王の遺文《いぶん》を学ぶこと（邢昺『論語注疏』）。

14子游曰、喪致乎哀而止[一]。

子游曰く、「喪は哀を致《いた》して止む」と[一]。

子游が言った、「喪については哀しみを尽くして（そこで）やめるものである」と。

［集解］

［一］孔安国は、「痩《や》せ衰《おとろ》えても命まで損なわないようにする」と解釈する。

15子游曰、吾友張也、為難能也[一]。然而未仁。

子游曰く、「吾が友 張や、能くし難きと為すなり(1)[一]。然れども未だ仁ならず」と。

子游が言った、「わたしの友人の子張は、（容貌が堂々として、他人が）とても及ぶものではない。しかしまだ仁とはいえない」と。

［集解］

［一］包咸は、「子張の容貌は（他人が）とても及ぶものではないことをいう」と解釈する。

（訳注）1「能くし難きと為す」は、皇侃『論語義疏』によれば、子張の容貌が堂々として立派であり、他人がとても及ぶものではないことをいう。

16曾子曰、堂堂乎張也。難与並為仁矣[一]。

曾子(1)曰く、「堂堂たるかな張や。与《とも》に並びて仁を為し難し」と[一]。

曾子《そうし》が言った、「堂堂として立派だな子張は。（しかし）一緒に並んで仁を行うには難しい」と。

[集解]

[一] 鄭玄は、「子張の容貌は立派だが、仁道においては足りないことをいう」と解釈する。

（訳注） 1曾子は、曾参。孔子の弟子。先進篇第十七章を参照。

〔参校〕皇侃『論語義疏』に引く江熙は、子張の仁が人より勝っているため、ともに並びがたいとする。朱熹『論語集注』は、「外見に力を入れて自負心が強ければ、その人の仁の実現を助けてあげられない。またその人が他人の仁の実現を助けてあげることもできない」と解釈する。伊藤仁斎『論語古義』・荻生徂徠『論語徴』は、前章と合わせて一つの章と見なす。

17曾子曰、吾聞諸夫子、人未有自致（也）者〔也〕。必也親喪乎[一]。

曾子曰く、「吾 諸《これ》を夫子に聞く、「人 未だ自ら致す者有らざるなり(1)。必ずや親の喪か」と」と〔二〕。

曾子が言った、「わたしはこのように先生から聞いた、「人はまだ自ら（他事に誠を）尽くすことがない。（尽くせるとすれば）きっと親の喪であろう」と」と。

［集解］

［一］馬融は、「言いたいことは人はまだ自らを他事に出し尽くすことができないが、親の喪に至っては、必ず自ら出し尽くすのである」と解釈する。

〔訳注〕1「人 未だ自ら致す者有らざるなり」は、邢昺『論語注疏』によれば、人はまだ自らその誠を他事に尽くすことができないという。

〔参校〕皇侃『論語義疏』および朱熹『論語集注』は、「致」を「極」と釈し、究極を尽くすの意味に解する。

18曾子曰、吾聞諸夫子、孟莊子之孝也、其他可能也。其不改父之臣与父之政、是難也〔二〕。

曾子曰く、「吾 諸《これ》を夫子に聞く、「孟莊子(1)の孝や、其の他は能くす可きなり。其の父の臣と父の政とを改めざるは、是れ難《かた》きなり」と」と〔二〕。

曾子が言った、「わたしはこのようなことを先生から聞いた、「孟荘子《もうそうし》の孝について、他のことは（他人も）できる。（しかし、服喪中）その父の臣下と父の政治とを改めなかったのは、難しいことである」と」と。

［集解］
［一］馬融は、「孟荘子《もうそうし》は、魯の大夫の仲孫速《ちゅうそんそく》である。言いたいことは（孟荘子は）服喪の期間にあって、父の臣下と父の政治に善くないものがあっても、これを改めるに忍びなかったのである」と解釈する。

（訳注）1孟荘子《もうそうし》は、仲孫速《ちゅうそんそく》。春秋魯《ろ》の三桓《さんかん》の一人。孟献子《もうけんし》（仲孫蔑《ちゅうそんべつ》）の子。襄公《じょうこう》のときに魯と莒《きょ》が和睦する際、莒に出向いて会盟《かいめい》を行った。また、大夫の臧武仲《ぞうぶちゅう》（臧孫紇《ぞうそんこつ》）とは不仲であり、これを嫌って誹謗《ひぼう》した。前五五〇年に卒した（『春秋左氏伝』襄公 伝二十年・二十三年）。
孟荘子と臧武仲の確執については、憲問篇第十七章を参照。

19孟氏使陽膚為士師［一］。問於曾子。曾子曰、上失其道、民散久矣。如得其情、則哀矜、而勿喜［二］。

孟氏(1) 陽膚(2)をして士師爲《た》らしむ［一］。曾子に問ふ。曾子曰く、「上 其の道を失ひ、民散ずること久し。如《も》し其の情を得なば、則ち哀矜《あいきょう》して、喜ぶこと勿《な》かれ」と[二]。

孟孫氏は陽膚《ようふ》を士師《しし》（の官）に就かせた。（陽膚は士師の官に就いたときの心得を）曾子に尋ねた。曾子が言った、「上位者が道を失い、民は久しく離散している。もし（罪を犯した）実情を知り得たときは、哀《あわ》れんでやり、喜んではならない」と。

［集解］

［一］包咸は、「陽膚《ようふ》は、曾子《そうし》の弟子である。士師《しし》は、獄訟《ごくしょう》を典る官である」と解釈する。

［二］馬融は、「民が離散《りさん》し、掠奪《りゃくだつ》を行って法を犯したときは、上位者が（それを）起こさせたのであり、民の過ちではない。これを哀れむのが当然であり、その実情を知り得たことを喜んではならない」と解釈する。

（訳注）1孟氏《もうし》は、魯の下卿（皇侃『論語義疏』）。すなわち、孟孫氏のことであるが、具体的な名は不詳。2陽膚《ようふ》は、曾子の弟子。獄訟をつかさどる士師の官に就いた。

〔参校〕朱熹『論語集注』は、「民散ず」とは、「実情と道義が乖離して、つながらない状態をいう」と解する。

20子貢曰、紂之不善也、不如是之甚也。是以君子悪居下流。天下之悪皆帰焉[一]。

子貢曰く、「紂《ちう》の不善や、是《かく》の如く之《こ》れ甚だしからざるなり。是《ここ》を以て君子は下流(1)に居ることを悪《にく》む。天下の悪 皆 焉に帰すればなり」と〔一〕。

子貢が言った、「(殷の)紂《ちゅう》王の不善は、それほどひどくはなかった。それゆえ君子は下流にいることを嫌う。(それは)天下の悪事がすべてここになすりつけられるからである」と。

［集解］

［一］孔安国は、「紂王は不善をなしたことにより、天下を失い、後世においてひどく憎まれている。みなが天下の悪事を紂になすりつけたからである」と解釈する。

(訳注) 1下流《かりゅう》は、悪行を為して人の下にいる者のこと(皇侃『論語義疏』・邢昺『論語注疏』)。それが、あたかも地形が低く、多くの水流がたどり着く場所のようなものであることをいう(邢昺『論語注疏』)。

21子貢曰、君子之過也、如日月之蝕也。過也、人皆見之。更也、人皆仰之〔一〕。

子貢曰く、「君子の過《あやま》ちは、日月の蝕《しょく》の如きなり。過つや、人 皆 之を見る。更《あらた》むるや、人 皆 之を仰ぐ」と〔一〕。

子貢が言った、「君子の過ちは、日蝕《にっしょく》や月蝕《げっしょく》のようなものである。過ちを犯すと、人はみなこれを見る。(過ちを) 改めると、人はみなこれを仰ぐ」と。

[集解]

[一] 孔安国は、「更は、改である」と解釈する。

22衛公孫朝[一]、問於子貢曰、仲尼焉学。子貢曰、文・武之道、未墜於地、在人。賢者識其大者、不賢者識其小者。莫不有文・武之道焉。夫子焉不学[二]。而亦何常師之有[三]。

衛の公孫朝[一]、子貢に問ひて曰く、「仲尼は焉《いづ》くにか学べる」と。子貢曰く、「文・武の道、未だ地に墜《お》ちずして、人に在り(1)。賢者は其の大なる者を識《し》り、不賢者は其の小なる者を識る。文・武の道有らざること莫し。夫子 焉《いづ》くにか学ばざらん[二]。而して亦た何の常師《じょうし》か之《こ》れ有らん」と[三]。

衛《えい》の公孫朝《こうそんちょう》が、子貢《しこう》に尋ねて言った、「仲尼《ちゅうじ》(孔子) はどこで学んだのか」と。子貢が言った、「(周の) 文王《ぶんおう》・武王《ぶおう》の道は、まだ地に墜ちておらず、人 (の行いの中) に残っています。賢者はその重要なものを覚えており、賢くない者は瑣末《さまつ》なものを覚えています。文王・武王の道はどこにでもあるのです。先生はどこでも学ばれました。そしてまた決まった師はおりません」と。

［集解］

［一］馬融は、「(公孫)朝は、衛の大夫である」と解釈する。

［二］孔安国は、「文王・武王の道は、まだ地に墜落しておらず、賢い者とそうでない者とがそれぞれ覚えているものである。夫子はその学びに従わぬことはなかった」と解釈する。

［三］孔安国は、「(孔子はどこであっても)従って学ばないことはなかった。それゆえ決まった師がいないのである」と解釈する。

(訳注) 1人に在りとは、人の行いの中にあること(皇侃『論語義疏』)。

〔参校〕朱熹『論語集注』は、「文武の道」とは、文王と武王の大計や功業と、周の礼楽の制度や細目のすべてがそれであることをいう。

23叔孫武叔、語大夫於朝曰［一］、子貢賢於仲尼。子服景伯以告子貢。子貢曰、譬諸宮牆、賜之牆也及肩、闚見室家之好。夫子之牆也数仞。不得其門而入者、不見宗廟之美、百官之富。得其門者、或寡矣[二]。夫子云、不亦宜乎[三]。

叔孫武叔[1]、大夫に朝に語りて曰く[一]、「子貢は仲尼より賢《まさ》れり」と。子服景伯 以て子貢に告ぐ。子貢曰く、「諸《これ》を宮牆《きゅうしゃう》に譬《たと》ふるに、賜《し》の牆や肩に及び、室家の好《よ》きを闚《うかが》ひ見ん。夫子の牆は数仞《じん》なり。其の門を得て入らざる者は、宗廟の美、百官の富を見ず。其の門を得る者、或いは寡《すくな》し[二]。夫子の云へるも、亦た宜《むべ》ならずや」と[三]。

叔孫武叔《しゅくそんぶしゅく》が、大夫に朝廷で語って言った、「子貢《しこう》は仲尼《ちゅうじ》よりすぐれている」と。子《し》服景伯《ふくけいはく》が（これを）子貢に告げた。子貢が言った、「これを宮殿の塀にたとえると、賜《わたくし》（子貢）の塀は肩（の高さ）に届く程度で、室内の良い所を見ることができます。先生の塀は数仞《じん》（もの高さ）です。門に入ることのできない者は、（その中の）宗《そう》廟《びょう》の美しさや、百官の盛況ぶりが見えません。門にたどり着ける者は、もしかすると少ないでしょう。叔孫武叔どのがそのように言うも、もっともなことではありませんか」と。

[集解]

[一] 馬融は、「魯の大夫の叔孫州仇《しゅくそんしゅうきゅう》である。武は、諡《おくりな》である」と解釈する。

[二] 包咸は、「七尺を仞《じん》という」と解釈する。

［三］包咸は、「夫子とは、（叔孫）武叔をいう」と解釈する。

（訳注）1叔孫武叔《しゅくそんぶしゅく》は、春秋魯《ろ》の人。公子牙《こうしが》（桓公の子で叔孫氏の祖）の六世孫にあたる。名は州仇《しゅうきゅう》。母親の小斂《しょうれん》を終えた後の挙措《きょそ》が礼にかなっていたことから、それを子游《しゆう》より称賛された（『礼記《らいき》』檀弓《だんぐう》篇上）。

24叔孫武叔毀仲尼。子貢曰、無以為也。仲尼不可毀也。他人之賢者丘陵也。猶可踰也。仲尼如日月也。無得而踰焉。人雖欲自絶也、其何傷於日月乎。多見其不知量也［一］。

叔孫武叔　仲尼を毀《そし》る。子貢曰く、「以て為すこと無かれ。仲尼は毀る可からざるなり。他人の賢者は丘陵なり。猶ほ踰《こ》ゆ可きなり。仲尼は日月《じつげつ》の如きなり。得て踰ゆること無し。人　自ら絶たんと欲すと雖も、其れ何《なん》ぞ日月を傷《やぶ》らんや。多《まさ》に其の量を知らざるを見《しめ》すなり」と［一］。

叔孫武叔が仲尼《ちゅうじ》（孔子）を誹謗《ひぼう》した。子貢が言った、「そのようなことをしてはなりません。仲尼先生は誹謗できるものではありません。他の賢者は丘陵《きゅうりょう》（のようなもの）です。まだ越えることができます。（しかし）仲尼先生は日《ひ》や月《つき》のようなものです。越えることができません。人が自分から（関わりを）絶とうとしても、どうやって日や月を傷つけることができましょうか。まさに自ら器量をわきまえないことを示すようなものです」と。

［集解］

［一］言いたいことは人が自分から日や月と（関わりを）絶とうとしても、どうしてこれを傷つけることができようか。まさに自ら器量をわきまえないことを示すに十分である。

〔参校〕荻生徂徠『論語徴』は、「仲尼は日月なり」について、「子貢の言を見れば、孔子の末年に、魯の人々が孔子を非常に尊信していたことが分かる。そうでなければ、弟子が日月に譬《たと》えたことも、いったい誰が信じるというのか」と述べる。

25陳子禽謂子貢曰、子為恭也。仲尼豈賢於子乎。子貢曰、君子一言以為智、一言以為不智。言不可不慎也。夫子之不可及也、猶天之不可階而升也。夫子得邦家者［一］、所謂立之斯立、導之斯行、綏之斯来、動之斯和。其生也栄、其死也哀。如之何其可及也［二］。

陳子禽(1) 子貢に謂ひて曰く、「子は恭《きょう》を為すなり。仲尼 豈《あ》に子より賢《まさ》らんや」と。子貢曰く、「君子は一言《いちげん》以て智と為し、一言以て不智と為す。言は慎まざる可からざるなり。夫子の及ぶ可からざるや、猶ほ天の階《はしご》して升《のぼ》る可からざるがごときなり。夫子の邦家《ほうか》を得なば[二]、所謂《いはゆる》之を立つれば斯《ここ》に立ち、之を導けば斯に行き、之を綏《やす》んずれば斯に来たり、之を動かせば斯に和す。其の生《い》くるや栄え、其の死するや哀しむ。之を如何《いかん》ぞ其れ及ぶ可けんや」と[三]。

陳子禽《ちんしきん》が子貢《しこう》に言った、「あなたは謙遜されている。仲尼《ちゅうじ》先生がどうしてあなたよりすぐれていようか」と。子貢が言った、「君子は一言で賢いとされ、一言で賢くないとされる。言葉は慎まなければならない。先生が及ぶことのできない方であるのは、天にはしごをかけて登ることができないようなものである。先生がもし邦家を得（て諸侯もしくは卿・大夫となっ）たなら、いわゆる民に（教えを）立てれば立ち、（徳によって）民を導けば（よい行いに）励み、民を安んずれば（遠方の人が）やって来て、民を労役させれば和睦するということである。生きていれば栄え、死ねば哀しまれる。どうして（わたしが）及ぶことなどできようか」と。

[集解]

[一] 孔安国は、「（邦家を得るとは）諸侯《しょこう》もしくは卿《けい》・大夫《たいふ》になることをいう」と解釈

する。

〔二〕孔安国は、「綏《すい》は、安である。言いたいことは孔子が政治を行うとき、教えを立てれば立たないことがなく、これを導けば励み修めぬものがなく、これを安んずれば遠方の者がやって来て、これを働かせれば和睦しないものはいない。それゆえ生きていれば栄誉富貴を得、死ねば哀しみ痛まれる」と解釈する。

（訳注）1陳子禽《ちんしきん》は、陳亢《ちんこう》。子禽は字《あざな》。陳の人で、孔子の弟子。学而《がくじ》篇第十章を参照。『孔子家《こうしけ》語《ご》』七十二弟子《ていし》解によれば、孔子より四十歳年下であるという。なお、『論語義疏』は、弟子の陳亢ではなく、同姓同名の別人であるとする。

〔参校〕朱熹『論語集注』は、「之を立つ」を生活を成り立たせること、「之を動かす」を鼓舞することと解釈する。

堯曰《ぎょうえつ》第二十　凡三章　何晏集解

01堯曰、咨、爾舜、天之暦数、在爾躬〔一〕。允執其中。四海困窮、天祿永終〔二〕。舜亦以命禹〔三〕。曰、予小子履、敢用玄牡、敢昭告于皇皇后帝〔四〕。有罪不敢赦〔五〕。帝臣不蔽。簡在帝心〔六〕。朕躬有罪、無以万方。万方有罪、在朕躬〔七〕。周有大賚、善人是富〔八〕。雖有周親、不如仁人〔九〕。百姓有過、在予一人。謹権量、審法度、修廃官、四方之政行焉〔一〇〕。興滅国、継絶世、挙逸民、天下之民、帰心焉。所重、民・食・喪・祭〔一一〕。寛則得衆、敏則有功、公則民説〔一二〕。

堯《げう》曰く、「咨《ああ》、爾舜《なんぢしゅん》、天の暦数は、爾の躬《み》に在り〔一〕。允《まこと》に其の中を執れ⑴。四海⑵に困《きは》め窮《つ》くし、天祿《てんろく》永く終へん」と〔二〕。舜も亦た以て禹《う》に命ず⑶〔三〕。曰く、「予《われ》小子の履⑷、敢《あへ》て玄牡⑸を用《もち》ひて、敢て昭《あき》らかに皇皇后帝⑹に告ぐ〔四〕。罪有るは敢て赦《ゆる》さず〔五〕。帝臣⑺蔽《かく》せず。簡《えら》ぶこと帝の心に在り〔六〕。朕《ちん》の躬《み》に罪有らば、万方《ばんほう》を以てすること無けん。万方に罪有らば、朕の躬に在り」と〔七〕。周に大賚《たいらい》有り、善人是れ富む〔八〕。周親《しん》有りと雖も、仁人に如《し》かず〔九〕。百姓《ひゃくせい》に過ち有らば、予《われ》一人に在り。権量を謹《つつし》み、法度⑻を審らかにし、廃官を修むれば、四方の政行はれん〔一〇〕。滅国を興し、絶世を継ぎ⑼、逸民⑽を挙ぐれば、天下の民、心を帰せん。重んずる所は、民・食・喪・祭なり〔二〕。寛なれば則ち衆を得、敏なれば則ち功有り、公なれば則ち民説《よろこ》ぶ」と〔三〕。

尭《ぎょう》が言った、「ああ、なんじ舜《しゅん》よ、（帝王が位を継承する）天の命運はなんじの身にある。（帝位に就き）まことに中正《ちゅうせい》（の道）を守れ。（教化はよく）四海《しかい》に行き渡り、天の恵み（の帝位）は長く続いて終わろう」と。舜もまたその言葉を（帝位を譲る時に、夏《か》の）禹《う》王に告げた。（また殷《いん》の湯王《とうおう》が）言った、「この若輩者である履《わたくし》は、（犠牲として）あえて黒い雄牛を供《そな》え、明々白々に偉大なる天帝《てんてい》に申しあげます。罪ある者（である夏の桀王《けつおう》）は勝手には許せません。帝臣《ていしん》（である桀《けつ》の罪）を隠蔽いたしませんのは、その選別審査が天帝の御心にあるからです。朕《ちん》の身に罪があれば（自らが当たり）、万邦《ばんぽう》には（罪は）ありません。万邦に罪があれば、（その責任は）朕の身にございます」と。周家には大いなる賜り物があり、（それは）善人が豊かなことである。（周の武王《ぶおう》が言った）「周には（管叔《かんしゅく》・蔡叔《さいしゅく》という）親族がいたが（反乱を起こしたため）仁人（の箕子《きし》・微子《びし》）に及ばなかった。民草《たみくさ》に過ちがあれば、（その責任は）わたし一人にある」と。秤《はかり》や升《ます》（の基準）を守り、（国を治めるための）制度や法令を精査し、廃れた官職を整えれば、四方の政治（による教化）が行き渡る。滅んだ国を復興し、（賢人の）絶えた家を継がせ、節行がすぐれて抜きんでている者を挙用すれば、天下の民は、心を寄せるであろう。重視するものは民草と食料と喪葬と祭祀である。（君主が）寛容であれば人々が帰順し、敏速であれば功績があげられ、（政教が）公平であれば民が喜ぶものである」と。

［集解］

［一］歴数《れきすう》とは、（帝王が位を継承する天の運命の）順序をいうのである。

［二］包咸《ほうかん》は、「允は、信《まこと》である。困は、極である。永は、長である。言いたいことは政治を行うとき、まことに中正を守れば、よく四海《しかい》に行き渡り、天の恵み（の帝位）は長く続いて終わろうということである」と解釈する。

［三］孔安国《こうあんこく》は、「舜もまた堯が自分に命じた訓辞により禹に命じたのである」と解釈する。

［四］孔安国は、「履《り》は、殷の湯王《とうおう》の名である。これは（夏《か》の）桀王《けつおう》(11)を伐つときに天に告げた文である。殷王朝は白を尊ぶが、まだ夏王朝の礼を変えていなかった。このため黒い牡《ぼ》（雄牛）を用いたのである。皇は、大である。后は、君である。大大君帝とは、天帝《てんてい》をいうのである。『墨子《ぼくし》』(12)（兼愛篇下）は湯誓《とうせい》を引用し、その辞句はこのようである」と解釈する。

［五］包咸は、「（湯王は）天に従い法を奉じて、罪のある者は、勝手に許すことはない」と解釈する。

［六］言いたいことは桀王《けつおう》は（天子として）天帝《てんてい》の臣下の位にいるのである。罪過があることを隠蔽《いんぺい》できない。もはや（罪過の）選別については天の御心にあるのである。

［七］孔安国は、「万邦《ばんぽう》を（罪と）することがないのは、万邦が関与しないからである。万邦に罪があるときは、我が身の過ちとする」と解釈する。

［八］周は、周家《しゅうか》（周王室）である。賚《らい》は、賜である。言いたいことは周家は天の大いなる賜り物を受け、善人に恵まれた。乱臣《らんしん》（よく治める臣下）が十人いた(13)のは、これにあたる。

［九］孔安国は、「親族《しんぞく》でも不賢・不忠であれば誅殺する。管叔《かんしゅく》・蔡叔《さいしゅく》がこれにあたる。仁人とは、箕子《きし》・微子《びし》をいう。来れば用いるのである」と解釈する。

［一〇］包咸は、「権《けん》は、秤である。量《りょう》は、斗斛《ます》である」と解釈する。

［一一］孔安国は、「民草を重視するのは、国の根本だからである。食料を重視するのは、民草の命だからである。喪葬を重視するのは、哀しみを尽くすためである。祭祀を重視するのは、敬意を尽くすためである」と解釈する。

［一二］孔安国は、「言いたいことは政治と教化が公平であれば、民は喜ぶということである。およそこれが（尭・舜の）二帝《にてい》と（禹・湯・武の）三王《さんおう》の統治方法である。それゆえ（これを）伝えて後世に示すのである」と解釈する。

（訳注）1「允《まこと》に其の中を執る」は、まことに中正の道を守ること。皇侃『論語義疏』によれば、中は中正の道、執は持の意味。2四海《しかい》は、四方の蛮夷戎狄《ばんいじゅうてき》の国のこと（皇侃『論語義疏』）。3舜が禹に命じた言葉は、『尚書《しょうしょ》』大禹謨《たいうぼう》に、「帝曰、来禹。……天之歴数在汝躬。汝終陟元后。人心惟危。道心惟微。惟精惟一。允執厥中。無稽之言勿聴。弗詢之謀勿庸。可愛非君、可畏非民。衆非元后何戴。后非衆罔与守邦。欽哉。慎乃有位、敬修其可願。四海困窮、天禄永終。惟口出好興戎。朕言不再」とある。4予《われ》小子の履《り》は、皇侃『論語義疏』によれば、予は我であり、小子は湯王《とうおう》の謙遜の辞であり、履は湯王の名である。5玄牡《げんぼ》は、黒い雄牛。皇侃『論語義疏』・邢昺『論語注疏』によれば、夏は黒を貴び、殷の湯王《とうおう》のときにはまだ夏の礼を改めていなかったため、殷は白を貴ぶにもかかわらず、あえて黒い雄牛を犠牲に用い、天に報告したのである。6「皇皇后帝に告ぐ」について、鄭玄《じょうげん》は孔安国注とは異なり、この言葉を舜・禹の禅譲の言葉と解釈して、「五方の帝」、すなわち六天《りくてん》説における五天帝に述べたものと理解している。鄭玄の六天説については、渡邉義浩『儒教と中国――「二千年

の正統思想」の起源』（講談社、二〇一〇年）を参照。7帝臣《ていしん》は、ここでは夏の桀王《けつおう》のこと。桀王は天子であり、天子が天に仕えるさまは、臣下が君主に仕えるようであるため、帝臣という（皇侃『論語義疏』・邢昺『論語注疏』）。8法度《ほうど》は、国家を治めることのできる制度・法典（皇侃『論語義疏』）。9「絶世を継ぐ」は、子孫が絶えて祀られなくなった賢人に、後嗣を立てて祀ること（皇侃『論語義疏』）。10逸民は、節行のすぐれて抜きんでた者（皇侃『論語義疏』）。微子篇第八章を参照。11桀王《けつおう》は、夏の末王。帝履癸《ていりき》と号す。殷の紂王《ちゅうおう》とならぶ中国の悪王の代表である。宮殿を豪奢にし、美女たちを集め、淫靡な音楽を好み、酒池肉林の遊びをしたなどとその悪行は伝えられる。その配下にあった湯王は、徳を修め諸侯を心服させ、これを鳴条《めいじょう》の野に破ると、新しく殷を開いたとされる（『史記』夏本紀）。12『墨子』は、戦国時代の思想家である魯の墨翟《ぼくてき》の書とされる。無差別平等の人間愛である「兼愛《けんあい》」に基づき、「非攻」、「節葬」、「尚賢」などを主張する一方で、攻城戦や土木機器にも詳しい。13乱臣十人は、『論語』泰伯篇第二十章の孔安国注に、「周公旦・召公奭《しょうこうせき》・太公望《たいこうぼう》・畢公《ひつこう》・榮公《えいこう》・太顚《たいてん》・閎夭《こうよう》・散宜生《さんぎせい》・南宮适《なんきゅうかつ》と文母《ぶんぼ》」であるとする。乱は、理《おさめる》の意。

〔参校〕朱熹『論語集注』は、「滅国を興し、絶世を継ぐ」について、黄帝《こうてい》・尭《ぎょう》・舜《しゅん》・夏《か》・殷《いん》の子孫を封ずることと解釈し、また「逸民を挙ぐ」について、箕子《きし》を釈放し、商容《しょうよう》（殷の礼楽の官）を位に復帰させたことと解釈する。

02子張問政於孔子曰、何如斯可以従政矣。子曰、尊五美屏四悪、斯可以従政矣〔一〕。子張曰、何謂五美。子曰、君子恵而不費、労而不怨、欲而不貪、泰而不驕、威而不猛。子張曰、何謂恵而不費。子曰、因民之所利而利之。斯不亦恵而不費乎〔二〕。択可労而労之。又誰怨。欲仁而得仁。又焉貪。君子無衆寡、無小大、無敢慢〔三〕。斯不亦泰而不驕乎。君子正其衣冠、尊其瞻視、儼然人望而畏之。斯不亦威而不猛乎。子張曰、何謂四悪。子曰、不教而殺、謂之虐。不戒視成、謂之暴〔四〕。慢令致期、謂之賊〔五〕。猶之与人也、出内之吝、謂之有司〔六〕。

子張 政を孔子に問ひて曰く、「何如《いか》なれば斯《こ》れ以て政に従ふ可き」と。子曰く、「五美を尊び四悪を屏《のぞ》けば、斯れ以て政に従ふ可し」と〔一〕。子張曰く、「何をか五美と謂《い》ふ」と。子曰く、「君子は恵して費《つい》やさず、労して怨みず(1)、欲して貪《むさぼ》らず、泰にして驕《おご》らず(2)、威ありて猛《たけ》からず(3)」と。子張曰く、「何をか恵して費やさずと謂ふ」と。子曰く、「民の利する所に因りて之を利す(4)。斯《こ》れ亦た恵して費やさざるにあらずや〔二〕。労す可きを択《えら》びて之を労す。又 誰《たれ》をか怨まん。仁を欲して仁を得たり。又 焉《いづく》んぞ貪らん(5)。君子は衆寡と無く、小大と無く、敢て慢《あなど》ること無し［三］。斯れ亦た泰にして驕らざるにあらずや。君子は其の衣冠を正し、其の瞻視《せんし》を尊び、儼然《げんぜん》たれば人望みて之を畏る。斯れ亦た威ありて猛からざるにあらずや」と。子張曰く、「何をか四悪と謂ふ」と。子曰く、「教へずして殺す(6)、之を虐と謂ふ。戒めずして成を視る(7)、之を暴と謂ふ［四］。令を慢にして期を致す、之を賊と謂ふ［五］。猶ほ之れ人に与ふるや、出《すゐ》内《たふ》の吝《やぶさ》かなる、之を有司(8)と謂ふ」と［六］。

子張が政治について孔子に尋ねて言った、「どのようであれば政治に携わることができるでしょう」と。孔子が言った、「五美《ごび》を尊び四悪《しあく》を除けば、政治に携わることができよう」と。子張が言った、「何を五美というのですか」と。孔子が言った、「君子は恩恵を施しても浪費せず、苦労しても怨みに思わず、欲しがっても貪《むさぼ》らず、落ち着いているが驕《おご》らず、威厳がありながら猛々《たけだけ》しくない（という五美がある）」と。子張が言った、「恩恵を施しても浪費しないとはどういうことですか」と。孔子が言った、「民には利益のある所に落ち着かせ（政治により動かさずに）利益をもたらすのである。これこそ恩恵を施して浪費しないということではないか。（民には）労役すべきときを選んで労役させるのである。（そうすれば）誰を怨むことがあろうか。仁を求めて仁を得るのである。どうして貪ることがあろうか。君子は衆寡の区別なく、大小の区別なく、あなどることはない。これこそ落ち着いているが驕らないということではないか。君子は自身の衣服と冠を正し、目つきを謹み、厳かな様子であれば人はこれを見て畏敬する。これこそ威厳がありながら猛々しくないということではないか」と。子張が言った、「何を四悪というのですか」と。孔子が言った、「教令を施していないのに殺す、これを虐《ぎゃく》という。（あらかじめ）戒めていないのに成果を責める、これを暴《ぼう》という。命令をおろそかにしておきながら（いたずらに）期限を定める、これを賊《ぞく》という。人に（財物を）与えるとき、出すことを惜しむ、これを有司《ゆうし》という」と。

［集解］

［一］孔安国は、「屏は、除である」と解釈する。

［二］王粛《おうしゅく》は、「民に利益をもたらすのは政治であり、財を浪費することではない」と解釈する。

［三］孔安国は、「君子は寡小《かしょう》だからといって侮らないことをいう」と解釈する。

［四］馬融《ばゆう》は、「あらかじめ戒《いまし》めておかずに目先の成果を責めることを、成《せい》を視《み》るという

のである」と解釈する。

［五］孔安国は、「民と（の間に）信義がないのに、いたずらに期限を定めること（を賊という）である」と解釈する。

［六］孔安国は、「（吝《やぶさ》かにするものは）財物をいう。ともに人々に与えるべきであっても、出すことを渋って物惜しみする。これは有司《ゆうし》の任であり、人君の道ではない」と解釈する。

（訳注）1「労して怨みず」は、里仁篇第十八章に、「子曰く、「父母に事ふるには幾《ひそ》かに諫め、志を見て従はざれば、又敬して違《たが》はず、労して怨みず」と」とあるのを踏まえる。2「泰にして驕らず」は、子路篇第二十六章に、「子曰く、「君子は泰《たい》にして驕《おご》らず。小人は驕りて泰ならず」と」とあるのを踏まえる。3「威ありて猛からず」は、述而篇第三十九章に、「子は温にして厲《はげ》しく、威ありて猛からず、恭にして安し」とあるのを踏まえる。4「民の利する所に因りて之を利す」は、民の居住地に基づいた利益のこと。皇侃『論語義疏』によれば、川辺に居住している者の利は魚・塩・蜃蛤《しんこう》（はまぐり）があり、山に居住している者の利は果実・材木がある。明君は、水辺にいる者を山や中原に住まわせたりしないことをいう。5「焉《いづく》んぞ貪《むさほ》らん」は、皇侃『論語義疏』によれば、仁義を欲する者を廉《れん》といい、

財産や女色を欲する者を貪《どん》という。6「教へずして殺す」は、四悪の第一。為政の道は、民には必ずまず教令を施し、もし従われなかったときは、それからようやく誅殺する（皇侃『論語義疏』）。邢昺『論語注疏』もほぼ同じ解釈を提示しており、教令を施してから、さらに丁寧に述べて言い含め、その上で従われなかったら誅殺するという。7「戒めずして成を視る」は、四悪の第二。君主が民の不善を見たら、戒めてその者に告げるべきである。戒めても従われなかったときは、それからようやく責める（皇侃『論語義疏』）。8有司は、ここでは典物をつかさどる者をいう。庫吏《こり》の類（皇侃『論語義疏』）。

〔参校〕朱熹『論語集注』は、「猶之（与人也）」を「之を猶《ひと》しくす」と読む。その上で、「同じように人に物を与えることになるのに、出すときになって、惜しんで果たさなければ、それは官僚的というもので、本来の政治のあり方に合致していない。それでは与える物が多くても、人々はその恩恵を感じない。項羽は人を使う際に、功績があって封じなければならないのに、任命の刻印をその角が摩滅するまで握りしめ、それを与えることができなかった。結局は敗北したのも、この道理の正しさを示すものである」と説明する。伊藤仁斎『論語古義』は、「恵にして費やさず、労して怨みず」を、民を治める要点とし、「欲して貪らず、泰かにして驕らず、威ありて猛からず」を、身を修める要点とする。そして、「身を修めることは民を治める根本であり、政治は仁を根本として、不仁にならないように戒める。この章は非常に長いが、要点はこの二つに過ぎない」と述べる。

03孔子曰、不知命、無以為君子也[一]。不知礼、無以立也。不知言、無以知人也[二]。

孔子曰く、「命を知らざれば、以て君子為《た》ること無きなり[一]。礼を知らざれば、以て立つこと無きなり。言を知らざれば、以て人を知ること無きなり」と[二]。

孔子が言った、「（貧賤と富貴についての定めは）天命（によるものであること）を知らなければ、君子たり得ない。礼を知らなければ、（身を）立てることはできない。言葉を知らなければ、人（の善し悪し）を知ることはできない」と。

［集解］

[一] 孔安国は、「命とは、貧賤《ひんせん》と富貴《ふうき》の定めをいう」と解釈する。

[二] 馬融は、「言葉を聴くとその（人の）善し悪しを判別できる」と解釈する。

〔参校〕朱熹『論語集注』に引く尹焞《いんとん》の説に、「この三者を知れば、君子に必要なものが備わる。弟子はこれを記して本篇を終えた。無意味なことなどあり得ようか。学ぶ者が若いときにこれを読んでも、老いてまた一項の実行すら分からないようであれば、聖人の言葉を侮る者に近いといえる。これは孔子にとっては罪人である。ここに思いを凝《こ》らさなくてもよいであろうか」とある。

論語序

敘曰、漢中塁校尉劉向言、魯論語二十篇、皆孔子弟子、記諸善言也。太子太傅夏侯勝・前将軍蕭望之・丞相韋賢及子玄成等伝之。斉論語二十二篇、其二十篇中章句、頗多於魯論。琅邪王卿及膠東庸生・昌邑中尉王吉、皆以教之。故有魯論、有斉論。魯共王時、嘗欲以孔子宅爲宮。壊得古文論語。斉論有問王・知道、多於魯論二篇。古論亦無此二篇。分尭曰下章子張問、以爲一篇、有両子張。凡二十一篇。篇次不与斉・魯論同。安昌侯張禹、本受魯論、兼講斉説、善従之、号曰張侯論、為世所貴。苞氏・周氏章句出焉。古論、唯博士孔安国、為之訓説、而世不伝。至順帝時、南郡太守馬融亦為之訓説。漢末大司農鄭玄、就魯論篇章、考之斉・古、為之註。近故司空陳羣、太常王肅、博士周生烈、皆為義説。前世伝受師説、雖有異同、不為訓解。中間為之訓解、至于今多矣。所見不同、互有得失。今集諸家之善説、記其姓名、有不安者、頗為改易、名曰論語集解。光禄大夫・関内侯臣孫邕、光禄大夫臣鄭沖、散騎常侍・中領軍・安郷亭侯臣曹羲、侍中臣荀顗、尚書・駙馬都尉・関内侯臣何晏等上。

　敘して曰く、「漢の中塁校尉の劉向[1]言へらく、「魯論語二十篇、皆 孔子の弟子、諸〻の善言を記すなり」と。太子太傅の夏侯勝[2]・前将軍の蕭望之[3]・丞相の韋賢[4]及び子の玄成[5]

ら之を伝ふ。斉《せい》論語二十二篇、其の二十篇の中の章句、頗《すこぶ》る魯論より多し。琅邪の王卿[7]及び膠東の庸生[8]・昌邑の中尉たる王吉[9]、皆 以て之を教ふ。故に魯論有り、斉論有り。魯の共王[10]の時、嘗て孔子の宅を以て宮を爲《つく》らんと欲す。壊《こぼ》つときに古文論語[11]を得たり。斉論は問王・知道有り[12]、魯論より多きこと二篇。古論も亦た此の二篇無し。尭曰《げうえつ》の下章[13]の子張問を分かちて、以て一篇と爲さば、両の子張有り。凡て二十一篇。篇次 斉・魯論と同じからず。安昌侯の張禹[14]、本《もと》魯論を受け、兼ねて斉説を講じ、善き者は之に従ひ、号して張侯論と曰ひ、世の貴ぶ所と為る。苞氏[15]・周氏[16]の章句 焉《ここ》に出づ。古論は、唯だ博士の孔安国[17]、之が訓解を為《つく》るも、而れども世に伝はらず[18]。順帝の時に至り、南郡太守の馬融[19]も亦た之が訓説を為る。漢末に大司農の鄭玄[20]、魯論の篇章に就《つ》き、之を斉・古に考へて、之が註を為る。近故《ちかごろもと》の司空たる陳羣[21]、太常の王粛[22]、博士の周生烈[23]、皆 義説を為る。前世[24]は師説を伝受せられ、異同有りと雖も、訓解を為さず。中間[25]は之が訓解を為り、今に至るもの多し。見る所同じからず、互《たが》ひに得失有り。今 諸家[26]の善説を集め、其の姓名を記し、安からざる者有らば、頗《いささ》か改易を為し、名づけて論語集解《しっかい》と曰ふ」と。光禄大夫・関内侯の臣 孫邕[27]、光禄大夫の臣 鄭沖[28]、散騎常侍・中領軍・安郷亭侯の臣 曹羲[29]、侍中の臣 荀顗[30]、尚書・駙馬都尉・関内侯の臣 何晏[31]ら上る。

叙していう、「漢の中塁校尉《ちゅうるいこうい》である劉向《りゅうきょう》は、「魯論語《ろろんご》は二十篇、みな孔子の弟子が、もろもろの善言を記したものである」と言っている。太子太傅《たいしたいふ》の夏侯勝《かこうしょう》・前将軍《ぜんしょうぐん》の蕭望之《しょうぼうし》・丞相《じょうしょう》の韋賢《いけん》および子の韋玄成《いげんせい》たちがこれを伝えた。斉論語《せいろんご》は二十二篇、その二十篇の中の章句は、少し魯論より多い。琅邪《ろうや》の王卿《おうけい》および膠東《こうとう》の庸生《ようせい》・昌邑《しょうゆう》の中尉《ちゅうい》である王吉《おうきつ》は、みな斉論語によりこれを教授した。このため（『論語』には）魯論《ろろん》があり、斉論がある。魯の共王《きょうおう》のとき、かつて孔子の旧宅によって（自らの）王宮を拡張しようと考えた。（壁を）壊したときに古文《こぶん》『論語《ろんご》』を得た。斉論は問《もん》王《おう》篇・知道《ちどう》篇があり、魯論より二篇多い。古論《ころん》もまたこの二篇はない。尭曰《ぎょうえつ》篇の下章の「子張問」以下を分けて、それを一篇としているので、二つの子張篇がある。すべてで二十一篇。（古論の）篇の順番は斉論・魯論と同じではない。安昌侯《あんしょうこう》の張《ちょう》禹《う》は、もともと魯論を受け、兼ねて斉説《せいせつ》（『斉論語』の解釈）を講じて、善いものは斉説に従い（校勘して『論語』の定本をつくり）、号して「張侯論《ちょうこうろん》」といい、世に尊重された。（張侯論には）包《ほう》氏（包咸）と周《しゅう》氏の章句がつけられた。古論は、ただ博《はく》士《し》の孔安国《こうあんこく》だけが、これの訓解《くんかい》（『論語訓解』）をつくったが、しかし（宮中に留められて）世に伝わらなかった。順帝《じゅんてい》の時になって、南郡太守《なんぐんたいしゅ》の馬融《ばゆう》もまたこれの訓説をつくった。漢末に大司農《だいしのう》の鄭玄《じょうげん》は、魯論の篇章に基づき、これを斉論と古論により校勘して、これの註をつくった。ちかごろ故《もと》の司空《しくう》である陳羣《ちんぐん》、太常《たいじょう》の王粛《おうしゅく》、博士《はくし》の周生烈《しゅうせいれつ》はみな義説をつくった。前世は師説を伝授されると、異同があるといっても、訓解をつくることはなかった。中間はこの訓解をつくり、今に伝わるものも多い。見るところが同じではなく、互いに得失がある。いま諸家の善説を集め、その姓名を記し、不安なものがあれば、少し改め変じて、名づけて論語集解という」と。光禄大夫《こうろくたいふ》・関内侯《かんだいこう》の臣孫邕《そんよう》、光禄大夫《こうろくたいふ》の臣鄭沖《ていちゅう》、散騎常侍《さんきじょうじ》・中領軍《ちゅうりょうぐん》・安《あん》郷亭侯《きょうていこう》の臣曹羲《そうぎ》、侍中《じちゅう》の臣荀顗《じゅんぎ》、尚書《しょうしょ》・駙馬都尉《ふばとい》・関内侯の臣何晏《かあん》ら上《たてまつ》る。

（訳注）1劉向《りゅうきょう》は、字を子政《しせい》、漢の高祖劉邦《りゅうほう》の弟である楚の元王《げんおう》の後裔。中塁校尉《ちゅうるいこうい》は、北軍の塁門の内を掌《つかさど》り、外は西域《せいいき》を掌る。成帝《せいてい》の時に、詔《みことのり》を受けて経伝・諸子・詩賦を校勘《こうかん》して、一書ごとに、その篇目を箇条書きにし、その主旨を説明する『別録《べつろく》』を著した（邢昺『論語注疏』）。2夏侯勝《かこうしょう》は、字を長公《ちょうこう》といい、長平《ちょうへい》の人。宣帝《せんてい》の時に、詔を受けて『尚書《しょうしょ》』および『論語《ろんご》』の説（解釈）を著した（邢昺『論語注疏』）。3蕭望之《しょうぼうし》は、字を長倩《ちょうせい》といい、東海蘭《とうかいらん》陵《りょう》の人。夏侯勝から『論語』を受けた（邢昺『論語注疏』）。4韋賢《いけん》は、字を長孺《ちょうじゅ》といい、魯《ろ》国鄒《こくすう》の人。『尚書』・『詩経《しきょう》』などに兼通し、宣帝の時、丞相《じょうしょう》となった（邢昺『論語注疏』）。

5韋《い》玄成《げんせい》は、字を少翁《しょうおう》といい、賢の子。魯国鄒の人。父についで丞相となったため、子に黄金を溢《あふ》れるほど残すより、一経がよい、と諺で言われたという（邢昺『論語注疏』）。6章《しょう》句《く》は、訓詁《くんこ》、解釈のこと。7王卿《おうけい》は、天漢《てんかん》元（前一〇〇）年、済南太守から御史大夫となった（邢昺『論語注疏』）。8庸生《ようせい》は、名を譚生《たんせい》という（邢昺『論語注疏』）。9王吉《おうきつ》は、字を子陽《しよう》といい、琅邪皋虞《ろうやこうぐ》の人。賢良《けんりょう》に挙げられて昌邑《しょうゆう》の中尉《ちゅうい》となった。中尉は、郡都尉と同等の官（邢昺『論語注疏』）。10共王《きょうおう》は、景帝の子、劉余《りゅうよ》。孔子の旧宅を壊して、王宮を広げようとしたところ、鍾磬琴瑟《しょうけいきんしつ》の音を聞き、壊すことを止めた。その壁中《へきちゅう》より古文の経・伝を得た。ここでは、『論語』と『孝経』を「伝《でん》」と言っている。漢の世に『論語』と『孝経』を「伝」とするのは、『論語』と『孝経』が先王の書ではなく、孔子の伝え説くところであることによる（邢昺『論語注疏』）。11古文《こぶん》とは、周が用いていた文字で、いま識ることができず、古人の使ったものであるから古文という（邢昺『論語注疏』）。12発掘された前漢の廃帝劉賀《りゅうが》の墓から、知道篇を含む『斉論』が発見されている。13『論語集解』尭曰《ぎょうえつ》篇は、第一章「尭曰、咨爾舜……」、第二章「子張問於孔子曰……」、第三章「子曰、子知命……」より成るが、定州から発掘された『論語』では、第三章だけが、小字・双行で記される。ここから、本来、第三章を欠く魯論が、斉論との校勘により第三章を加え、定州論語が成立していることが窺われ、定州論語は張侯論の未定稿本と考えられる。古論も、第二章の「子張問」を「下章」と何晏が述べるように、上・下の二章構成であった可能性が高い。渡邉義浩「定州『論語』と『斉論』」（『東方学』一二八、二〇一四年、『『論語』の形成と古注の展開』汲古書院、二〇二一年に所収）を参照。14張禹は、字を子文《しぶん》といい、河内軹《かだいし》の人。施讐《しゅう》より『周易』を受け、王陽《おうよう》・庸生《ようせい》に『論語』を問い、博士となった。元帝《げんてい》が皇太子になると、『論語』を授け、光禄大夫《こうろくたいふ》に移り、成帝《せいてい》のときに丞相となった。張禹は、もと魯論《ろろん》を夏侯建《かこうけん》に受け、また庸生・王吉より斉論《せいろん》を受けた。諸儒は、『論語』を修めるには張禹の文を念ぜよと言うほど、世に尊重され、張禹の編纂した『論語』は「張侯論《ちょうこうろん》」と呼ばれるようになった（邢昺『論語注疏』）。15苞氏《ほうし》は、包咸《ほうかん》。字を子良《しりょう》といい、会稽曲阿《かいけいきょくあ》の人。光武帝の建武《けんむ》年間、皇太子に『論語』を授け、章句をつくった。明帝《めいてい》の永平五（六二）年、大鴻《だいこう》臚《ろ》となった（邢昺『論語注疏』）。16周氏《しゅうし》は、何人かおり、具体的には不詳である（邢昺『論語注疏』）。17孔安国《こうあんこく》は、孔子の十一世孫。武帝《ぶてい》の博士。魯の共王が孔子の旧宅を壊し、壁中から古文の『尚書』および『論語』・『孝経』を得て、すべて孔氏に返したため、詔を受けて『書伝』・『古文孝経伝』・『論語訓解《ろんごくんかい》』をつくった（邢昺『論語注疏』）。18古論語と倶に、訓解は宮中に留められ、世に伝わらなかった。古論語に訓説をつけた外戚《がいせき》の馬融《ばゆう》により世に現れたと考えられる。19馬融は、字を季長《きちょう》といい、扶風茂陵《ふふうもりょう》の人。順帝のとき、南郡太守に至った。『孝経』・『論語』・『詩経』・『周易』・『尚書』・「三礼《さんらい》」（『儀礼《ぎらい》』『周礼《しゅらい》』『礼記《らいき》』）に注をつけた（邢昺『論語注疏』）。20鄭玄《じょうげん》は、字を康成《こうせい》といい、北海高密《ほっかいこうみつ》の人である。大司農《だいしのう》に徴召されたが、就かなかった。『周易』・『尚書』・「三礼」・『論語』・『尚書大伝《しょうしょたいでん》』などに注をつけ、『毛詩《もうし》』に箋《せん》し、「毛詩譜《もうしふ》」をつくった（邢昺『論語注疏』）。鄭玄の『論語註』については、渡邉義浩「鄭玄『論語注』の特徴」（『東洋の思想と宗教』三一、二〇一四年、『論語』の形成と古注の展開』前掲に所収）を参照。21陳羣《ちんぐん》は、字を長文《ちょうぶん》といい、潁川許《えいせんきょ》の人である。曹操に辟召されて、司空西曹属《しくうせいそうぞく》となり、文帝が即位すると尚書僕射《しょうしょぼくや》となり、明帝のもと司空《しくう》となった（邢昺『論語注疏』）。曹操の覇権を補佐した荀彧《じゅんいく》の娘婿であり、九品中正《きゅうひんちゅうせい》制度を献策した。渡邉義浩「「寛」治から「猛」政へ」（『東方学』一〇二、二〇〇一年、『三国政権の構造と「名士」』汲古書院、二〇〇四年に所収）を参照。22王粛《おうしゅく》は、字を子邕《しよう》といい、東海蘭陵の人である。魏の衛将軍《えいしょうぐん》・太常《たいじょう》となった（邢昺『論語注疏』）。鄭玄説に基づく明帝の天の祭祀に反対する中で、王粛の経学が形成されたことについては、渡邉義浩「王粛の祭天思想」（『中国文化─研究と教育』六六、二〇〇八年、『西晉「儒教国家」と貴族制』汲古書院、二〇一〇年に所収）を参照。23周生烈《しゅうせいれつ》は、敦煌《とんこう》の人。字は文逸《ぶんいつ》で、元の姓は唐。魏の博士・侍中である（邢昺『論語注疏』）。24前世は、夏侯勝以降、張禹まで。ただ、師説を伝え、異同を簡に記さなかった（邢昺『論語注疏』）。25中間は、苞氏・周氏以降で、訓解をなした者は、二十余家におよぶ（邢昺『論語注疏』）。26諸家は、孔安国・包咸・周氏・馬融・鄭玄・陳羣・王粛・周生烈である（邢昺『論語注疏』）。27孫邕《そんよう》は、字を宗儒《そうじゅ》といい、青州楽安《せいしゅうがくあん》の人（邢昺『論語注疏』）。28鄭沖《ていちゅう》は、字を文和《ぶんわ》といい、滎陽開封《けいようかいふう》の人。明帝のとき、曹爽の従事中郎となり、散騎常侍・光禄勳に転じた（邢昺『論語注疏』）。29曹羲《そうぎ》は、沛国譙《はいこくしょう》の人。魏の宗室。曹爽の弟（邢昺『論語注疏』）。30荀顗《じゅんぎ》は、字を景倩《けいせい》といい、潁川潁陰《えいせんえいいん》の人。荀彧の子。元帝の咸熙年間（二六四～二六五年）に司空となる（邢昺『論語注疏』）。31何晏《かあん》は、字を平叔《へいしゅく》といい、南陽宛《なんようえん》の人。後漢の外戚何進の孫。曹爽が政権を握ると尚書となった（邢昺『論語注疏』）。何晏については、渡邉義浩「浮き草の貴公子 何晏」（『大久保隆郎教授退官紀念論集漢意とは何か』東方書店、二〇〇一年、『三国政権の構造と「名士」』前掲に所収）を参照。

解題　何晏と『論語集解』

古注と新注

『論語《ろんご》』は、紀元前五五一年頃の生まれと言われる孔子《こうし》とその弟子の言行録である。『論語』は、中国の多くの古典がそうであるように、本文だけではなく、解釈、読み方と共に伝わってきた。「論語序《ろんごじょ》」に記されるように、『魯論語《ろろんご》』・『斉論語《せいろんご》』という二種の起源は、前者を主とながら前漢《ぜんかん》の張禹《ちょうう》により「張侯論《ちょうこうろん》」として組み上げられた。さらに、後漢《ごかん》末の鄭玄《じょうげん》は、それに『古論語《ころんご》』との校勘を加えることで、『論語注《ろんごちゅう》』を著す。それをもとに書かれたものが、何晏《かあん》の『論語集解《ろんごしっかい》』である。

何晏は、「三国志《さんごくし》」で有名な曹操《そうそう》の寵愛を受け、宮中で育った貴公子である。すなわち、何晏の『論語集解』は、三国時代の『論語』の解釈、読み方なのである。すでに孔子が生まれてから八百年が経ち、様々な読み方が存在した。「集解《しっかい》」という書名に表れるように、多くの人々の解釈を集めてはいるが、あくまでも『論語集解』は、「論語序」

の最後に名を記す、何晏が正しいと考える『論語』の解釈なのである。

実は、日本だけではなく、中国や朝鮮でも、『論語』は、朱熹《しゅき》が正しいと考える解釈で読むことが、常識であった。その理由の一つは、読みやすさにある。朱熹の『論語集注《ろんごしっちゅう》』も、「集注」と記されるように多くの人々の解釈を集めてはいる。だが、その解釈は、全編にわたって朱子学によって統一されている。このため、章ごとの矛盾が少なく、また朱熹の学問レベルが高いために、『論語』の主張を合理的に理解できる。

朱熹の『論語集注』は、何晏の『論語集解』を「古注《こちゅう》」と呼ぶことに対して、「新注《しんちゅう》」と呼ばれる。南宋《なんそう》を生きた朱熹は、一二〇〇年に卒しており、後漢末の二〇〇年に卒した鄭玄《じょうげん》のちょうど一〇〇〇年後にあたる。何晏は、二四九年に司馬懿《しばい》によって殺されているので、鄭玄よりも五〇年ほど後になる。司馬懿は字を仲達《ちゅうたつ》という。

「死せる諸葛《しょかつ》、生ける仲達を走らす」（日本では、死せる孔明《こうめい》とするが、「葛」と「達」で韻を踏んでいるので、本来は「諸葛」）という諺《ことわざ》で有名な司馬懿に何晏は殺された。諸《しょ》葛亮《かつりょう》（孔明《こうめい》）が五丈原《ごじょうげん》で没した後、何晏らを打倒することで、司馬懿は曹魏《そうぎ》で権力を確立し、孫の司馬炎《しばえん》が西晉を建国する。何晏は、弱体化する曹魏の皇帝権力の建て直しに努め、幼少の皇帝が読むべき教科書として『論語集解』を著した。したがって、そこには、何晏の理想とすべき政治形態や曹魏という国家の正統化が含まれる。

鄭玄『論語注』

『論語』の解釈は、孔子とその弟子の言葉の意味を単に伝えるだけではない。かれらの言動を借り、自らの理想を示し、自らの学問体系を正統化するために行われた。何晏の『論語集解』が、幼い皇帝用の教科書であったことに対して、その基本となった鄭玄《じょうげん》の『論語注《ろんごちゅう》』は、鄭玄学《じょうげんがく》の体系のもとで、統一性と宗教性を持ちながら『論語』の解釈が行われている。したがって、鄭玄学の全体が把握できなければ、鄭玄の『論語注』を理解しきれない。実は、朱熹の『論語集注』も同様なのであるが、朱子学《しゅしがく》は明《みん》・清《しん》、李《り》氏朝鮮《しちょうせん》、江戸幕府《えどばくふ》の官学として尊重されてきた。このため、『論語』は、朱子学を修める根本の書として朱熹の解釈により読むことが当然とされたのであった。本書の「参校」に取り上げた伊藤仁斎《いとうじんさい》や荻生徂徠《おぎゅうそらい》は、朱子学を十分に修めたうえで、そこから自らの独自な学問を打ち立てようとしたので、朱熹の『論語』解釈にあえて従わず、自分たちの思想の営為を注に表現したのである。

鄭玄の『論語注』もまた、鄭玄学が尊重されていた唐《とう》代中期までは、何晏の『論語集解』と共に読まれていた。しかし、唐から宋《そう》にかけて、鄭玄学が朱子学に代わられていくなかで、難しい鄭玄の『論語注』は読まれなくなって散佚した。本書の「参校」で取り上げた鄭玄の『論語注』は、すべて出土資料であり、現在、全体の約半分弱にあたる鄭玄注が復原されている。

鄭玄の『論語注』が滅んだ後も、何晏の『論語集解』が残った理由は、「十三経注《じゅうさんけいちゅう》疏《そ》」という儒教経典《けいてん》の大きな叢書《そうしょ》のなかに、『論語集解』を元に北宋《ほくそう》の邢昺《けいへい》が著した『論語注疏《ろんごちゅうそ》』が収録されたことが大きい。鄭玄学の枠組みの中で、『論語』の解釈をする鄭玄『論語注』よりも、教科書として編纂された何晏『論語集解』の方が、後世から義疏《ぎそ》や注疏《ちゅうそ》（共に解釈）を付け易かったのかもしれない。本書の「訳注」でしばしば引用する皇侃《おうがん》『論語義疏《ろんごぎそ》』・邢昺『論語注疏』、中でも後者は、何晏の『論語集解』を読むために著された参考書と考えてよい。そのために、『論語集解』の中の難しい言葉や人名・制度については、『論語注疏』の説明により理解できるのである。

邢昺の『論語注疏』が、何晏の『論語集解』に向き合って丁寧な解釈を付けることに対して、梁《りょう》の皇侃の『論語義疏』は、仏教の影響を受けた解釈や独自な解釈なども記す。このためか、『論語義疏』は中国では滅んだ。しかし、日本には伝えられており、よい本も残っていたので、清代《しん》に中国に逆輸入された。そのため、今日でも皇侃の『論語義疏』を読むことができるのである。

何晏の曹魏再建策

何晏を抜擢した者は、『三国志演義《さんごくしえんぎ》』でよく諸葛亮に負けている曹真《そうしん》の子にあたる曹爽《そう》である。幼帝の曹芳《そうほう》を輔佐した曹爽は、司馬懿を中核とする名士の勢力が、君主権力を凌《しの》ぐほどの力を持つに至った現状の打開を図る。具体的には、何晏《かあん》・夏侯玄《かこうげん》・丁謐《ていひつ》らを行政の中核に配置して、中央集権的な政治の再建を目指した。

曹爽政権において、政策の理念を創出した者は何晏であった。何晏は、『論語集解《ろんごしっかい》』衛霊公《えいれいこう》篇の中で、曹魏の政治理念として中核にすべき「舜《しゅん》の無為《むい》」の重要性を説く。舜の政治に仮託する理由は、曹魏が舜の後裔を称する土徳《どとく》の国家として、堯《ぎょう》の後裔で火徳《かとく》の国家である漢より禅譲《ぜんじょう》を受けたことによる。

それでは、「無為」により国家を治める方法とは、具体的にはどのような手段を取るのであろうか。何晏は、『論語集解』の注では、「官に任ずるに其の人を得たり」と述べ、上奏文でも、「その身を正せば命令を下さなくとも（「無為」であっても）万事は遂行されます。舜は禹《う》を戒めて親近する者を慎しむようにとおっしゃいました」と述べて、「正人を擇《えら》」ぶ重要性を主張している。

すなわち、何晏は『論語』衛霊公篇の「舜の無為」を論拠に、『老子《ろうし》』の「無為」の思想を取り入れた国家支配の中央集権化を図り、そのための具体的な施策として、人材登用の一元化を主張したのである。こうした何晏の政策の背景には、人事権をめぐる司馬氏との激しいせめぎあいがあった。

何晏の「舜の無為」を政治方針とした曹爽は、何晏を人事権を管掌する吏部尚書《りぶしょうしょ》に就任させた。「舜の無為」は、人事の中央集権化を理想とする。その具体策は、何晏の盟友である夏侯玄《かこうげん》の九品中正制度改革に示される。夏侯玄の改革案は、郡《ぐん》の中正官には人物評価のみを行わせることにして、人事権を尚書省《しょうしょしょう》に一元化しようとするものであった。尚書省は、人事を管掌する吏部尚書《りぶしょうしょ》に何晏が就いていたことをはじめ、曹爽一派が掌握していた。これは、陳羣《ちんぐん》が名士の名声を郷品《きょうひん》に反映する制度として成立させた九《きゅう》品中正制度《ひんちゅうせいせいど》の名士に有利な部分を覆《くつがえ》そうとする改革であった。これに対して、司馬懿は、自らも州大中正《しゅうだいちゅうせい》の制を掲げて、名士の既得権を保証することで、曹爽への名士の反発を束ねて、権力の奪回を目指していく。

司馬懿は、やがてクーデタを起こす。正始《せいし》の政変である。わずか一日の無血クーデタにより、司馬懿は政権を奪取し、曹爽・何晏らは殺害される。こうして司馬氏の専制が始まり、曹魏は西晋に滅ぼされていくのである。

道の絶対性

政治家としての何晏は、司馬懿に敗れたが、『論語集解』を著したことで、何晏の思想は永遠に残った。

何晏の思想の特徴は、その世界観の根底に「一」・「元」と呼称される核心的な原理を置くことにある。何晏は、真理を探求するに際し、多学は無用であり、「一」によりそれを知ることができると、『論語集解』衛霊公《えいれいこう》篇の注で主張する。

具体的には、「予《われ》一《いつ》以て之を貫く」という孔子の言葉に対して、何晏は、「①善に元《げん》有り、事に会《かい》有り。②天下は塗《みち》を殊《こと》にして帰《き》を同じくし、慮《りょ》を百にして致《ち》を一にす。其の元を知れば則ち衆善挙《おこな》はる。故に③多く学ぶを待たずして一以て之を知るなり」と注を付けている。

①は、『周易《しゅうえき》』乾卦《けんか》文言伝《ぶんげんでん》に、「元なる者は、善の長なり。亨《かう》なる者は、嘉の会なり」

とある文章を踏まえている。これを引用することで、孔子の言葉の「一」を「元」とも表現できることが示される。②は、『周易』繫辞下伝《けいじかでん》に、「(子曰く) 天下 帰を同じくして塗《みち》を殊《こと》にし、致《ち》を一にして慮《りょ》を百にす。天下 何をか思ひ何をか慮《おもんぱか》らん」とある文章を踏まえている。これにより、様々な思いや多くの慮りは、「帰を同じく」し、「致を一に」する、という思想が『周易』に基づいて打ち出される。何晏は、こうして孔子がなぜ、「一以て之を貫く」と述べたのか、という理由を説明する。

すなわち、様々な思いや多くの慮りが「帰を同じく」し、「致を一に」するのであれば、③多く学ぶことは必要なく、「一」すなわち「元」(万物存在の理法)を知れば、すべてを理解できる、と孔子は述べている、と何晏は解釈するのである。

何晏の集解は、①・②『周易』を典拠とし、③『周易』の哲学内容を踏まえて『論語』の解釈を展開する。具体的には、『周易』の影響下に、万物存在の理法を究明しようとして、それをここでは「一」(あるいは「元」)と表現したのである。

このように『論語集解』は、「三玄」と呼ばれる『周易』・『老子《ろうし》』・『荘子《そうじ》』に兼通する玄学《げんがく》的な解釈を特徴とする。何晏の『論語集解』は、鄭玄が『論語注』で示したような体系的・総合的な解釈ではなく、玄学により『論語』の核心的な把握を目指したのである。

「道」・「無」

何晏は、核心的な原理である「一」・「元」を把握することにより、全体の察知が可能であるとする。こうした「一」の理解は、鄭玄《じょうげん》はもちろん、皇侃《おうがん》・朱熹とも異なる、何晏独自の玄学に基づく解釈である。何晏が、『論語集解』衛霊公《えいれいこう》篇において、「一」・「元」と表現した核心的原理は、何晏が別に著した「道論《どうろん》」では、「道」・「無」と表現されている。「一」・「元」は、「道」・「無」と同義なのである。

何晏は、「一」・「元」とも表現でき、また自らの哲学の中心に置く「道」・「無」により、『論語』を解釈していく。たとえば、孔子が絶賛する顔回《がんかい》を高く評価する際に、顔回の「道」への思いを『論語集解』先進《せんしん》篇で次のように重視している。

孔子が、「回や、其れ庶《ちか》からんか、屡《しば》々空《むな》し」と述べたことに対し、何晏は次のように注をつける。「言ふこころは回①聖道に庶幾《ちか》く、数々空匱《くうき》なりと雖も、而れども楽《たのしみ》は其の中に在り。賜 教命を受けず、唯だ財貨を是れ殖《ふ》やし、是非を憶度《おくたく》するのみ。蓋《けだ》し回を美《ほ》むるは、賜を勵《はげ》ます所以ならん。一に曰ふ、「屡は、猶ほ毎のごときなり。空は、猶ほ虚中《きょちゅう》のごときなり」と。聖人の善を以て、数子の庶幾《ちか》きに教へ、猶ほ道を知るに至らざるは、各々内に此の害有ればなり。其の庶幾きに於て、毎《つね》に能く虚中なるは、②唯だ回のみ、道を懐《おも》ふこと深遠なればなり。虚心たらざれば、道を知る能はず。子貢数子の病無《へい》く、然れども亦た③道を知らざるは、理を窮《きは》めずと雖も而れども幸にして中《あた》り、天命に非ずと雖も而れども偶々《たま》冨めばなり。亦た虚心ならざる所以なり」。

顔回は、孔子の弟子の中で、最も①「聖道に庶幾《ちか》」い。何晏は、孔子が顔回を褒める理由を「道」への近さに求めている。そして、「道」への距離感を基準として、顔回と子貢を比較し、子貢を③「道を知らざる」者と批判する。逆に、顔回が、「道」に近い理由は、その思いにある。顔回だけが、②「道を懐ふこと深遠」であるため、「道」を知ることができた。多くを学ぶことではなく、「道」と表現される形而上なる根源者を思うことによってのみ、人は「道」を知る高みへと到達することができる。何晏の中心概念である「道」に基づいた、玄学的な『論語』解釈と言えよう。

何晏は、『論語』の玄学的解釈により、世界観の根底に置くべき形而上なる根源者としての「道」の絶対性を『論語』に明らかにしたのである。

「道」の実現

何晏によれば、「道」を体現することは、孔子であっても難しいことであった。『論語集解』述而《じゅつじ》篇において、孔子が「道を志《した》ふ」ことに次のように注をつけている。「志は、慕なり。道は体す可からず、故に之を志ふのみ」。

孔子の言葉の「志於道」について、たとえば朱熹の『論語集注』は、文字どおり、「道を志《こころざ》す」と解釈する。これに対して何晏は、孔子にも、「道は体す可から」ざるもので、「故に之を志《した》ふ」ものであったという。すなわち、孔子も到達できない高みに、世界観の根底に置くべき形而上なる根源者としての「道」は存在する。

したがって、世の中に「道」が実現することは難しい。有名な『論語集解』里仁《りじん》篇の解釈は、「道」の実現の難しさを前提とする。孔子の、「朝《あした》に道を聞かば、夕《ゆふべ》に死すとも可なり」という有名な言葉について、何晏は、「言ふこころは将に死に至らんとするも、世の道有るを聞かざるなり」と注をつけている。

孔子も到達できない「道」に基づく統治を世の中に実現させることは、よほどのことがない限り困難である。したがって、世に「道」があると聞くことは、原則的には不可能である、と何晏は解釈する。

ただし、特定の条件が揃えば、形而上なる根源者としての「道」に基づく統治を実現できる可能性は残されている。

『論語集解』雍也《ようや》篇では、魯《ろ》が「道」に近い、と述べる孔子の言葉に対して、「魯は大道 行はるるの時の如《ごと》くならしむ可きなり」と注をつける。魯が「道」に基づく統治を実現できるとすれば、それは魯が「大道 行はるるの時」のようになることである、と何晏はいう。「大道 行はるるの時」とは、『礼記《らいき》』礼運《らいうん》篇を典拠とする「天下を公と為す」の時代のことである。それは、曹魏が漢魏《かんぎ》革命を起こした時に準えた堯舜《ぎょうしゅん》革命が行われた、堯・舜の時のことである。すなわち、魯が堯や舜のような統治を行えば、「道」に基づく統治に至ることができる、と何晏は解釈しているのである。

これによれば、堯や舜がどのような政治を行ったのかが分かれば、「道」に基づく統治が行うことができる。皇帝の曹芳《そうほう》に読ませるために書かれた『論語集解』は、こうして「道」に基づく統治の方法を「舜の無為」に求めたのである。

古注のおもしろさ

「古注」、それを代表する何晏の『論語集解』は、体系性を持たない。理と気によって宇宙論・人性論・道徳論を一貫させ、宇宙に根拠づけられた道の完全な体現者として孔子を見る朱熹《しゅき》、宇宙的原理を排斥し個人が踏み行う日常道徳に全関心を集中する仁斎、先王が制作した天下全体の統治の道を孔子が伝えたとする徂徠《そらい》のように、『論語』全体の特徴を考えることはないのである。

鄭　玄《じょうげん》の「鄭玄学」による『論語』解釈、何晏の「道」の重視と「舜の無為」の実践、皇侃《おうがん》の仏教的な解釈は、五百章弱の『論語』の中の、十にも満たない章で展開されるだけである。それ以外の章について、「古注」は書かれた時代と人に寄り添い、その執筆意図を探ろうとする。それがすべて成功している訳ではない。朱熹の『論語集注』の方が合理的な解釈を展開していることもある。

それでも「古注」は、多くの人々により、長い期間をかけて、異なる思想的状況の中で著されてきた『論語』が抱える矛盾をそのままにわれわれに伝える。われわれは、それを解きほぐしていくことで、『論語』の形成過程に思いを致し、孔子の本来の教えを探ることができるのではないか。

何晏は、「舜の無為」と「禅譲」により曹魏を正統化すると共に、形而上なる根源者の「道」をその世界観の中核において『論語』を解釈した。これは、体系的・総合的な

衛霊公《えいれいこう》第十五	仁を恕とする（里仁篇は忠恕）。
季氏《きし》第十六	この篇だけ「孔子曰」から始まる。後人の追加が多い。
陽貨《ようか》第十七	箇条書き多し。『荀子』や『韓詩外伝』、『孟子』と一致する語が多い。
微子《びし》第十八	箇条書き多し。隠者を称賛。『荘子』と同じ文もある。
子張《しちょう》第十九	孔子の言行はなく、弟子の言行だけを記録。子貢を評価。
尭曰《ぎょうえつ》第二十	尭・舜から孔子に至る道統を示すものか。

渡邉義浩（わたなべ　よしひろ）
1962年、東京都生まれ。文学博士。早稲田大学文学学術院教授。
専攻は「古典中国」学。
著書に、『後漢国家の支配と儒教』（雄山閣出版）、『三国志よりみた邪馬台国』（汲古書院）、『「古典中国」における小説と儒教』（同）、『全譯後漢書』（主編、同）、『全譯論語集解』（主編、同）、『儒教と中国——「二千年の正統思想」の起源』（講談社選書メチエ）、『「論語」——孔子の言葉はいかにつくられたか』（同）、『関羽——神になった「三国志」の英雄』（筑摩選書）、『魏志倭人伝の謎を解く』（中公新書）、『三国志辞典』（大修館書店）など多数。

早稲田文庫

論語集解《ろんごしっかい》（下）
—魏《ぎ》・何晏《かあん》（集解《しっかい》）

2021年12月20日　初版第一刷発行
2022年 7 月31日　初版第二刷発行

訳　者　渡邉義浩
発行者　須賀晃一
発行所　株式会社 早稲田大学出版部
〒169-0051　東京都新宿区西早稲田1-9-12
電話　03-3203-1551
http://www.waseda-up.co.jp/
印刷・製本　　大日本法令印刷株式会社
装丁　　精文堂印刷株式会社デザイン室

ISBN 978-4-657-21017-3